독자의 1초를
아껴주는 정성을
만나보세요!

세상이 아무리 바쁘게 돌아가더라도 책까지 아무렇게나 빨리 만들 수는 없습니다.
인스턴트 식품 같은 책보다 오래 익힌 술이나 장맛이 밴 책을 만들고 싶습니다.
땀 흘리며 일하는 당신을 위해 한 권 한 권 마음을 다해 만들겠습니다.
마지막 페이지에서 만날 새로운 당신을 위해 더 나은 길을 준비하겠습니다.

가온테스팅(주) **이종관**
―――――――――

프로젝트를 관리할 때 필요한 여러 가지 이론을 체계적으로 설명하고, 저자가 애자일 컨설팅에서 적용하고 고민했던 내용이 풍부하게 들어가 있다. 이 책을 애자일 프로젝트를 적용하고자 하는 초보자에게 추천한다.

티시스(주) **남진현**
―――――――――

20여 년간 IT업계에 종사해오면서 겪어 온 상황이 파노라마처럼 떠오른다. 이 책에는 우리나라 IT 산업이 발전하려면 개선되어야 할, 누구나 공감할 수 있는 내용이 수록되어 있다. 한 산업의 발전, 나아가 사회의 발전은 어느 한 사람의 노력으로 이루어지지 않는다. 이 책의 내용이 널리 알려져 공감대를 형성할 수 있는 마중물이 되고, 모두가 공생할 수 있기를 바란다. 그래야 IT 분야에 참여할 후배들에게도 좋은 환경을 제공하고 산업의 영속성에 기여할 수 있다고 본다.

정보통신산업진흥원 SW공학센터 **윤형진**
―――――――――――――――

애자일 방법론은 시장의 빠른 변화와 고객의 끊임없는 변경 요청에 대응하지 못하는 전통적인 방법론과는 달리, 적극적으로 변화를 수용하면서 고객이 가치 있는 소프트웨어 제품을 사용할 수 있도록 수많은 커뮤니케이션을 한다. 이 책처럼 실무자가 애자일 철학을 쉽게 이해하게끔 풀어 쓰려면 실무 경험이 80% 이상 확보되어야만 가능하다.

이 책을 통해 WBS(World Best Software) 과제의 전문위원으로 함께 일해본 저자의 경험과 이론을 직접 만나 이야기하는 것처럼 편하게 읽을 수 있었다. 애자일 방법론을 마법처럼 사용하여 정말 힘들었던 정부의 대형 과제를 성공으로 마무리했던 저자의 경험이 이 책에 듬뿍 담겨 있다. 이 책이 소프트웨어 개발자와 관리자, 공공기관이나 대기업의 발주 담당자에게 도움이 되기를, 애자일의 사상과 수행 프로세스를 이해하는 기회가 되기를 바란다. 뒤이어 2권, 3권이 계속 이어지기를 기대한다.

SAP 코리아 Innovation팀 **최송일**

저자가 오랜 기간 애자일 & 스크럼 방식으로 프로젝트 관리를 해오면서 얻은 깊은 경험과 통찰로 어떻게 프로젝트 관리를 해야 되는지 쉽게 설명해 주는 책이다. 이 책은 단순히 애자일 & 스크럼을 통한 프로젝트 관리 방법을 알려준다기보다 일하는 방식, 조직의 협력 문화, 고객 공감을 통한 사고의 유연함을 일깨워준다.

SK플래닛(주) **황상철**

예전에 나온 애자일 책은 대부분 'What'을 설명했다. 그러다 보니 책을 보고 나서도 애자일을 실무에 적용하기 힘들었다. 그에 반해 이 책은 'How'를 주로 설명한다. 애자일의 기본 원칙이나 이론도 다루고 있지만 저자가 실무에서 애자일 프로젝트를 코칭하면서 경험한 내용이 많이 담겨 있다. 특히 국내 왜곡된 프로젝트 환경을 반영하고 있기에 그 가치가 높다. 애자일이 일반화되면서 애자일 자체가 큰 화두로 등장하지 않는 요즘에 실무 사례를 기반으로 한 이 책이 애자일 적용을 조금 더 높은 수준으로 끌어올리는데 도움이 되리라 기대한다.

삼성전기(주) **정기봉**

최근 애자일은 대다수 S/W 스타트업 회사의 표준이 되어버렸다. 저자는 S/W 프로젝트 관리 관점에서 애자일의 출현 배경부터 대규모 S/W 프로젝트로 확장하려는 현재까지의 맥락을 풍부한 참고 도서와 함께 이해하기 쉽게 풀어내고 있다.

실제 현장에서 S/W 프로젝트를 코칭한 경험을 토대로 국내 S/W 개발 현장에 대한 뼈아픈 지적과 이를 애자일 방식으로 해결하기 위한 현실적인 방안을 제시한다. 그러면서 다양한 배경을 가진 독자가 공감과 더불어 대안을 고민할 수 있도록 유도한다.

아무쪼록 이 책이 번역서가 대부분인 국내 애자일 방법론 도서 분야에 단비와 같은 책이 되기를 기대하며 국내 S/W 개발 환경을 개선하는 데 조금이나마 일조하기를 기대해 본다. 끝으로 "애자일은 기업 문화다"라는 말을 하고 싶다.

애자일 &
스크럼
프로젝트
관리

UNDERSTANDING
AGILE & SCRUM
PROJECT
MANAGEMENT

이재왕 지음

애자일 & 스크럼 프로젝트 관리
Understanding Agile & Scrum Project Management

초판 발행 · 2016년 5월 6일
초판 4쇄 발행 · 2019년 10월 31일

지은이 · 이재왕
발행인 · 이종원
발행처 · (주)도서출판 길벗
출판사 등록일 · 1990년 12월 24일
주소 · 서울시 마포구 월드컵로 10길 56(서교동)
대표 전화 · 02)332-0931 | **팩스** · 02)323-0586
홈페이지 · www.gilbut.co.kr | **이메일** · gilbut@gilbut.co.kr

기획 및 책임편집 · 이원휘(wh@gilbut.co.kr) | **디자인** · 박상희 | **제작** · 이준호, 손일순, 이진혁
영업마케팅 · 임태호, 전선하, 지운집, 박성용 | **영업관리** · 김명자 | **독자지원** · 송혜란, 홍혜진

교정교열 · 김솔 | **전산편집** · 남은순 | **출력 및 인쇄** · 북토리 | **제본** · 신정문화사

▶ 잘못 만든 책은 구입한 서점에서 바꿔 드립니다.
▶ 이 책은 저작권법에 따라 보호받는 저작물이므로 무단전재와 무단복제를 금합니다. 이 책의 전부 또는 일부를 이용하려면 반드시 사전에 저작권자(ⓒ 이재왕, 2016)와 (주)도서출판 길벗의 서면 동의를 받아야 합니다.

ISBN 979-11-87345-01-5 93560
(길벗 도서번호 006773)

정가 15,000원

독자의 1초를 아껴주는 정성 길벗출판사

길벗 | IT실용서, IT/일반 수험서, IT전문서, 경제실용서, 취미실용서, 건강실용서, 자녀교육서
더퀘스트 | 인문교양서, 비즈니스서
길벗이지톡 | 어학단행본, 어학수험서
길벗스쿨 | 국어학습서, 수학학습서, 유아학습서, 어학학습서, 어린이교양서, 교과서

페이스북 · www.facebook.com/gbitbook

머리말

비즈니스 변화에 창의적이고 민첩하게 대응하기 위해서는 프로젝트 개발 방식과 관리 문화가 바뀌어야 한다

많은 경영진이 개발팀에 창의적이고 혁신적인 제품 개발을 주문하고 있지만 정작 그런 환경을 제공하는 데는 별로 관심이 없는 것 같다. 창의적 제품 개발 환경을 위해서는 수평적 조직 문화와 구성원 간의 활발한 커뮤니케이션과 협력 등 직원들이 자발적이고 열정적으로 일할 수 있는 환경이 요구되지만 우리의 일하는 방식은 지난 20년 전이나 지금이나 별로 변한 게 없기 때문이다. 상명하달의 수직적인 계층 구조와 야근을 강요하는 근면성실 문화는 여전히 우리 기업의 지배적인 개발 환경이다. 세계적인 경영석학 게리 해멀(Gary Hamel) 교수는 2008년 그의 저서 『경영의 미래(The Future of Management)』에서 현대 기업이 당면한 경영 혁신 과제에 대하여 지적한다. 첫째, 비즈니스 변화에 따른 민첩성으로 기업들이 시장 변화에 대한 빠른 대응력을 갖추어야 하고 둘째, 직원들을 혁신의 실천가로 만들 수 있는 창의적 환경 조성이 필요하며 셋째, 어떻게 하면 열정적이고 최선을 다하는 직원을 만들 수 있는지를 이야기하고 있다. 많은 기업이 이런 명제에 대하여 동의하고는 있지만 이를 실천하는 기업들은 소수에 불과하다.

1990년대 중반부터 대두된 애자일 방법론은 비즈니스 변화에 빠르게 대응하기 위한 차원에서 시작되었으나 이제는 민첩성뿐만 아니라 개발 과정의 효율성을 높이고 창의적 제품 개발을 위한 실천적인 방법론으로 자리매김하고 있다. 구성원 간의 활발한 커뮤니케이션과 협력, 직원들의 자발성과 수평적인 조직 문화 등 애자일에서 추구하는 개발 문화는 비즈니스 민첩성뿐만 아니라 창의성을 촉진하는 요소로도 작용하고 있기 때문이다. 무엇보다도 애자일 개발에서 리더의 역할은 지시와 통제보다는 구성원의 소통과 잠재력을 최대한 이끌어 내는 코치 및 퍼실리테이션형 리더에 더 가깝다. 그래서 구글이나 마이크로소프트, 페이스북, 시스코 등 대부분의 글로벌 기업이 이를 채택하여 창의적 개발 환경을 만드는 데 적극 활용하고 있다. 국내에서는 애자일을 소프트웨어 분야에 적용되는 기술 프로세스 정도로만 인식하지만 해외에서는 하드웨어 및 일반 산업 분야의 제품 개발 과정에도 폭넓게 활용한다. 최근에 활발하게 적용되고 있는 린 스타트업 개발 방식도 애자일에서 태동하여 비즈니스 방법론으로 확장된 것이다.

기존에 나와 있는 제품 개발 방법론이 대부분 프로세스 측면에서 품질 및 생산성을 높이는 것에 초점을 둔다면 애자일은 사람들 간의 소통과 협력에 주안점을 두고 품질 및 비즈니스 가치를 높이는 데 목표를 둔다. 즉, 전통적 방법론은 프로젝트의 성공이 프로세스에 있다고 보는 반면에 애자일은 사람들 간의 소통에 있다고 보는 것이다(이는 혁신의 원천이 사람이라는 것과 일맥상통한다). 그래서 애자일은 사람들 간의 소통과 협력을 강화할 수 있는 프랙티스를 많이 제공하는 반면에 전통적 방법론은 표준화 및 문서화된 프랙티스를 강조하는 경향이 있다. 이렇게 기존 방법론과 애자일은 추구하는 목표와 접근 방법에 다소 차이가 있다 보니 현실에서는 조직 상황에 따라 상호 보완적으로 활용하는 지혜가 요구된다. 자체 또는 외주 개발, 소규모 또는 대규모 개발 등 프로젝트 상황에 따라 사람들 간의 소통과 문서화된 프로세스가 모두 중요할 수 있기 때문이다.

시중에 애자일 개발에 대한 책들이 이미 많이 나와 있지만 대부분이 번역된 책이다 보니 국내 상황을 충분히 반영하지 못하고 있다. 또 너무 애자일 관점에서만 기술하다 보니 마치 프로젝트 성공의 만병통치약인 것처럼 인식되는 경향도 생기는 것 같다. 그래서 어떤 분들은 애자일에서 언급하지 않는다고 해서 전통적인 프로세스를 전혀 안 해도 되는 것으로 오해하는 경우도 가끔 발생한다. 애자일에서 언급하지 않는다고 해서 그것이 필요 없다는 의미는 아니다. 애자일에서 가장 많이 활용되고 있는 스크럼만 봐도 자체적으로 제품을 개발하는 환경에 적합하도록 프랙티스가 구성되어 있다 보니 그렇지 않은 환경에서 적용하기에는 한계가 있다. 스크럼에서 거의 언급하지 않는 리스크 관리, 품질 관리, 팀원 관리, 이해관계자 관리와 같은 활동들은 실제 프로젝트에서는 모두 필요한 것이며 상황에 따라 적용 수준이나 중요도가 달라질 뿐이다.

많은 전문가가 지적하듯이 프로젝트를 성공적으로 이끄는 유일한 방법은 없으며 프로젝트 리더는 프로젝트 상황에 따라 적절한 방법을 찾아야 한다. 애자일 철학 역시 개발 방법에는 정답이 없으며 탐색적 실험과 관찰, 적응을 통해서 올바른 방법을 지속적으로 찾으라고 이야기하고 있다. 그런 관점에서 책은 애자일 방법론에서 가장 많이 활용되고 있는 스크럼을 기반으로 (스크럼에서 다루고 있지 않은) 전통적 개발 프로세스의 장점을 접목하여 국내 현실에 적합한 애자일 프로젝트 관리 방법을 기술하려고 노력했다. 내가 처음 스크럼을 접했을 때만 하더라도 국내 현실과 달라 많은 괴리감을 느꼈지만 이후에 지속적인 스터디와 적용 경험을 통하여 애자일이 기존 방법론보다 훨씬 효과적이라는 것을 피부로 느낄 수가 있었다. 그래서 이제는 어떤 프로젝트라도 애자일을 활용하면 더욱 성과를 높일 수 있다고 자신 있게 말할 수 있게 되었다.

내가 프로젝트 관리 분야에 관심을 갖고 일을 한 지도 20년 가까이 되며 그중에서 애자일에 관심을 갖고 적용한 기간은 약 8년 정도다. 그래서 전통적 방법론과 애자일에 대한 장단점을 누구보다도 잘 알고 있다고 생각한다. 개인적으로 지난 20년간 전통적 방법론과 애자일을 함께 연구하면서 얻은 경험의 진수를 책에 담으려고 노력했다. 처음 책을 집필할 때만 하더라도 그동안의 경험을 정리하는 차원에서 간단히 시작했지만 지난 4년간 고치고 또 고치다 보니 책 쓰기가 보통 어려운 것이 아니다. 그동안 애자일, 스크럼이 우리 조직과는 안 맞는다고 생각했던 분들이나 창의적 제품 개발에 목말라 하는 경영진, 성공적인 프로젝트를 진행하고 싶은 관리자들에게 작은 도움이 되었으면 하는 바람이다.

책은 총 8장으로 구성되어 있으며 필요에 따라 선택해서 읽을 수가 있다. 1장은 기존 프로젝트 관리의 문제점과 이슈를 제기하면서 이에 대한 해법을 애자일 관점에서 제시했다. 2장은 애자일 방법론이 가지고 있는 이론과 원리를 국내 프로젝트 현실에 맞춰 설명했다. 애자일 원리는 기본적으로 복잡계와 린 이론, 애자일 개발 선언문을 기반으로 하고 있으며 이것에 대한 올바른 이해가 있어야만 애자일 프랙티스를 우리 조직에 맞게 원활히 변형할 수가 있다. 3장과 4장은 자체 또는 외주 개발인 경우에 모두 활용할 수 있도록 애자일 프로젝트 계획 수립과 진행 관리 방법에 대하여 설명했다. 스크럼 프랙티스와 전통적 관리 프로세스(PMBOK, CMMI)를 비교 설명함으로써 프로젝트 리더가 적절한 방법을 선택할 수 있게 가이드했다. 5장은 애자일 팀을 관리하는 방법과 리더의 역할에 대하여 설명했다. 애자일은 개발 프로세스뿐만 아니라 구성원의 역할과 사고방식의 변화가 필요하므로 애자일 팀 리더에게 필요한 리더십과 팀원의 마인드 전환에 대하여 다루었다. 6장은 내가 경험했던 대규모 애자일 또는 전통적 프로젝트를 바탕으로 기존의 대규모 프로젝트에서 나타나는 문제점을 살펴보고 애자일을 적용할 때 고려해야 할 전략과 세부 프랙티스 등을 설명했다. 대규모 프로젝트는 커뮤니케이션의 복잡성과 리스크가 크기 때문에 더 체계적인 접근 방식이 필요하다. 7장은 내가 애자일 코치로 직간접적으로 참여하면서 나름대로 성공적으로 적용된 사례를 중심으로 기술했다. 사실 국내 현실에서 애자일 실패 사례가 훨씬 많지만 원인이 워낙 다양하므로 책에 담는 것이 어려웠다. 애자일 실패 요인들은 다른 여러 장에 걸쳐서 언급하고 있다. 8장은 전사적으로 애자일을 도입할 때 필요한 전략과 고려사항 등을 기술했다. 애자일은 직원 및 경영자를 포함한 이해관계자들의 개발 마인드 변화가 필요한데 이런 측면에서 전사 품질 조직 및 인사 조직의 변화 내용에 대하여 언급했다.

감사의 글

이 책이 나오기까지 많은 분의 도움과 지원을 받았다. 프로젝트 관리의 깊은 지식을 깨우치는 데 도움을 주신 오피엠씨(주)의 목성균 대표님에게 감사드리고, 애자일의 가치를 인정하고 지원해준 정보통신산업진흥원 소프트웨어 공학센터, 애자일을 적용해온 업계의 많은 분들에게도 감사드린다. 그리고 바쁘신 중에도 부족한 원고를 읽고 검토해주신 티시스(주) 남진현 부장님, 정보통신산업진흥원 SW공학센터 윤형진 수석님, 가온테스팅(주) 이종관 대표님, 삼성전기(주) 정기봉 팀장님, SAP 코리아 최송일 팀장님, SK플래닛(주) 황상철 매니저님에게도 고마움을 전한다. 이 분들과 오랫동안 애자일 및 프로젝트 관리 이슈에 대해 고민하지 않았다면 이 책이 나오지 못했을 것이다. 특별히 원고 수정에 힘써주신 이원휘 님과 집필 기간 동안 힘이 되어준 친구 김문중에게도 감사를 표한다.

끝으로 언제나 내 곁을 지켜주는 사랑하는 아내와 두 딸에게도 고맙다는 말을 전하고 싶다. 그동안 집필하느라 가정에 소홀했던 점이 있다면 너그럽게 용서해주길 바란다.

2016년 5월 **이재왕**

목차

1장 ▶ 전통적 프로젝트 경영에서 벗어나기 013
    1.1 업무 범위, 일정, 비용은 반드시 지켜야 하는가? 013
    1.2 프로젝트 일정 및 예산에 대한 진실 015
    1.3 업무 범위 내 요구사항은 모두 구현해야 하는가? 019
    1.4 상습적인 야근이 프로젝트의 성과를 높일 수 있는가? 021
    1.5 협력업체는 파트너인가, 소모품인가? 024
    1.6 비즈니스 환경은 어떻게 변화하는가? 026
    1.7 전통적 프로젝트 수행 방식에는 어떤 한계가 있는가? 028

2장 ▶ 애자일 주요 원리 : 자기 조직화, 린, 몰입 031
    2.1 애자일 소프트웨어 개발 선언문의 이해 031
    2.2 애자일 소프트웨어의 개발 원칙 열두 가지 035
    2.3 프로젝트는 복잡적응계다 040
    2.4 스스로 일하는 개발팀 : 자기 조직화된 팀 043
    2.5 테일러리즘 vs. 린 047
    2.6 린의 주요 원리 049
    2.7 소프트웨어 개발의 낭비 요소 일곱 가지 055
    2.8 몰입 059
    2.9 애자일 프로젝트 관리의 목표 062
    2.10 전통적·애자일 프로젝트 관리의 비교 065

3장 ▶ 애자일 프로젝트 계획 067
    3.1 기존 개발 방법론은 어떻게 활용해야 하는가? 067
    3.2 애자일은 개발 생명주기와 어떻게 다른가? 069
        폭포수 개발 069
        점진적 개발 070
        진화적 개발 071
        스테이지 게이트 개발 072

애자일 개발 072
3.3 요구사항 이해관계자 식별 **074**
3.4 요구사항 도출 : 린 스타트업과 디자인 씽킹의 활용 **075**
　린 스타트업의 활용 075
　디자인 씽킹의 활용 078
3.5 요구사항 정의와 제품 백로그 **079**
3.6 사용자 스토리, 기술 스토리, 완료 조건 **084**
　사용자 스토리 084
　기술 스토리 085
3.7 제품 백로그 작성 지침 **086**
3.8 제품 백로그 vs. 작업 분류 체계(WBS) **088**
3.9 개발 규모 추정과 스토리 점수 **089**
　스토리 점수의 일관성 유지 094
3.10 애자일 추정 기법과 플래닝 포커 **095**
　유사 추정 095
　전문가 추정 096
3.11 가치 점수와 요구사항 우선순위 **101**
3.12 요구사항 관리 전략 **105**
　업무 범위가 유동적인 프로젝트 105
　업무 범위가 고정된 프로젝트 107
3.13 릴리스 계획을 이용한 전체 일정 수립 **109**
3.14 스프린트 계획을 이용한 단기 일정 수립 **116**
3.15 프로젝트 계획 검토 **123**
3.16 프로젝트 킥오프 **125**
3.17 전통적 · 애자일 일정 계획의 비교 **126**

4장 ▶ 애자일 프로젝트 진행 관리 **129**

4.1 전통적 진행 관리의 한계 **129**
4.2 애자일 진행 관리의 특징 **132**
4.3 애자일 프로젝트 성과지표 **134**
4.4 시각적 관리와 데일리 스탠드업 미팅 **140**
　시각적 관리 141
　데일리 스탠드업 미팅 142

4.5 단계별・스프린트 리뷰를 이용한 고객 피드백 **145**
4.6 효율적 이슈 및 리스크 관리 **150**
  이슈 및 리스크 식별 151
  이슈 및 리스크 평가 154
  이슈 및 리스크 대응 계획 수립 155
  이슈 및 리스크 모니터링 157
4.7 산출물 검토 방법 **159**
  인스펙션 기법 159
  워크스루 기법 161
4.8 지속적인 프로세스 개선 : 프로젝트 교훈 미팅과 스프린트 회고 **161**
  프로젝트 교훈 미팅 161
  스프린트 회고 163
4.9 요구사항 조정과 협의 **168**
  요구사항 협의 시 효과적인 원칙 170
  요구사항 협의 시 활용할 수 있는 전략 173
4.10 요구사항 추적 관리 **175**
4.11 이해관계자 관리 **176**

5장 ▶ 효과적인 애자일 팀 구성 **181**

5.1 애자일 팀에 동기를 부여하는 방법 **181**
  팀원의 욕구를 이해하라 181
  내재적 동기를 활용하라 183
  애자일 팀의 동기부여 활동 184
5.2 팀원 존중 **184**
5.3 기술 리더와 애자일 프로젝트 리더의 역할 **186**
5.4 애자일 리더십 **190**
5.5 프로젝트 팀 코칭 **194**
  팀 코칭의 필요성 194
  애자일 팀 코칭 방법 196
5.6 하이 퍼포먼스 팀의 조건 **199**
5.7 애자일 팀 형성을 방해하는 요인 **202**
5.8 개발팀의 역할과 팀스피릿 **203**

6장 ▶ 대규모 프로젝트에서 애자일 적용법 207

6.1 대규모 IT 프로젝트의 문제점 207
6.2 애자일 적용 전략 208
6.3 애자일 적용 로드맵 215
- 프로젝트 기획 215
- 요구 분석 216
- 점진적 개발 217
- 통합 테스트 218

6.4 팀 간 업무 미팅 218
6.5 제품 백로그 정제와 스프린트 계획 미팅 220
6.6 조인트 스프린트 리뷰·회고 220
6.7 오픈 스페이스 미팅 221
6.8 분야별 학습 조직 구성 224
6.9 애자일 PMO의 활용 225

7장 ▶ 애자일 프로젝트 관리 적용 사례 227

7.1 새로운 제품과 서비스 개발 사례 227
- 적용 전 상황 228
- 애자일 적용 결과 228
- 애자일 적용 설문조사 결과 231
- 교훈 233

7.2 소프트웨어 유지보수 적용 사례 233
- 적용 전 상황 234
- 애자일 적용 결과 234
- 교훈 236

7.3 외주 프로젝트 적용 사례 237
- 적용 전 상황 237
- 애자일 적용 결과 237

7.4 전사 애자일 적용 사례 239
- 적용 전 상황 239
- 애자일 적용 결과 239
- 교훈 241

8장 ▶ 전사 애자일 적용 방안 243
8.1 어떻게 도입하는 것이 좋은가? 243
8.2 전사 애자일 적용 로드맵 244
8.3 애자일 도입 효과 248
8.4 애자일 오피스와 코치의 역할 249
8.5 전사 품질 조직의 역할 변화 250
8.6 애자일 조직에서 성과 평가 251
8.7 애자일로 전환할 때 장애 요인 253

찾아보기 259

CHAPTER 1
전통적 프로젝트 경영에서 벗어나기

1.1 업무 범위, 일정, 비용은 반드시 지켜야 하는가?

국내 대부분의 프로젝트에서 초기에 설정된 업무 범위와 일정, 비용은 반드시 준수되어야 할 목표로 자리 잡고 있다. 공공 기관뿐만 아니라 민간 기업에서도 이 세 가지 목표는 관리자의 업무 평가에 많은 영향을 미치고 있으며 프로젝트의 성공 여부도 단기적으로는 이것으로 결정된다. 그래서 많은 프로젝트에서 야근은 물론이고 생명을 위협하는 상황이 발생될 정도로 과도한 업무에 시달리고 있다. 그렇다면 프로젝트 초기에 설정한 업무 범위와 일정, 비용을 모두 지켜야만 성공이라고 할 수 있을까? 어떤 프로젝트가 초기에 설정한 업무 범위와 일정, 비용은 모두 준수했지만 시장에서 별로 가치가 없는 제품을 만들거나 조직에서 아무도 사용하지 않는 시스템을 만든다면 이 프로젝트를 성공했다고 할 수 있을까? 이와 반대로 고객 만족도나 시장 반응은 좋았지만 초기에 설정한 일정이나 비용을 정확히 지키지 못했다면 이 프로젝트는 실패한 것인가?

일반적으로 비즈니스가 성공하려면 시장 요구 상황에 맞는 제품과 서비스를 적절한 시기에 적정한 품질로 제공해야 한다. 초기에 개발 일정을 8개월로 설정한 프로젝트가 있다면 비즈니스 상황에 따라 6개월 또는 10개월로 일정을 변동할 수 있어야 하며 변동된 일정에 따라 신축성 있게 업무 범위 및 비용도 조정될 수 있어야 한다. 업무 범위 또한 비즈니스 상황에 따라 변동될 필요가 있다. 프로젝트는 불확실성(uncertainty)과 복잡성(complexity)에 따라 관리 방법이 조금씩 달라져야 한다. 예를 들어 아파트 건설과 같이 기성품을 만드는 프로젝트는 업무 범위의 불확실성이나 기술의 복잡성이 낮다. 이런 프로젝트는 초기에 설정된 업무량 및 일정, 비용을 준수하는 것이 의미가 있다. 그만큼 변동성이 적기 때문이다. 하지만 반대의 경우에는 초기에 설정된 조건들을 지키는 것이 프로젝트의 비즈니스 가치를 반드시 높이지는 않는다. 예를 들어 새로운 제품이나 서비스를 만드는 IT 프로젝트 같은 경우 초기 요구사항이 불확실하고 기술의 복잡성이 높을 수밖에 없다. 이런 프로젝트에서는 초기에 설정된 조건들을 신축성 있게 조절하는 것이 오히려 프로젝트의 가치를 높이는 데 도움이 된다. 따라서 프로젝트 초기에 설정한 일정, 비용은 불확실한 요구사항을 반영한 것이므로 절대 변할 수 없다는 고정관념은 버릴 필요가 있다. 우리가 일정과 비용 목표를 정해 놓고 그것을 준수했다고 하는 것은 요구사항의 구현 범위 및 품질 수준을 조정하여 프로젝트 팀이 적응한 결과이지 처음부터 예측한 것은 아니다. 예를 들어 초기에 추정한 일정 6개월과 예산 10억 원을 정확히 준수했다면 예측력은 100%라고 할 수 있다. 하지만 일정을 5개월이나 7개월로 추정했어도 프로젝트는 정해진 기간 안에 끝났을 것이다.

나는 십여 년 전 ERP 프로젝트의 프로젝트 관리 담당자로 일한 적이 있다. 이 프로젝트는 누가 보아도 수행해야 할 전체 요구사항에 비해 일정이 너무 짧았다. 나는 고객에게 프로젝트 일정을 왜 이렇게 짧게 잡았는지 물어보았다. 그랬더니 예상보다 프로젝트 준비 기간이 길어져서 발주를 늦게 했다는 것이었다. 의사 결정이 지연되어 발주가 늦어졌지만 완료 일정은 전혀 바뀌지 않은 것이다. 나는 비즈니스에 크게 영향이 없다면 비용은 그대로 두더라도 일정을 2개월 정도 연장하여 품질을 높이자고 권고했다. 결국 프로젝트 일정은 2개월 연장되어 훨씬 원활하게 진행할 수 있었다. **프로젝트에서 업무 범위, 일정, 비용을 관리하는 것은 매우 중요하지만 초기에 정한 목표를 무조건 준수하라는 의미는 아니다. 시장 및 고객에게 무엇이 가치가 있는지에 따라 신축성 있게 조정하는 것이 필요하다.**

1.2 프로젝트 일정 및 예산에 대한 진실

많은 프로젝트가 고정된 일정과 비용에서 시작한다. 예를 들어 일정 5개월, 예산 10억 원을 설정하여 새로운 시스템을 구축한다. 이런 단일 값 추정은 초기 요구사항을 기반으로 한 개략적인 추정치일 뿐이지 프로젝트의 실제 일정과 비용을 정확히 예측한 것은 아니다. 새로운 제품이나 서비스를 만드는 프로젝트는 다양한 이해관계자가 상호작용하게 되므로 요구사항이 전체 기간 동안 어떻게 변할지, 어느 정도로 구현될지 예측하기가 매우 어렵다. 개발하다 보면 초기에 기술한 간단한 요구사항 하나가 상세 요구사항 수십 개로 세분화되거나 자주 변경될 수 있기 때문이다. 그래서 프로젝트에 일정과 비용에 대한 예측은 확률적으로 추정하는 것이 합리적이다. 예를 들어 새로운 ERP 시스템을 구축하려면 일정은 최소 6~8개월, 비용은 20~25억 원 정도가 소요된다고 말이다.

소프트웨어 개발 전문가 스티브 맥코넬(Steve McConnell)은 요구사항 정의를 확정한 이후에도 전체 일정이나 비용은 60~150%까지 변동될 수 있으며 상세 디자인을 완료한 후에야 90~110% 이내로 줄어든다고 이야기한다. 즉, 상세 요구사항이 변동되므로 프로젝트 초기에는 일정이나 비용을 신뢰하기가 어렵다는 말이다.[1]

▼ 그림 1-1 프로젝트 마일스톤에 따른 불확실성 원뿔[2]

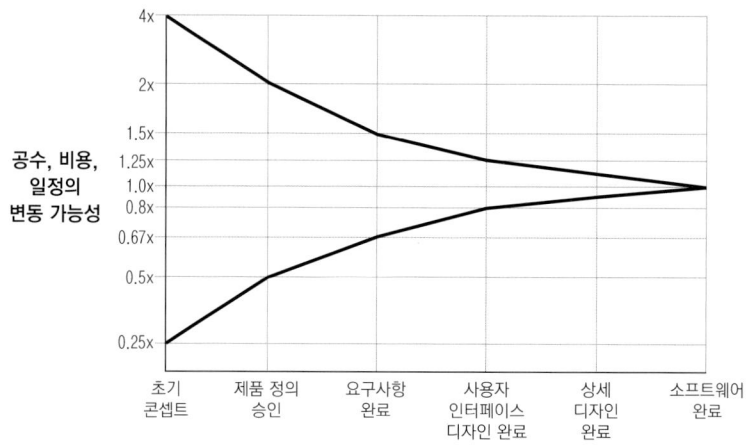

그러나 현실에서는 프로젝트 일정을 확률적으로 추정하지는 않는다. 대부분의 경영진은 ROI와 손익분기점을 앞당길 수 있도록 프로젝트를 빨리 끝내면 좋다는 생각을 가지고 있다. 그래서 사업부 책임자가 프로젝트 일정으로 12~15개월로 제시한다면 경영진은 아마도 가장 낙관적인 수치를 선택하려고 할 것이다. 어쩌면 그보다 앞당기기를 원할 수도 있다. 여기서 경영진이 여유 있는 수치를 선택하지 않는 이유는 시장 출시 시기 및 비용을 염두한 것이기도 하지만 프로젝트 팀에 일정 목표를 좀 더 도전적으로 만들려고 하는 목적도 있다. 이처럼 여러 가지 이유로 엔지니어들이 나름 합리적으로 추정한 일정과 비용이 결정되기보다는 조직의 상황이나 경영진의 의도에 따라 결정된다. 몇 년 전에 나는 한 대기업에서 데이터 웨어하우징(Data Warehousing) 프로젝트를 수행한 적이 있다. 프로젝트 초기에 일정 6개월, 예산 약 10억 원이 소요되는 사업으로 추정했었지만, 예산의 한계와 프로젝트 발주 지연으로 4개월에 비용 약 6억 원으로 수행되었다.

프로젝트 일정과 비용을 합리적으로 결정하지 않는 또 하나의 이유는 입찰 경쟁 때문이다. 최근 웬만한 규모 이상의 프로젝트는 모두 외주 협력업체를 활용한다. 이때 발주자는 불확실한 요구사항을 담보로 최소한의 일정과 비용을 설정하려고 한다. 예를 들어 10억 원 정도로 예측되는 프로젝트를 7억 원으로 발주한다. 이렇게 하면 손쉽게 3억 원을 절약할 수 있기 때문이다. 지금처럼 공급이 많은 업계 상황에서는 이렇게 발주한 프로젝트도 수행하겠다고 나서는 업체들이 존재한다. 공공 기관이나 대기업에서 발주하는 프로젝트는 대부분 이런 형태라서 합리적인 일정과 비용을 추정하는 것이 별 의미가 없다. 그래서 개발업체에서는 일정 및 비용 추정(estimation) 작업을 소홀히 하는 경향이 있다. 이미 발주자가 일정과 비용을 정해 놓았는데 새삼스럽게 추정하는 것이 무슨 의미가 있느냐는 것이다. 다만 얼마에 입찰을 하느냐는 이슈만 남아 있을 뿐이다. 그러나 발주자가 일정과 비용을 정했더라도 실제 해당 조직에서 수행할 때는 일정과 비용이 어느 정도 소요되는지 반드시 추정해 보아야 한다. 그래야만 프로젝트의 수행 타당성을 검증할 수 있다. 발주자가 터무니없는 비용과 일정을 제시한다면 입찰에 참가하지 않거나 발주자에게 적정한 가격과 일정을 제안하고 요구할 필요가 있다.

그렇다면 프로젝트를 성공적으로 추진하기 위해서는 프로젝트 일정 및 비용을 어떻게 해야 할까? 우선 프로젝트는 요구사항이 불확실하여 정확하게 예측하기 어렵고 확률적으로만 예측할 수밖에 없다는 것을 발주자와 개발사 등 모두가 인식하는 것이 필요하다. 그리고 경영진이나 발주자는 프로젝트 일정과 비용을 적정 규모 이하로 줄이면 프로젝트의 생산성과 품질에 오히려 악영향을 미친다는 것을 깨달아야 한다. 스티브 맥코넬은 여러 학자의 견해를 종합하여 합리적으로 설정한 일정에서 25% 이상은 줄이지 말라고 권고한다.[3] 25% 이하에서는 프로젝트 팀이 적응해 나갈 수 있는 여지가 있지만, 그 이상에서는 절대로 달성할 수 없기 때문이다. 그림 1-2는 프로젝트 수행 결과에 대한 확률분포를 그린 그래프로, 프로젝트가 요구사항의 불확실성 때문에 무한대로 지연될 여지가 있다. 반면에 특정 값 이하로는 줄어들지 못하게 하는 절대적인 영역이 있다.

▼ 그림 1-2 프로젝트 수행 결과에 대한 확률분포

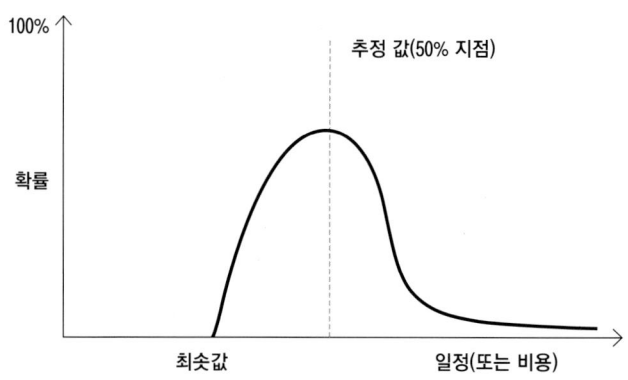

특히 대규모 프로젝트에서는 규모가 복잡하고 이해관계자 간의 상호작용이 중요하므로 일정을 줄이기보다는 오히려 더 여유를 두어야 한다. 다음은 일정을 필요 이상으로 줄임으로써 미치는 악영향이다.

- 의사소통을 할 시간이 충분하지 않아서 원활한 협업을 방해한다.
- 여유가 없어 창의적으로 생각할 시간이 부족하다.
- 요구사항과 설계에 투자하는 시간이 적어 후반부에 재작업을 많이 하거나 품질이 떨어진다.
- 예상치 못한 리스크에 대처할 시간적 여유가 없어 일정이 지연되거나 품질에 문제가 생긴다.

1.3 업무 범위 내 요구사항은 모두 구현해야 하는가?

> "발주자들은 초기에 요구사항을 상세하게 제시하기 어렵다 보니 포괄적인 요구사항만 정해 놓고 발주를 진행한다. 그리고 업무 범위에서 변경되는 상세 요구사항의 변경들을 개발업체가 모두 수용해 주기를 바란다. 이는 비상식적이고 IT 산업의 경쟁력을 약화시키는 원인이다."

이것은 조직 내부가 아닌 외부 프로젝트를 수행한 적이 있다면 한번쯤은 생각해 보았을 의문이다. 프로젝트 초기 단계에서는 상위 수준의 개략적인 요구사항만 정해 놓고 프로젝트 진행 중에 상세한 요구사항을 마구 쏟아 놓기 때문이다. 실제로 많은 IT 프로젝트가 업무 범위에 있다는 이유로 요구사항의 확장 및 변경에 시달린다. 한국정보통신산업진흥원(NIPA)에서 2012년에 발표한 소프트웨어 백서 통계자료를 보면 프로젝트가 실패하는 가장 큰 이유는 요구사항의 불명확성 때문이다. 많은 기업들은 초기에 요구사항을 상세하게 제시하기가 어려워 요구사항을 포괄적으로 정해 놓고서 발주한다. 그리고 개발업체가 업무 범위 내의 상세 요구사항의 변경이나 추가를 모두 수용하기를 바란다. 개발업체 입장에서는 불합리함에도 불구하고 현실적으로 좀처럼 거부하기가 어렵다. 향후 비즈니스를 고려하여 고객과 원만한 관계를 유지해야 하기 때문이다.

건물을 지을 때도 IT 프로젝트처럼 요구사항이 자주 변경된다. 하지만 해결 방법은 다르다. 인테리어를 완료한 후 고객이 마음에 들지 않는다고 바꿔 달라고 하면 건축가 입장에서 쉽게 바꿔 줄 수 있을까? 절대 그렇지 않을 것이다. 변경은 일정과 비용이 모두 소요되는 작업이기 때문이다. 그래서 노련한 건축가는 고객과 많은 대화를 나누면서 고객의 숨은 의도를 파악하려고 노력한다. 그래야만 시공 후에 나타날 수 있는 분쟁을 줄일 수 있기 때문이다. 또 건물이나 인테리어 공사는 변경으로 발생하는 비용이 자재 중심의 비용이다 보니 어느 정도 객관적으로 인정받지만 IT 프로젝트는 변경 비용이 대부분 인건비이다 보니 무시되는 경향이 있다. 사람들은 하드웨어와 달리 소프트웨어는 쉽게 변경할 수 있는 제품으로 인식하기 때문이다. 그러다 보니 변경 비용은 고려하지 않은 채 시스템 구축을 완료한 후에도 빈번하게 변경해 달라고 요구한다. 하지만 구현을 완료한 소프트웨어를 변경하는 데는 비용이 많이 든다. 설계, 구현, 테스트를 모두 다시 해야 하기 때문이다. 복잡도가 높은 시스템일수록 변경에 필요한 비용은 기하급수적으로 증가한다.

▼ 그림 1-3 업무 범위와 요구사항의 관계

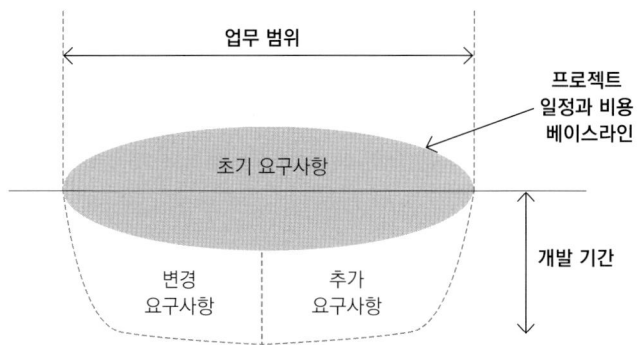

그림 1-3처럼 요구사항의 업무 범위와 깊이를 구분해서 생각해야 프로젝트 요구사항의 변화를 이해할 수 있다. 업무 범위는 프로젝트에서 달성해야 하는 업무 영역이고, 깊이는 범위에 따른 상세 요구사항이다. 프로젝트 일정과 비용은 범위와 깊이를 고려한 초기 요구사항을 기반으로 추정한다. 이때 일정과 비용 베이스라인이 설정된다(초기에 설정하는 일정과 비용 기준이다). 그러다 프로젝트가 진행되면서 상세 요구사항들이 변경되거나 추가되면 요구사항의 깊이를 더하는 요소로 작용한다. 깊이가 깊어지면 당연히 일정과 비용 베이스라인이 변경되어야 한다. IT 프로젝트에서 초기 요구사항은 빙산의 일각에 불과하다. 따라서 발주자가 개략적인 업무 범위를 기반으로 일

정과 비용을 설정하고 이후 범위에서 발생하는 모든 요구사항을 충족하라는 이야기는 매우 비상식적인 이야기다. **프로젝트 일정과 예산이 고정되어 있고 요구사항의 변경이 자주 발생하는 상황이라면 기존 요구사항과 변경사항의 우선순위를 관리하여 주어진 제약 조건을 충족시켜야 한다.**

1.4 상습적인 야근이 프로젝트의 성과를 높일 수 있는가?

대규모 프로젝트를 담당하는 한 프로젝트 관리자가 협력업체 관리자들을 불러서 비장한 각오로 이야기한다.

"오늘부터 모든 프로젝트 구성원의 퇴근 시간은 밤 10시입니다. 토요일에도 출근하세요."

뒤처진 구축 일정과 약속한 시스템 오픈 일정을 지키려면 어쩔 수 없다는 논리다. 협력업체 관리자들 입에서는 탄식이 흘러나온다.

"자기들이 무리하게 오픈 일정을 잡아 놓고는 협력업체 인력들만 고생시키는군."

이와 비슷한 대화를 어디선가 들어 보았다면 이런 프로젝트 현실에 별로 놀라지 않을 것이다. 이런 대화는 지금도 국내에서 수행되는 수많은 대규모 IT 프로젝트에서 늘 반복된다. 금융권이나 공공 기관에서 수행하는 소위 '차세대 시스템 개발' 프로젝트에서는 대부분 이런 근무 기간이 1년 이상 지속된다. 프로젝트마다 상황은 다소 다르지만 프로젝트 초반이 지나면 발주사나 수행사의 총괄 프로젝트 관리자가 대부분 이런 지침을 전달한다. 그렇다고 개개인에게 별도의 보상도 하지 않는다.

나는 몇 년 전 대규모 시스템 개발에서 프로젝트 관리 진단을 수행한 적이 있다. 이 프로젝트는 전체 일정이 14개월, 협력업체 인력이 150명 가까이 참여하는 대규모 소프트웨어 개발이었다. 협력업체를 포함한 프로젝트를 이끄는 주요 리더와 심층 인터뷰를 하면서 프로젝트 일정이 애초부터 무리하게 잡혔다는 것을 알게 되었다. 이해관계자가 많아 커뮤니케이션에 많은 시간이 필요했으며, 주어진 일정에 비해 개발해야 할 양이 너무 많았다. 더군다나 바쁘다는 이유로 비즈니스 부서의 참여가 저조하여 향후 통합 테스트 단계에서 나타날 요구사항의 변경 또한 매우 큰 리스크였다. 프로젝트 종료 4개월 전에는 단위 업무 개발이 끝나고 통합 테스트를 시작해야 했지만 구축 단계는 상당히 지연되었다. 그래서 총괄 프로젝트 관리자는 밤 10시 퇴근과 격주 토요일 근무라는 대안을 세워 상황을 헤쳐 나가고자 했다.

이런 상습적인 야근이나 초과근무가 프로젝트의 뒤처진 일정을 따라잡고 원하는 오픈 일정을 준수할 수 있게 도와줄까? IT 프로젝트 관리 전문가인 톰 디마르코(Tom DeMarco)는 『피플웨어(Peopleware)』에서 다음과 같이 지적한다.[4]

> "사람의 내면에는 초과근무를 보상받으려는 심리가 있다. 단기간의 야근은 생산성 증대를 가져올 수 있지만 장기적인 야근은 주어진 일을 늘려서 할 뿐 초과근무로 인한 생산성 향상은 없다."

나 역시 프로젝트에서 야근을 많이 해 봤다. 하지만 대부분 일주일 이내의 매우 단기적인 야근에서만 성과가 나타났고, 모두가 상황을 공감하는 상태에서만 효과를 얻었다. 여러분이 야근을 왜 해야 하는지 공감하지 못하는 상황에서 매일 밤 10시 이후에 퇴근하라고 강요 당한다면 어떻게 하겠는가? 아마도 열심히 일하기보다는 관리자가 눈치채지 않게 천천히 일하거나 개인적인 업무를 많이 하면서 시간을 보낼 것이다. IT 프로젝트에서는 누군가가 일방적으로 야근을 몰아붙인다고 해서 성과가 오르지 않는다. 오히려 더욱 지치게 할 뿐만 아니라 남아 있는 의욕마저 떨어뜨리는 역효과를 낳는다. 때로는 공포를 불러일으키는 관리가 성과를 일정 부분 올리는 것처럼 보이기도 한다. 하지만 실상은 눈에 보이지 않는 품질을 떨어뜨려 향후 일거리만 더욱 늘릴 뿐이다. 마치 부실한 건물이 쑥쑥 올라가는 것처럼 말이다. 야근이 많은 프로젝트를 IT 업계에서는 '죽음의 행진' 프로젝트라고 하는데 이런 프로젝트에 참여한 개발자 중 2/3 이상이 중간에 이직을 한다.[5]

업계에 있는 프로젝트 리더들과 이야기를 나누다 보면 그들도 만성적인 야근이나 초과근무가 프로젝트 성과를 높이지 못한다는 데 어느 정도 공감한다. 그러나 현실에서는 야근을 강요하지 않을 수 없다고 이야기한다. 그 이유 중 하나는 발주사나 경영자들이 프로젝트에서 야근을 하지 않으면 일을 열심히 하지 않는다고 인식하기 때문이다. 할 수 없이 보여 주기 식의 야근을 할 수밖에 없다고 강변한다. 언제부터인가 야근을 하지 않으면 열심히 일하지 않는 사람이라는 인식이 우리 사회에 자리 잡았다. 업무 성과가 투입 시간에 비례한다고 여기는 경영자가 많은 것이다. 이 경우 근무시간에 부지런히 일하고 정시에 퇴근하는 사람보다 근무시간에 설렁설렁 일하면서 늦게 퇴근하는 사람이 더 열심히 일하는 사람으로 평가받는 오류가 발생하기 쉽다.

이런 인식은 제조업 중심으로 발전한 우리나라의 산업 구조와 밀접한 관련이 있다. 제조업에서는 공장을 오래 가동할수록 성과가 올라가므로 업무 성과가 투입 시간에 비례한다고 생각하기 마련이다. 그러나 소프트웨어 개발과 같은 지식 서비스 산업에서는 상황이 다르다. 단순히 사무실에 오래 있는다고 해서 성과가 나타나지는 않는다. 단순한 수준의 업무도 물론 있다. 하지만 소프트웨어 개발은 고도의 집중력을 요하거나 다양한 사람과 커뮤니케이션을 해야 할 때가 많다. 이런 업무는 단순히 근무시간을 늘린다고 해서 성과가 올라가지 않는다. 사람의 집중력에는 한계가 있기 때문에 무작정 시간을 늘린다고 해서 집중력도 오르는 것은 아니다.

때로는 프로젝트에서 업무 목표를 달성하는 데 야근이 필요할 수도 있다. 하지만 **일방적으로 강요하거나 상습적으로 진행한다면 역효과만 낳을 뿐이다.**

1.5 협력업체는 파트너인가, 소모품인가?

> "혁신적인 제품은 소수 집단이나 개인에게서 나오기보다는 프로젝트 구성원이 열정적으로 참여하여 기술과 지식을 소통할 때 발현된다. 그런 면에서 협력업체 인력은 창의력의 원천이지 결코 대체품이 아니다."

몇 년 전 A 대기업의 협력업체를 십여 군데 방문하면서 제품 개발 역량을 진단한 적이 있다. 진단 목적은 해당 업체들의 개발과 품질 관리 수준을 점검하여 개선사항을 판단하는 것이었다. 협력업체들은 수년간 A 기업과 함께 일을 한 사이였음에도 아이러니하게 협력업체 경영진들은 될 수 있으면 A 기업과 거래하지 않으려고 했다. A 기업이 점점 업무 할당량은 늘리면서 일정과 비용은 줄이고 있어 업무는 힘든데 마진은 거의 남지 않았기 때문이다. 그래서 적정 마진을 보장해 주는 외국 기업과 거래하려 했고, A 기업과는 마지못해 일하고 있었다. 비공식적으로 이런 의견을 피력한 협력업체가 대다수였다. A 기업은 완제품 장사가 잘 돼서 수년째 수익이 증가했지만 협력업체로는 이런 수익이 전혀 흘러가지 않은 채 오히려 원가절감 압력만 가중되었다. 상황이 이렇다 보니 협력업체들은 요구사항을 구현하는 데 급급하여 창의적 설계를 고민하기는커녕 제품 테스트도 충분히 하지 못한 채 납품할 수밖에 없었다. 그리고 A 기업은 제품의 품질이 떨어지니 해당 협력업체들을 신뢰하지 못하는 악순환이 일어났다.

이는 비단 A 기업만의 문제가 아니다. 일부 독자적인 기술을 보유한 중소기업을 제외하고 대다수 협력업체는 대기업과 함께 성장하는 파트너가 아닌, 끊임없이 원가절감 압력을 받으면서 저임금 노동력을 제공하는 소모품처럼 보인다. 최근에 대두된 '동반 성장' 이슈도 대기업은 수익이 좋아지는데 관련 협력업체는 오히려 더 나빠지는 경제 상황을 정치적으로 풀어 보려는 해법에서 나왔다. 대기업 입장에서는 협력업체도 원가를 절감하려는 노력을 부담해야 하지 않느냐고 이야기할지 모른다. 물론 맞는 말이다. 하지만 여기서 간과한 것이 있다. 제조업과 소프트웨어는 다르다는 점이다. 제조업은 특정 제품을 반복하여 개발하기 때문에 시간이 흐를수록 감가상각비가 낮아진다. 하지만 소프트웨어 개발은 반복적인 특성이 별로 없고 기술 환경 변화에 따라 새로운 업무를 수행할 때가 많다. 원가 자체도 인건비가 대부분이기 때문에 시간이 갈수록 상승하므로 감가상각의 여지가 별로 없다. 제조업처럼 생각하여 일방적으로 원가절감을 강요한다면 품질만 떨어질 뿐이다.

몇 년 전부터 자동차, 에너지 등 전통적 제조업과 소프트웨어 산업의 융합이 중요한 이슈로 떠올랐다. 소프트웨어는 모든 산업의 부가가치를 높이는 촉매제 역할을 톡톡히 수행 중이다. 이런 역할을 성공적으로 수행하려면 소프트웨어 개발의 창의성과 혁신 역량이 수반되어야 한다. 이런 창의성과 혁신은 개발에 참여하는 구성원에게서 드러나는데 현재 프로젝트 구성원의 상당수는 협력업체 인력이다. 현재와 같은 상황이 지속된다면 협력업체의 질은 더욱 떨어질 수밖에 없다. 혁신적인 제품은 제품 개발에 참여하는 사람들이 열정적으로 참여하고 소통할 때 만들어지기 쉬우며 소수의 리더나 집단에서 나타나기는 어렵다. 최근 유행하는 '오픈 이노베이션'도 다양한 협력업체와 기술, 지식을 공유하여 새로운 제품을 개발하려는 노력에서 출발했다. 지금처럼 협력업체를 쥐어짜고 존중하지 않는다면 결코 이런 열정은 기대할 수 없을 것이다. 『위대한 기업을 넘어 사랑받는 기업으로(Firms of Endearment: How World-Class Companies Profit from Passion and Purpose)』 저자이자 마케팅 교수인 라젠드라 시소디어(Rajendra Sisodia)는 다음과 같이 이야기한다.[6]

> "많은 기업이 공급업체는 언제든지 바꿀 수 있다 생각하고 값싸게 취급하는데 최고의 기업은 공급업체를 자신들의 고객으로 대우한다."

이제부터라도 프로젝트에 참여하는 협력업체에 인식을 달리 하라. 언제든지 바꿀 수 있는 부품이 아니라 혁신적인 제품을 만들 수 있는 창의력의 원천으로 생각해야 한다.

1.6 비즈니스 환경은 어떻게 변화하는가?

우리나라는 제조업과 건설업 중심으로 발전한 전형적인 산업 국가다. 20세기 제조업의 발전은 눈이 부실 정도로 성과가 좋아서 모두 열광했다. 자동차, 휴대전화, 깨끗한 주택 등은 과거 40~50년 전에는 상상도 하지 못했다. 이런 과거가 있어선지 개발도상국을 바라보면 왠지 뿌듯하게 느껴지기도 한다. 그래서일까? 우리 사고방식은 모두 제조업에서 일하는 방식에 맞춰 있다. 공장에서 상급자의 지시에 일사불란하게 따르는 것, 성실하고 근면하게 일하여 공장을 오래 가동하는 것이 미덕이었다(다 같이 아침 9시에 출근하는 것도 공장을 가동하려면 인력이 모두 제자리에 있어야 하기 때문이다).

소프트웨어 산업도 그 영향권에서 벗어나지 못했다. 현재 IT 프로젝트에서 일하는 방식은 제조업에서 일하는 방식과 유사하다. 근면성실과 상명하달 문화가 그대로다. 하지만 제조업의 환경과 지식 서비스 산업인 소프트웨어의 환경은 많이 다르다는 데 문제가 있다. 예를 들어 제조업은 초기 투자 비용이 높고, 반복되는 공정이 많고, 기계가 생산의 원천이다. 소프트웨어는 초기 투자 비용이 적은 대신 지속적으로 변동이 필요하며, 비반복적인 공정과 무엇보다도 사람이 생산의 원천이다. 또 제조업에 비해 비즈니스 환경 변화가 매우 빠르다. 이런 비즈니스 환경의 변화는 크게 두 가지로 요약할 수 있다.

첫째, 과거보다 요구사항이 불확실해지면서 개발 일정이 점점 짧아진다. 과거에는 개발 초기에 요구사항을 최대한 도출하고 개발하는 동안 요구사항 변경을 최소화하는 방향으로 진행했다. 그러나 IT 산업에서는 시장 환경이 불확실하여 요구사항이 심하게 변경되며, 초기 요구사항 중 상당수는 가치가 없어져 새로운 요구사항으로 대체하기도 한다. 예를 들어 휴대전화 관련 프로젝트는 초기에 대략적인 테마 중심의 요구 기능만 기술한 수준에서 시작한다. 상세 요구사항을 담은 서비스 기획서는 경쟁업체의 동향이나 시장 상황 등을 고려하여 천천히 만들고 자주 변경된다. 그렇다고 시장 출시는 늦출 수 없다. 출시 시기는 비즈니스 성패에 직접적으로 연관되기 때문이다. 결국 출시 시기와 개발 과정 중에 발생하는 요구사항의 변경을 모두 수행해야만 한다.

둘째, 고객에게 매력적인 가치를 제공해야 시장에서 살아남는다. 과거에는 기업이 단순히 특정 기능이나 품질만 개선해도 시장에서 어느 정도 위치를 확보할 수 있었지만 지금은 고객에게 매력적인 가치를 제공하지 않으면 살아남기 어렵다. 소니(Sony)에는 십여 년 전만 해도 애플보다 우수한 기능과 디자인을 겸비한 MP3 플레이어와 풍부한 콘텐츠가 있었지만 고객에게 매력적인 기능을 제공하지 못해 결국 쇠락의 길을 걸었다.[7] 노키아(Nokia) 역시 우수한 기술과 능력이 있었음에도 스마트폰 시장의 흐름에 뒤처지면서 고객에게 매력적인 가치를 제공하는 데 실패했다. 소니와 노키아 모두 거액의 자금을 R&D와 제품 개발에 투입했음에도 결국은 시장에서 팔리지 않는 제품을 내놓았던 것이다. 이제 프로젝트는 단순히 초기에 주어진 요구사항을 개발하는 것으로 그쳐서는 안 된다. 프로젝트 과정 중에 끊임없이 고객에게 가치를 줄 수 있는 매력적인 기능을 탐색하고 이를 달성해야만 프로젝트의 가치를 높일 수 있다.

1.7 전통적 프로젝트 수행 방식에는 어떤 한계가 있는가?

전통적 프로젝트 수행 방식은 지난 30년간 많은 발전을 했으며, 나름대로 성공적으로 적용한 사례도 많다. 그러나 새로운 비즈니스 환경의 변화에 대응하는 데는 몇 가지 한계가 있다(물론 모든 프로젝트에 해당하는 것은 아니다).

첫째, 프로젝트 초기에 구체적인 요구사항을 도출하기 어렵다. 분석, 설계, 구현, 테스트를 순차적으로 진행하는 폭포수 개발 방식은 분석 단계에서 요구사항을 충분히 도출하지 않으면 이후 단계로 진행하기 어렵고, 전체 일정도 예측이 불가능하다. 대다수 IT 프로젝트는 초기 요구사항에 불확실한 부분이 많아 프로젝트 초반에 상세한 요구사항을 도출하기가 어렵다. 특히 새로운 제품이나 서비스를 만드는 R&D 성격의 프로젝트는 더욱 어렵다.

둘째, 프로젝트 중간에 발생하는 요구사항의 변경을 반영하기 어렵다. 많은 엔지니어가 분석 단계에서 다양한 기법(비즈니스 모델링, 스토리보드, 프로토타입 등)을 활용하여 고객의 요구사항을 정확히 파악하려고 노력한다. 하지만 이것만으로는 고객이 원하는 최종 시스템의 모습을 이해하기에 한계가 있다. 고객 또한 어느 정도 완성된 시스템을 보고서야 구체적인 요구사항과 피드백이 나오기 마련이다. 폭포수 개발 방식은 프로젝트의 후반부에 시스템을 완성하기 때문에 이때부터 고객의 피드백이 본격적으로 시작된다. 이 단계에서 발생되는 변경사항은 전체 일정과 비용에 많은 영향을 미친다.

따라서 일정과 비용이 고정된 개발팀 입장에서는 변경을 최소화하려고 노력할 수 밖에 없다.

셋째, 프로젝트 과정 중 중간 산출물을 많이 요구한다. 관리 절차와 개발 산출물은 개별적으로 타당성이 있고, 필요한 부분이나 현실에 적용할 때는 프로젝트의 특성에 따라 세심한 테일러링(tailoring)*이 요구된다. 하지만 이런 테일러링 작업은 전문가의 부재 및 조직의 경직성으로 잘 이루어지지 못해 결과적으로 개발팀의 업무로드가 되는 경우가 많다. 어떤 프로젝트는 실제 제품을 만드는 코딩과 테스트를 수행하는 시간보다 문서 산출물을 만드는 시간이 더 오래 걸리기도 한다. 개발팀은 어떤 목적으로 만드는 산출물인지도 모르고 기계적으로 만들다 보니 결국 발주자와 개발팀 누구에게도 필요하지 않은 산출물이 나온다. 이는 점점 짧아지는 프로젝트 일정과 요구사항 변경이 빈번한 상황에서 매우 비효율적인 요소로 작용한다.

넷째, 프로젝트 관리자 중심의 명령과 통제 방식 때문에 구성원은 수동적으로 바뀌고, 커뮤니케이션은 매우 부족하다. 대부분의 프로젝트에서 관리자는 업무를 계획하고 통제하며 팀원에게 업무를 분배하는 역할을 수행한다. 팀원은 그저 리더에게서 할당받은 업무를 수행한다. 이런 상황에서 팀원은 수동적으로 일하고 프로젝트에서 발생하는 문제를 적극적으로 해결하려는 의지 또한 낮아진다. IT 프로젝트에서는 아무리 계획을 잘 세워도 예상치 못한 일이 발생하기 마련이다. 이때 관리자가 업무를 할당하지 않는 한 팀원은 좀처럼 자발적으로 움직이지 않는다. 커뮤니케이션 또한 관리자와 팀원 간에 주로 일어나고 팀원 간에는 잘 일어나지 않는다(개인적인 잡담은 해도 업무적인 이야기는 잘 안 한다). 커뮤니케이션이 없으니 팀원끼리 도와주고 싶어

---

* 프로세스 테일러링은 조직의 표준(standard) 프로세스를 프로젝트 상황에 맞게 조정하여 실질적으로 사용할 수 있는 프로세스와 템플릿으로 만드는 행위를 의미한다.

도 서로가 무엇을 하는지 몰라 도와주기도 쉽지 않다. 결국 팀원 간에 이야기하면 간단히 풀릴 문제도 관리자 레벨로 올라가 업무를 처리하는 속도가 느려진다.

▼ 그림 1-4 전통적 커뮤니케이션 채널

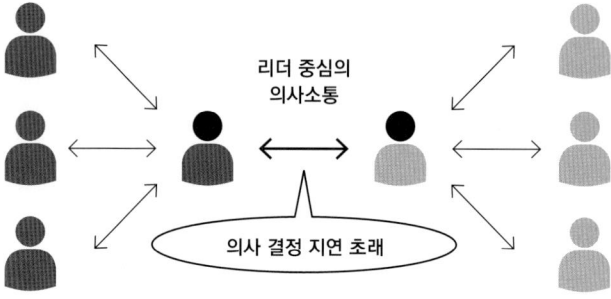

CHAPTER

2

애자일 주요 원리 : 자기 조직화, 린, 몰입

2.1 애자일 소프트웨어 개발 선언문의 이해

1990년대 중반부터 활성화된 인터넷으로 IT 비즈니스의 환경은 빠르게 변화했다. 이와 더불어 프로젝트를 수행하는 방법에서도 새로운 접근 방식이 나타났다. 많은 사람이 전통적 IT 프로젝트 개발 방식의 한계를 인식하고 새로운 대안을 모색했다. 짐 하이스미스(Jim Highsmith), 켄 슈와버(Ken Schwaber) 등 소프트웨어 개발 전문가들은 프로젝트를 복잡적응계(complex adaptive system)로 인식하고, 그동안 개발 과정에서 간과했던 구성원 간의 커뮤니케이션을 강조하면서 프로젝트 상황에 따른 적응형(adaptive) 개발 방법을 주장했다. 켄트 벡(Kent beck) 역시 전통적 프로젝트 관리에서 문제가 되었던 중간 산출물 과용의 대안으로 코드 중심의 소프트웨어 개발을 강조한 방법론을 발표했다. 다음은 1990년대 중반부터 지금까지 발표된 다양한 애자일 개발 방법(methods)이다.

- DSDM(Dynamic Systems Development Methods, 1994)
- 스크럼(scrum, 1995)
- 크리스털 방법론(Crystal Clear, 1996)
- XP(Extreme Programming, 1996)
- FDD(Feature Driven Development, 1997)
- ASD(Adaptive Software Development, 2000)
- 린(Lean SW Development, 2003)
- 칸반(SW Kanban, 2006)
- 린 스타트업(Lean Startup, 2011)

처음에는 각자 개별적으로 발표하여 업계의 주목을 받다가 2001년 애자일 전문가 17명이 한 장소에 모여 함께 토론하면서 이런 방법에 내포된 공통적인 개발 철학을 정리했다. 이것이 애자일 소프트웨어 개발 선언문(Manifesto for Agile Software Development)이다. 애자일 선언문은 다양한 애자일 개발 방법의 근본 원리를 기술한 문서로, 기존 개발 방식의 패러다임을 바꾸는 혁신적인 사상과 지침이 담겼다. 국내 많은 조직에서는 애자일을 처음 도입할 때 애자일 선언문을 충분히 이해하지 않은 채 스크럼이나 XP에 들어 있는 프랙티스(또는 활동)를 적용하는 데만 초점을 맞추는 경향이 있다. 이렇게 되면 부분 최적화가 이루어지기 쉬우며 애자일을 적용한 효과도 떨어진다. 애자일 선언문 참여자 중 한 명인 짐 하이스미스는 다음과 같이 지적한다.[8]

> "프랙티스 없이 빈약한 원리는 빈 껍데기와 같고, 원리를 이해하지 못하고 수행하는 프랙티스는 판단 없는 암기에 불과하다."

개별 프랙티스는 프로젝트 상황에 따라 얼마든지 변경할 수 있다. 애자일은 오히려 그것을 장려한다. 하지만 변경할 때는 리더가 마음대로 변경해서는 안 되며 무언가 기준이 필요한데 그 기준이 바로 애자일 철학이 담긴 선언문이다. 조직에서는 팀마다 각기 다른 형태의 프로세스를 수행할 수 있으나 기본적으로는 애자일 원리를 따라야 한다. 애자일 소프트웨어 개발 선언문에는 개발 패러다임을 바꿔야 한다는 선언적 문장 4개와 이를 뒷받침하는 원칙(principles) 열두 가지가 담겨 있다. 애자일을 처음 접하는 사람에게는 선언문이 다소 이론적이고 난해하겠지만 충분한 이해가 반드시 필요하다. 다음은 애자일 소프트웨어 개발 선언문의 중심 내용이다.

우리는 소프트웨어를 개발하는 더 나은 방법을 찾는 과정에서 다음과 같이 생각했다.

1. 프로세스와 도구보다는 개인과 개인 간의 상호작용에 더 큰 가치를 둔다.
  (Individuals and interactions over processes and tools.)
2. 포괄적 문서화보다는 동작하는 소프트웨어에 더 큰 가치를 둔다.
  (Working software over comprehensive documentation.)
3. 계약 협상보다는 고객과 협력에 더 큰 가치를 둔다.
  (Customer collaboration over contract negotiation.)
4. 계획을 따르기보다는 변화에 대응하는 것에 더 큰 가치를 둔다.
  (Responding to change over following a plan.)

명작 소설을 생각해 보자. 톨스토이나 헤르만 헤세가 쓴 소설들을 처음 읽을 때는 책에 담긴 의미를 잘 이해하지 못한다. 하지만 나이를 먹으면서 두 번, 세 번 읽다 보면 그 의미가 새롭게 다가오는데 이 애자일 선언문도 그렇다. 처음에는 의미를 이해하기 다소 어렵지만 경험이 쌓일수록 이해는 깊어진다. 인터넷이나 다른 책에서도 애자일 선언문을 간략하게 많이 언급하고 있지만 그 의미를 깊이 있게 기술한 책은 별로 없는 것 같다. 책에서는 국내 현실을 토대로 애자일 선언문의 의미를 더욱 깊이 있게 설명하려 한다.

1. 프로세스와 도구보다는 개인과 개인 간의 상호작용에 더 큰 가치를 둔다

프로세스, 도구, 사람(people) 이 세 가지 요소를 갖춰야 성공적으로 제품을 개발할 수 있다. 이 중에서 무엇이 가장 중요할까? 대부분의 엔지니어는 사람이 중요하다고 대답할 것이다. 그렇다면 기존 방법론을 생각해 보자. 어디에 초점을 맞추고 있는가? CMMI나 RUP 등 기존 개발·관리 방법론은 대부분 프로세스에 초점을 맞춘다. 모두 프로세스를 기반으로 품질이나 생산성을 올리려고 한다. 정작 중요하다고 말하는 사람에게는 관심이 없고 기껏해야 교육훈련이 전부다. 반면에 애자일은 아무리 좋은 도구와 프로세스가 있어도 이해관계자 간의 상호작용이나 소통이 원만하지 않으면 프로젝트가 성공하기 어렵다고 생각한다. 즉, 훌륭한 제품은 도구나 프로세스에서 나오는 것이 아니라 사람에게서 나온다는 것이다.

2. 포괄적 문서화보다는 동작하는 소프트웨어에 더 큰 가치를 둔다

규모가 크고 복잡한 프로젝트에서 문서화된 중간 산출물은 어느 정도 필요하다. 이런 문서가 없으면 팀별로 각자 작업하여 나중에 통합이 안 되는 등 팀 간 협업을 효율적으로 하기가 어렵다. 1.6절에서도 언급했지만 아무리 좋은 프로세스라도 프로젝트 상황에 따라 적절하게 테일러링되지 않는다면 자칫 목적 없는 문서를 양산하기 쉽다. 문서화는 최종 시스템을 잘 만드는 데 필요한 것이지만 그 자체가 목적이 되어서는 안 된다.

3. 계약 협상보다는 고객과 협력에 더 큰 가치를 둔다

프로젝트 진행 중에 발생되는 요구사항 변경을 좋아하는 개발팀들은 거의 없을 것이다. 그런 변경을 수용하게 되면 주어진 일정 내에 신뢰성 있는 품질을 제공하기 어렵기 때문이다. 하지만 고객 입장에서는 비즈니스 상황 변화나 시제품을 보면서 좋은 아이디어가 떠오르는 경우가 많기 때문에 요구사항의 변경이 발생하게 된다. 전통적인 프로젝트 관리 관점에서 일정 수준의 요구 변경은 수용할 수 있지만 그 이상이라면 계약 변경이 불가피하다. 하지만 대부분의 프로젝트에서 일정과 비용을 늘리기는 쉽지 않다 보니 개발팀과 고객 사이에 갈등이 발생하게 된다. 따라서 개발팀과 고객도 이런 상황을 잘 이해하고 주어진 조건에서 서로가 협력하는 지혜가 필요하다.

4. 계획을 따르기보다는 변화에 대응하는 것에 더 큰 가치를 둔다

프로젝트 초기에 설정한 업무 범위와 일정, 비용을 준수하는 것은 의미가 있다. 하지만 절대적이 되어서는 안 된다. 최근 비즈니스 환경은 변화가 매우 빠르다. 그래서 프로젝트 초기에 요구사항을 상세하게 도출하기가 어렵고, 설사 도출했다 하더라도 업무 진행 중에 변경을 피할 수 없다. 비즈니스 환경 변화에 적절히 대응하면서 제약 조건을 조정해 나가야 프로젝트의 실질적인 가치를 높일 수 있는 것이다.

2.2 애자일 소프트웨어의 개발 원칙 열두 가지

애자일 소프트웨어 개발 선언문의 문장 4개에 기술된 애자일 개발 철학을 실제 제품 개발에 적용하려면 좀 더 구체적인 지침이 필요하다. 다음 열두 가지 원칙(Principles behind the Agile Manifesto)은 애자일 소프트웨어 개발 선언문에 있는 내용으로 애자일 개발을 실무에 적용할 때 기준이 되는 지침이라고 할 수 있다.

1. 소프트웨어 개발을 수행하는 최우선 목표는 빠르고 지속적으로 가치 있는 소프트웨어를 전달하여 고객을 만족시키는 것이다(Our highest priority is to satisfy the customer through early and continuous delivery of valuable software.)

프로젝트 고객 요구사항에는 여러 개의 업무 시스템 개발이 포함될 수 있으며, 고객은 이 중 일부를 현업에 먼저 활용하고 싶을 수도 있다. 폭포수 개발 방식은 이런 요구사항을 한꺼번에 모아서 개발하기에 고객은 원하는 시스템을 빨리 전달받기가 어렵다. 점진적, 반복적으로 개발하면서 고객에게 지속적으로 가치를 주는 개발 방식이 고객을 훨씬 만족시킬 수 있다.

2. 애자일 프로세스는 고객의 경쟁력을 위해서라면 비록 개발 후반일지라도 요구사항의 변경을 환영한다(Welcome changing requirements, even late in development. Agile processes harness change for the customer's competitive advantage.)

전통적 프로젝트는 초기 분석 단계에서 요구사항을 모두 도출하도록 독려하고 이후 공정에서는 변경을 최소화하는 전략을 추구한다. 프로젝트 후반에 발생하는 요구사항 변경을 개발팀에서는 재앙처럼 느낄 수 있지만 정말 가치 있는 요구사항은 프로젝트 후반에도 나올 수 있다. 개발팀에서 출시 일정을 이유로 변경 요청을 거부한다면 그 제품은 시장이나 사용자에게 환영받기 어려울 것이다. 개발팀은 변경을 유연하게 수용할 수 있는 프로세스를 가지고 일해야 한다.

3. 동작하는 소프트웨어를 2주일에서 2개월까지 짧은 간격으로 자주 전달하라 (Deliver working software frequently, from a couple of weeks to a couple of months, with a preference to the shorter timescale.)

요구사항을 문장이나 표, 그래프 등 다양한 문서 형태로 작성하여 고객과 소통하는 데는 한계가 있다. 그동안 소프트웨어 공학에서 요구사항을 분석하는 방법을 다양하게 연구해 왔지만 고객에게 직접 보여 주는 것만큼 확실한 방법은 없다. 즉, 고객에게 실제 동작하는 제품을 자주 보여 주고 피드백을 받는 것이 최선이라는 의미다. 제품 기능에 따라 고객에게 피드백을 받을 수 없는 부분도 있기 때문에 모든 기능에 적용하기는 어렵다. 하지만 어떤 식으로든 고객에게 자주 피드백을 받으면 좋다. 개발팀은 피드백으로 기능을 완성하고 고객은 피드백 과정을 거치면서 제품에 신뢰를 갖게 된다.

4. 요구사항을 내는 고객과 개발자는 전체 프로젝트에서 매일 함께 일해야 한다
(Business people and developers must work together daily throughout the project.)

일부 고객은 IT를 잘 모른다는 이유로 개발하려는 시스템의 요구사항을 개발자에게 일임하곤 한다. 즉, 개발자가 경험이 많으니 요구사항을 알아서 잘 판단해 줄 것이라고 생각한다. 자기가 살 집을 지으면서 건축을 잘 모르니 건축가에게 알아서 지어 달라고 이야기하는 것과 다를 바 없다. 건축업자가 비용에 맞게 알아서 지은 집이 과연 여러분의 마음에 들 수 있을까? 십중팔구는 그렇지 않을 것이다. 원하는 집을 지으려면 시기적절하게 의사 결정을 해야 한다. 소프트웨어도 마찬가지다. 고객과 개발팀은 자주 소통하고 함께 일해야 원하는 시스템을 만들 수 있다.

5. 동기가 부여된 개인들 중심으로 프로젝트를 구성하고, 그들에게 필요한 환경과 지원을 제공하고, 일을 잘 끝낼 수 있도록 신뢰하라(Build projects around motivated individuals. Give them the environment and support they need, and trust them to get the job done.)

많은 기업에서 프로젝트에 참여할 팀원을 팀원 개인의 의지와는 상관없이 팀장의 판단으로 결정하는 경향이 있다. 이런 팀원은 자신의 의사와는 상관없이 참여가 결정되었기 때문에 현실적으로 동기부여가 쉽지 않으며, 최선을 다해 업무에 임하려고도 하지 않는다. 프로젝트 참여자를 결정할 때는 상위 관리자가 일방적으로 결정하기보다는 개인의 의사를 최대한 존중해 주는 것이 팀의 성과를 높이는 데 도움이 된다. 한편 고객은 일을 맡겼다면 개발자들이 쾌적하게 일할 수 있는 환경을 제공하고 신뢰해야 한다. 여기서 신뢰란 개발팀이 자신들의 방식으로 일할 수 있도록 자율성을 주고 성과로만 판단하는 것을 의미한다. 늦게까지 일하도록 강요하거나 업무에 세부적으로 간섭하는 것은 결코 바람직하지 않다.

6. 개발팀 내부에서 정보를 전하는 가장 효율적인 방법은 서로가 얼굴을 마주 보면서 대화하는 것이다(The most efficient and effective method of conveying information to and within a development team is face-to-face conversation.)

전통적인 개발 방식에서 정보는 대부분 문서로 전달하고 공유한다. 구현 단계에서 새로운 프로그래머가 들어오면 대부분 앞에서 수행한 분석·설계 산출물에 의존하여 코딩하고 테스트한다. 하지만 고객이 의도하는 바를 문서에 모두 담기는 어렵다 보니 완성품에 이견이 많이 발생한다. 커뮤니케이션 이론에 따르면 단어 자체보다는 전달하려는 사람의 목소리 톤, 표정, 몸짓에 더 많은 정보가 담긴다고 한다. 프로젝트 구성원 간의 의사소통은 문서에 전적으로 의존하기보다는 면대면(face-to-face) 대화와 병행하여 문서 이면에 드러나지 않은 의도를 파악하는 것이 반드시 필요하다.

7. 작동하는 소프트웨어는 진척의 주된 척도다(Working software is the primary measure of progress.)

제품 개발 과정에서 다양한 설계 문서를 만들지만 고객에게 진정으로 가치를 주는 것은 작동하는 시스템이다. 중간 산출물 자체는 개발 과정에만 의미가 있지 고객에게는 직접적인 가치를 주지 않는다. 문서 산출물의 척도가 의미가 없는 것은 아니지만 고객 관점에서는 문서 산출물보다는 시스템의 완성도가 실질적인 진행 척도가 될 수 있다는 의미다.

8. 애자일 프로세스는 지속 가능한 개발을 장려하며 스폰서, 개발자, 사용자는 일정한 개발 속도를 계속 유지해야 한다(Agile processes promote sustainable development. The sponsors, developers, and users should be able to maintain a constant pace indefinitely.)

프로젝트를 연속적으로 수행하는 개발팀은 과도한 업무에 시달리다 보면 아무리 좋아하는 일이라도 열정이나 흥미를 잃기 쉬우며 집중력 또한 멀어지게 된다. 고객과 경영자는 개발자가 업무에 지속적으로 집중할 수 있도록 일과 인생의 균형을 유지할 수 있는 환경을 만들어 주어야 한다. 상습적인 야근은 팀의 지속 가능한 개발을 방해하여 성과를 오히려 떨어뜨린다.

9. 기술적 탁월성과 좋은 설계에 갖는 지속적 관심이 민첩성을 높인다
(Continuous attention to technical excellence and good design enhances agility.)

좋은 설계나 탁월한 기술은 제품의 확장성과 재사용성을 높이므로 비즈니스 변화에 따른 요구사항 변경에 빠르게 대응할 수 있다. 경영진은 개발자가 최신 기술에 관심을 갖고 실험할 수 있도록 시간적 여유를 제공해야 한다. 당장 업무가 바쁘다고 교육이나 기술 세미나에 참석하는 것을 제한한다면 개발팀의 역량은 향상되지 못한다.

10. 간단함, 즉 하지 않은 일의 양을 최대화하는 기술이 필수적이다
(Simplicity--the art of maximizing the amount of work not done--is essential.)

전통적 개발 방식에서는 업무를 완벽하게 분석하고 설계할 것을 권장하다 보니 어떤 프로젝트에서는 초기 분석·설계 산출물의 50~60% 이상을 변경하기도 한다. 이것은 요구사항의 불명확성에 기인한 것이지만 분명한 낭비다. 따라서 과도한 분석·설계는 바람직하지 않으며 해당 요구사항이 분명하고 명확할 때 개발에 착수하는 것이 효과적이다.

11. 최고의 아키텍처, 요구사항, 설계는 자기 조직화된 팀에서 창발한다
(The best architectures, requirements, and designs emerge from self-organizing teams.)

이 원칙은 얼핏 보면 동양철학처럼 쉽게 이해되지 않을 것이다. 무엇보다도 자기 조직화된 팀(self-organizing team)이란 용어부터 생소하다. 자기 조직화된 팀이란 복잡계 이론(complex system theory)에서 파생된 용어다. 구성원이 누군가의 지시가 없어도 자기 주도적으로 업무를 수행하고 유기적으로 협력하는 팀을 의미한다. 많은 창의성 전문가가 혁신은 계획할 수 있는 것이 아니며 구성원이 자유롭게 소통하고 협력할 때 나타난다고 이야기한다. 자기 조직화된 팀이란 이런 창의성이 나타나는 팀의 형태다(2.4절 참조).

12. 정기적으로 어떤 방법이 팀에 더 효과적일지 숙고하며 이에 따라 팀의 행동을 조율하고 조정한다(At regular intervals, the team reflects on how to become more effective, then tunes and adjusts its behavior accordingly.)

보통 프로젝트가 끝나면 참여자들이 모여 잘한 점이나 잘못한 점을 토론하면서 수행 교훈(lesson learned)을 얻곤 한다. 이 활동은 향후 유사한 프로젝트를 수행할 때는 많은 도움이 되지만 해당 프로젝트에는 실질적 도움이 되지 못한다. 하지만 프로젝트 중간에 주기적으로 이런 수행 교훈을 얻는다면 해당 프로젝트에도 크게 도움이 된다.

2.3 프로젝트는 복잡적응계다

> "IT 프로젝트는 초기 요구사항의 불확실성과 개발팀의 역량, 기술적 리스크 등 여러 요인이 상호 복합적으로 작용하면서 일정과 비용의 정확한 예측이 불가능한 복잡적응계다. 따라서 프로젝트 상황에 맞는 최적의 방법을 찾아야 한다."

복잡계 이론은 애자일 방법론의 이론적 근거를 제시하는 중요한 원리 중 하나로 지난 30~40년간 물리학, 경제학, 사회학 등 다양한 분야에서 연구한 광범위한 학문이다. 책에서는 복잡계를 깊이 있게 다루지 않지만 애자일 개발이 복잡계 관점에서 모든 것을 바라보고 있기 때문에 개론적으로 기술하여 여러분의 이해를 돕고자 한다.

복잡계란 태풍의 불규칙한 진로나 기상이변, 부동산과 주식 가격의 불규칙한 변동 현상 등 구성 인자의 복잡한 상호작용으로 구성 요소의 특성과는 다른 새로운 현상과 질서가 나타나는 시스템을 의미한다. 뉴턴물리학에서 시작한 현대 과학은 모든 자연현상을 내부의 법칙만 알면 전체를 예측할 수 있다는 환원주의 관점에서 생각해 왔다. 반면에 복잡계 과학은 부분을 안다고 해서 전체를 정확하게 예측할 수 없다는 것을 전제로 한다. 즉, 구성 요소의 복잡한 상호작용 때문에 전체를 정확하게 예측하기는 매우 어렵다.

예를 들어 주가지수의 비예측성을 살펴보자. 우리 생활에 깊이 파고든 주식 시장은 영향력 있는 인사의 말 한마디나 특정 국가에서 일어나는 이벤트로 주가가 요동치곤 한다. 정치와 사회의 조그마한 변화가 주식을 구매하려는 사람과 판매하는 사람의 심리에 영향을 미쳐 서로 복잡하게 상호작용하면서 어느 누구도 결과를 예측하기 어렵게 하는 것이다. 태풍의 진로 또한 마찬가지다. 해수의 온도, 수증기, 기압 등의 영향을 받아 움직이기 때문에 슈퍼컴퓨터로도 태풍의 진로를 정확히 예측할 수 없다. 이런 현상들이 카오스 이론으로 대표되는 복잡계의 전형적인 현상이다. 최근에는 이런 복잡계 과학을 경제적·사회적 문제를 해결하는 데도 많이 활용한다.

기업이 성장하려면 경영자의 자질뿐만 아니라 사회경제적 요인, 구성원의 사고방식 등 수많은 요소가 복잡하게 상호작용할 수밖에 없다. 회사의 비즈니스 성과는 이런 요소가 거시적으로 나타난 것이라고 할 수 있다. 지금 잘 나가는 기업의 경영 방식은 수많은 요소 간의 상호작용에 기인한다. 하지만 현재의 성공방정식이 앞으로 해당 기업의 성공까지 보장하지는 않는다. 한때 잘 나가던 기업이 한순간 판단 실수로 업계에서 추락하는 일은 비일비재하다. 이런 원인 중 하나는 성공해 왔던 방식을 너무 과신한 것이다. 사회 생태계가 복잡계라는 것을 간과하고 환경에 적응하는 노력을 게을리한 것이다. 그동안 소프트웨어 공학에서는 프로젝트를 성공적으로 수행할 수 있는 최적의 개발 방법을 찾아 왔다. 업계의 모범 관행을 엮어서 다양한 개발 방법론을 만들었으며, 이것으로 프로젝트의 일정과 비용을 정확히 예측하려고 노력했다. 하지만 대부분은 실패로 끝날 수밖에 없었다. 프로젝트는 초기 요구사항의 불확실성과 개발팀의 역량, 기술적 리스크 등 여러 요인이 상호 복합적으로 작용하면서 애초부터 정확한 예측이 불가능하기 때문이다. 여러분은 2~3일짜리 작업(task)을 계획대로 끝낸 적이 있는가? 여러 가지 요인 때문에 원래 계획보다 하루 이틀씩 넘길 때가 많았을 것이다. 작은 작업조차도 예측이 어려운데 프로젝트의 일정을 정확히 예측할 수 있겠는가?

애자일은 프로젝트 자체를 예측하기 어려운 복잡적응계로 인식한다. 복잡적응계는 복잡계가 확장된 형태로, 많은 구성 요소가 상호작용하면서 경험과 학습으로 상황에 적응해 나가는 시스템이다.[9] 즉, 성공적으로 제품을 개발하는 절대적인 방법이 있다고 가정하지 않는다. 개별 프로젝트나 개발팀이 처한 상황이 다르기 때문에 상황에 따른 최적의 방법을 찾아가는 것이 최선일 것이다. 그림 2-1은 이를 도식화한 것이다.

▼ 그림 2-1 전통적 개발 프로세스 vs. 애자일 개발 프로세스의 비교

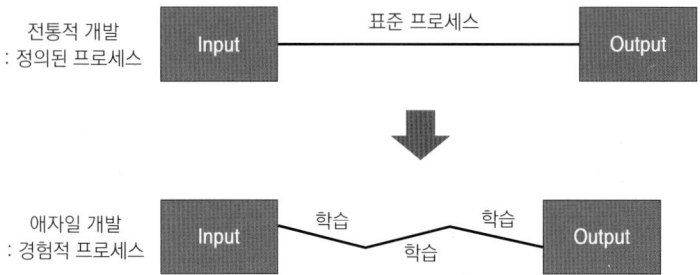

그림 2-1을 보면 전통적 개발에서는 프로젝트를 수행할 때 팀에 업계에서 검증된 '표준 프로세스'를 준수하도록 요구하는 경향이 있다. 하지만 애자일 개발에서는 경험과 학습으로 기존에 알려진 표준 프로세스보다 더 좋은 방법을 찾을 수 있다고 가정한다. 기존 방법론을 참조할 수는 있지만 상황에 맞게 조정하고 지속적으로 개선하여 더 효율적인 방법을 찾아 나간다. 스크럼의 창시자인 켄 슈와버는 주변 환경이 안정적이고 변화가 적다면 정의된

(defined) 프로세스가 효율적이지만 반대의 경우라면 경험적(empirical) 프로세스가 훨씬 효과적이라고 이야기한다.[10] 애자일 프로세스는 관찰과 적응을 통하여 지속적으로 개선하는 경험적 프로세스다.

2.4 스스로 일하는 개발팀 : 자기 조직화된 팀

"혁신적인 제품은 뛰어난 개인에게서 나오는 것이 아니라 팀원이 오너십을 지닌 채 각자 비즈니스 환경 변화에 대처하는 방법을 탐색하고 상호 협력할 때 나온다."

"일일이 시키지 않아도 팀원이 알아서 업무를 척척 처리해 주면 얼마나 좋을까?" 관리자라면 이런 생각을 한번쯤은 해 봤을 것이다. 대부분의 관리자가 하는 일은 주로 업무를 계획하고 팀원의 업무를 모니터링하는 것이다. 그러나 여러 회의를 쫓아다니다 보면 이런 역할을 하기도 쉽지 않은 것이 현실이다. 자연스럽게 팀원이 자발적으로 최선을 다해서 움직였으면 하는 바람이 생긴다. 그렇다면 직원들 스스로 일하는 팀을 만드는 것은 불가능할까? 결론부터 이야기하면 만들 수 있기는 하지만 제반 환경을 갖춰야만 가능하다. 관리자의 지시가 아니라 팀원이 스스로 해야 할 일을 계획하고 상호 협력하여 업무를 수행하는 팀의 형태를 자기 조직화(self-organizing)된 팀이라고 한다. 전통적 리더의 비중이 최소화되므로 일반 관리자가 보기에는 매우 불완전하겠지만 실제로는 잘 동작하는 팀 유형 중 하나다. 워싱턴대학교 심리학과 교수인 키스 소여(Keith Sawyer)는 "팀원이 알아서 자기 관리를 하는 팀은 급변하는 환경에서 혁신을 효과적으로 이룰 수 있다."라고 말한다. 그에 따르면 이런 팀은 예기치 않은 상황이 발생할 때 리더의 지시를 받지 않고도 조직을 재편할 수 있는 능력이 있으며 창의적인 아이디어도 자주 나온다.[11] 이외에도 많은 팀의 효과성 연구에서 자기 조직화된 팀이 혁신적인 제품 개발에 기여한다는 근거가 많다.

이런 팀의 메커니즘을 이해하려면 우선 자기 조직화란 개념부터 살펴보아야 한다. 자기 조직화란 복잡계 이론에서 나오는 핵심 개념으로, 불균형 상태에 있는 시스템이 외부의 의도적인 간섭 없이 구성 요소 사이의 집합적인 상호작용으로 스스로 조직화된 질서를 만들어 내는 현상을 의미한다.[12] 1970년대 비평형계 물리화학자인 일리야 프리고진(Ilya Prigogine)이 발견했는데 자연계에서 일어나는 다양한 현상은 물질들이 자발적으로 자기 조직화를 하여 생성한다. 예를 들어 상온에 있는 물이 열을 받아 분자들이 활발히 상호작용하여 수증기로 변하고 영하의 온도에서 열을 빼앗겨 얼음으로 변하는 자연현상은 대표적인 자기 조직화라고 할 수 있다. 철새 도래지에서 목격하는 철새의 군무 역시도 자기 조직화 현상의 하나다. 철새 무리는 누군가의 지시로 움직이는 것이 아니라 일정한 간격을 유지하며 서로 떨어지지 않게 날갯짓을 할 뿐이다. 하지만 멀리서 보면 일정하게 질서를 지키면서 움직이는 여러 가지 형태의 군무를 보여 준다.

▼ 그림 2-2 가을철 철새의 군무[13]

자기 조직화 개념은 최근 자연과학을 넘어 사회과학에서도 많이 활용되고 있는데 인터넷 커뮤니티도 누군가가 주도하기보다는 개별 구성원이 적극적으로 상호작용하면서 자기 조직화된 질서를 형성하고 있다 볼 수 있다. 그동안 전통적 기업 경영에서는 사전에 계획한 전략과 조직 설계에 초점을 두다 보니 대다수 조직은 톱다운 중심의 질서와 규율로 통제하는 모습을 보여 왔다. 이것은 과거 대량 생산 방식을 사용하거나 변화가 지금처럼 빠르지 않았던 시대에는 어느 정도 효과가 있었다. 하지만 지금의 경영 환경은 글로벌화와 구성 요소의 복잡한 상호작용으로 변화를 예측하기가 어렵다. 똑똑한 소수의 리더 그룹이 지금까지는 전체를 잘 이끌어 왔다고 할지라도 앞으로의 성공까지 보장한다고 단언할 수는 없다. 그보다는 직원 개개인이 변화하는 상황에 대처하는 방법을 탐색하고 상호 협력하여 문제를 해결하는 것이 더욱 효과가 있다. 애자일 개발에서 자기 조직화된 팀을 강조하는 것도 바로 이런 이유에서다. 그림 2-3은 전통적 커뮤니케이션 방식과 자기 조직화된 팀의 커뮤니케이션 방식을 비교한 것이다. 전통적 커뮤니케이션에서는 리더가 중심이 되어 소통한다면 자기 조직화된 팀에서는 팀원이 360도로 소통한다.

팀에서 자기 조직화가 효과적으로 작동하려면 중요한 조건이 하나 있다. 즉, 조직에서 팀원이 스스로 계획하고 수행할 수 있도록 팀원에게 자율성과 책임감을 주어야 한다. 전통적 리더는 주로 팀원의 상위 관리자로서 명령하고 지시하는 역할을 해 왔는데 이런 역할에서는 팀원에게 자율성과 책임감을 주기가 매우 어렵다. 리더만 의사 결정을 할 수 있다면 어떤 팀원이 책임감을 느끼겠는가? 자기 조직화된 팀의 리더는 팀원이 자신의 잠재력을 최대한 발휘할 수 있도록 지원하고 돕는 역할로 변해야 한다.

▼ 그림 2-3 전통적 커뮤니케이션 vs. 자기 조직화된 팀 커뮤니케이션의 비교

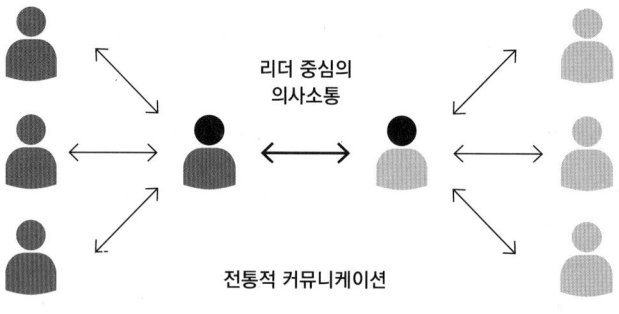

전통적 커뮤니케이션

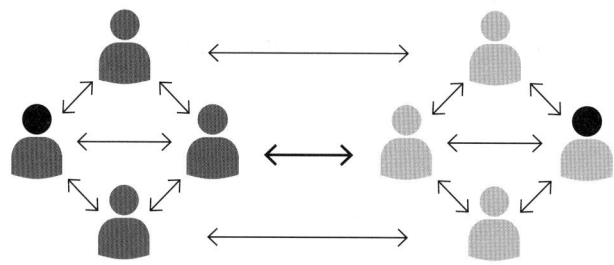

자기 조직화된 팀 커뮤니케이션

> **참고**
>
> 전 세계 IT 산업의 중심지인 미국 실리콘밸리 또한 인간이 만든 자기 조직화된 시스템이다. 실리콘밸리는 실패를 두려워하지 않는 엔젤투자자와 모험적인 개발자가 만나 아이디어를 현실화하고 새로운 산업을 일으키고 성장해 왔다. 어느 누가 주도적으로 계획한 것이 아니라 자연스럽게 그 지역의 구성원이 상호작용하면서 투자와 성장의 선순환을 일으켰다. 많은 국가가 실리콘밸리를 벤치마킹하려고 노력하지만 아직까지 이 정도로 창조적인 지역은 만들지 못하고 있다.

2.5 테일러리즘 vs. 린

1990년대 초 MIT 교수 워맥(Womack)은 일본의 제조 경쟁력을 분석하면서 도요타의 생산 방식을 일체의 낭비를 허용하지 않는 군살 없는 린 시스템(lean system)이라고 일컬었다. 이때부터 린 시스템은 도요타 생산 방식(Toyota production system)을 가리키는 말이 되었으며 도요타 자동차의 세계적 명성과 함께 전 산업에 퍼졌다. 린 시스템은 도요타 자동차가 조그마한 중소기업에서 세계적인 자동차 회사로 성장하기까지 반세기 동안 일본의 특수한 환경에서 성장했던 경험과 철학의 산물이자 도요타의 고유한 문화라고 할 수 있다. 도요타는 경이적인 생산성과 품질 향상을 이룩하여 미국의 자동차 회사들을 놀라게 했다. 그리고 그때까지 전 산업을 지배하던 테일러리즘(Taylorism)* 중심의 대량 생산 방식에 심각한 회의를 품게 했다. 또 시장 자체가 만들면 팔리는 공급자 중심에서 수요자 중심의 치열한 경쟁 상황으로 전환되면서 주문형 생산 방식인 린 시스템에 더욱 많은 관심을 갖게 되었다. 도요타 생산 방식은 크게 두 가지 관점에서 전통적 자동차 생산 방식의 패러다임 전환을 가져왔다.

첫째, 장비의 가동률을 무조건 늘리는 데 초점을 맞추기보다는 장비와 인력을 효율적으로 활용하면서 제품의 리드 타임(lead time)**을 줄이는 데 초점을 맞췄다.** 장비나 사람의 가동률을 높여 단위당 비용을 낮추려는 기존의 대량 생산 방식은 과잉 생산을 낳고, 결함의 잠복 기간을 늘려 결국 비효율성을 초래했다. 기존의 대량 생산 방식에서는 규모의 경제가 지배하다 보니 대량 작업이 배치 작업(batch job : 일괄 작업) 형태로 순서를 기다리며 기능별로 수행된다. 그래서 제품 리드 타임이 길고 결함이 있어도 나중에 조립·테스트 단계에서야 알 수 있었다. 이처럼 도요타는 배치 작업이 아닌 제품 단위당 연속

---

* 사람을 생산 시스템을 구성하는 기계적인 요소의 하나로 보고 표준화·분업화하여 노동 생산성을 증진하고자 했던 과학적 관리 기법을 의미한다.

생산 방식을 적용하여 리드 타임을 줄이면서도 높은 생산성을 달성할 수 있었다.

▼ 그림 2-4 전통적 자동차의 배치 작업 형태 생산 방식

그림 2-4처럼 배치 형태로 진행하는 생산 방식에서 자동차는 마지막 조립 공정이 끝나는 시점에 출고하므로 고객 주문부터 마지막 출고까지 리드 타임이 길다. 하지만 그림 2-5처럼 제품 단위당 연속 생산 방식을 적용하면 적정량으로 준비된 재고를 활용하여 주문을 받는 대로 제품을 조립할 수 있어 리드 타임이 줄고, 다품종 소량 생산에 민첩하게 대응할 수 있다.

여러분에게 자동차를 주문할 때 2개월 만에 출고할 수 있는 회사와 6개월 후에 출고할 수 있는 회사를 선택하라면 어떤 회사를 선택하겠는가?

▼ 그림 2-5 제품 단위당 연속 생산 방식

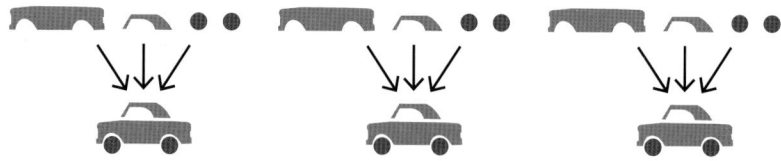

둘째, 생산 근로자를 단순하게 작업을 수행하는 기계적 요소로 보지 않고 업무를 개선하는 부가가치 창출의 원천으로 보았다. 그때까지 대량 생산 시스템에서 생산 근로자는 표준화된 업무만 수행하면 되었다. 공정을 개선하고 문제를 해결하는 일은 별도의 전문 엔지니어의 업무였다. 즉, 공정을 설계하는 사람(thinker)과 실행자(doer)는 따로 분리되었다. 이렇다 보니 관료적인 명령과 통제 중심의 문화가 발달하여 정형화된 절차와 규칙이 프로세스를 지배했다. 하지만 도요타는 근로자들에게 학습을 권장하고 동기부여를 함으로써 그들이 주도적으로 생산 공정을 변화시키고 효율성을 높일 수 있도록 장려했다. 이런 혁신적인 사고는 미국의 자동차 산업뿐만 아니라 기타 다른 산업에도 많은 영향을 미쳤다.

소프트웨어 개발 분야에도 이런 제조업의 대량 생산 방식은 그대로 적용되었다. 마치 이어달리기의 배턴을 이어받듯이 분석, 설계, 구현, 테스트 등 일련의 배치 단계를 거쳐 해당 단계마다 기능 인력을 집중해서 투입한 후 빠져나오는 형태를 추구했다. 이런 방식은 제조업처럼 단위 작업의 효율성을 높이려는 것이다. 하지만 이렇게 하면 고객에게 전달하는 리드 타임은 길어질 수밖에 없다. 또 대규모 개발 프로젝트에서 수행되는 많은 표준화된 절차와 규칙은 개발자의 창의성을 저해하는 요인으로 작용하기도 했다.

2.6 린의 주요 원리

린은 복잡계와 더불어 애자일 개발의 핵심적인 원리를 제공하여 개발 과정 중에 발생되는 비효율적 요소를 효과적으로 제거할 수 있는 방법을 제공한다. 이런 린의 원리는 최근에 '린 소프트웨어 개발'이나 '린 경영' 등 다양한 분야에 폭넓게 활용되고 있다. 애자일 소프트웨어 개발 선언문의 많은 부분이 린의 원리에 기초한 것으로 그만큼 애자일 개발에서 중요한 역할을 한다. 미시간대학교 제프리 라이커(Jeffrey Liker) 교수는 그의 저서 『도요타 방식(The Toyota Way)』에서 제품 개발 업무를 효율적으로 수행하는 데 도움이 되는 일련의 린 원칙들을 제시했는데 그중에서 소프트웨어 개발에 참조가 될 수 있는 것들을 정리하고자 한다.[14]

1. 지속적인 가치 흐름을 확인하고 낭비를 제거한다

MIT 교수인 워맥은 린 사고(lean thinking)란 제품이나 서비스 가치(value)를 명확히 정의하고 그 흐름을 확인하여 낭비를 제거하는 것이라고 정의한 바 있다. 여기서 가치란 최종 고객이 정의하는 것이며 가치 흐름(value stream)이란 특정 제품을 구현하는 데 가치를 부여하는 개별 활동을 연결한 것이다. 즉, 주문부터 설계, 제품 생산, 납품까지 가치를 더하는 실제 활동들을 일련의 순서로 나열한 것이다. 린 사고의 핵심은 고객의 요청부터 최종 배포까지 가치 체인을 연결하다 보면 대기 시간이나 과잉 생산 등 낭비 요소가 발생하는데 이런 낭비 요소를 지속적으로 제거하라는 것이다. 예를 들어 IT 서비스 센터에서 이루어지는 일들을 살펴보자. 고객에게서 서비스 요청이 들어오면 그것을 최종적으로 배포하기까지 여러 번의 대기 시간이 발생한다. 이런 대기 시간을 줄일 수 있다면 고객에게 전달하는 리드 타임을 줄일 수가 있다.

그림 2-6을 보면 서비스 요청이 들어오면 실제 승인까지는 5분 정도가 소요된다. 하지만 여러 가지 요청을 모아 관리자가 한꺼번에 처리하면 대기 시간(3시간)이 발생한다. 승인이 끝났어도 담당자가 바로 기술 검토를 하기는 어렵다. 담당자가 다른 일을 하고 있어 또 다른 대기 시간이 발생하기 때문이다. 이런 대기 시간을 모두 합하면 총 9.5시간이다. 개발사 입장에서는 개별 작업의 효율성을 고려한 필수 불가결한 시간이지만 해당 요청을 한 고객 입

장에서는 불필요한 낭비 시간이다. 사실 고객은 자신의 요청을 빨리 처리해 주기를 바랄 뿐이지 개발사의 내부 프로세스에는 관심이 없다. 총 소요 시간 대비 실제 처리되는 시간 비율을 계산하면 약 30%(=4/13.5) 정도다. 이 값이 높게 나오면 흐름 효율(flow efficiency)이 좋다고 이야기할 수 있다. 따라서 이런 흐름 효율을 높이게 되면 고객에게 요구사항을 전달하는 리드 타임을 줄일 수가 있다. 국내 IT 조직에서는 이런 흐름 효율이 대략 30~70%까지 다양하게 나타난다.

▼ 그림 2-6 IT 서비스 요청의 가치 흐름도

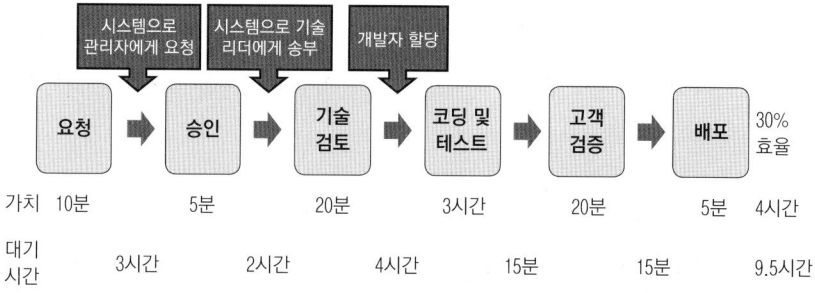

2. 풀 시스템을 활용하여 과잉 생산을 피한다

풀(Pull) 시스템은 고객 수요에 따라 제품을 생산한다는 개념으로 원래 슈퍼마켓에서 고객이 실제로 가져가는 양만큼 재고를 보충하게 되면 재고 비용을 최소로 할 수 있다는 생각에서 나왔다. 이 방식은 개발 프로세스상의 재고를 최소로 하고 과잉생산을 피할 수 있는 장점이 있다. 이와 반대되는 개념인 푸시(Push) 시스템은 고객 수요에 따라 생산하는 것이 아니라 부정확한 판매 목표에 근거하여 생산하는 방식을 의미한다. 2013년 남양유업이 갑질 논란으로 이슈가 된 적이 있는데 남양유업의 생산 시스템이 바로 대표적인 푸시 시스템이다. 즉, 실제 제품 수요와는 상관없이 판매 목표를 정해 놓고 대리점에 밀어붙이기 식으로 판매를 강요한다. 이런 시스템은 과잉생산과 재고 비용을 초래하여 유통기한이 지나 폐기한 제품 비용은 고스란히 대리점의 손해로 이어졌다.

3. 사람이나 장비의 작업 부담을 줄이고 작업 오더의 불균일성을 제거한다

도요타는 한계 수준 이상으로 사람이나 장비를 무리하게 작업시키면 근로자의 의욕 저하와 품질 문제, 고장을 초래하므로 과도한 부담을 주지 않는 것이 바람직하다고 제시한다. 소프트웨어 산업에서도 비즈니스 부서에서 나오는 IT 서비스 요청은 매우 불규칙하게 발생한다. 어떤 때는 동시다발적으로 발생하고, 어떤 때는 거의 발생하지 않는다. 이런 상황에서 단기간에 과도하게 업무로드를 부과하면 개발팀은 창의성이나 품질을 떨어뜨리기 쉽다. 따라서 개발자나 근로자에게 무리가 가지 않도록 균일한 작업량을 유지하는 것이 전체 성과를 높일 수가 있다.

4. 품질과 문제를 해결하는 스톱 문화를 구축한다

조직에서 품질보다 제품의 생산량이나 일정을 중요하게 여긴다면 결함을 발견해도 쉽게 생산을 중단할 수가 없다. 하지만 결함이나 문제점을 해결하지 않은 상태에서 다음 단계로 넘어가면 나중에 결함을 수정하느라 더 큰 비용과 시간이 든다. 하지만 현실에서는 일정에 쫓겨 품질 문제가 발생해도 대체로 무시하고 넘어가는 경향이 있다. 당시에는 어떻게든 상황을 모면할 수 있겠지만 은폐된 문제점은 결국 최종 검수나 하자 보수로 나타난다. 품질 문제를 발견했을 때 비용을 최소화하는 방법은 해당 개발 공정에서 수정하는 것이다. IT 프로젝트에서도 전체 일정에 쫓겨 부실하게 단위 테스트를 한 후 통합 테스트 단계로 넘어가는 경우가 자주 발생한다. 하지만 결국 통합 테스트에서 더욱 복잡한 문제로 나타나며 수정 비용은 해당 단계에서 수정하는 것보다 몇 배나 더 든다. 옛 속담처럼 호미로 막을 것을 가래로 막는 상황이 발생하는 것이다.

5. 어떤 문제도 숨길 수 없도록 시각적 관리 기법을 사용하고 직접 현장을 확인한다

도요타는 컴퓨터로만 업무 상황을 모니터링하기보다는 직접 현장에서 진행 상황을 파악할 수 있게 했다. 현장의 모습을 시각적으로 보여 주는 '작업 진행 상황판(progress board)' 같은 것을 만들어 실시간으로 문제점을 찾으려고 노력했다. 이런 시각적 관리 기법(visual management)은 어떻게 업무 흐름을 진행하고 어떤 문제점이 있는지 신속하게 파악할 수 있게 해 준다. 많은 IT 프로젝트에서 컴퓨터로 개발하다 보니 구현하기 전까지는 구체적인 모습을 보기 어렵고 진행 상황 또한 파악하기가 쉽지 않다. 그야말로 진척 상황을 개인한테 의존하기 쉽다. 시각적 관리 기법은 개발팀이 수행하는 업무와 이슈를 모두 드러내 이해관계자와 팀원이 전체 업무 진행 상황을 더 잘 이해하고 서로가 협력할 수 있는 장을 형성할 수 있게 한다.

6. 근로자의 책임과 참여하에 프로세스를 수립하고 지속적인 개선을 추구한다

제조업에서 작업 프로세스와 방법은 보통 전문가가 수립하며 근로자는 표준화된 절차에 따라 업무를 수행한다. 이런 표준화 방식은 숙련도가 떨어지는 근로자에게는 능력을 일정 수준 올리는 데 도움이 된다. 그러나 숙련된 근로자에게는 단조로움으로 동기부여가 되지 않고 오히려 창의성을 떨어뜨리는 요인으로 작용할 수 있다. 이제까지 소프트웨어 개발 공정도 전문가는 표준 프로세스를 수립하고, 개발자는 주어진 방식대로 일하는 형태였다. 이런 형태는 개발팀에 그 어떤 동기부여도 하기 어렵다. 그래서 표준 프로세스를 현장에서는 거의 사용하지 않았고 단순히 문서로만 존재하는 조직이 참 많았다.

7. 협력업체를 돕고 지원하여 동반 성장의 길을 모색한다

자동차 산업에서 자동차 회사는 적고, 부품 회사는 많다. 좋은 자동차를 만들려면 품질을 신뢰할 수 있는 좋은 부품 회사를 선택해야 한다. IT 프로젝트도 한 회사가 단독으로 개발하기보다는 협력업체에 의존하여 많이 개발한다. 역시 품질을 신뢰할 수 있는 협력업체를 선택하는 것이 좋은 제품을 만드는 필수 조건이다. 이런 협력업체들을 지속적으로 발전하게 하려면 적정 이익을 보장해야 한다. 그래야 동반 성장을 할 수 있다. 발주사는 협력업체를 존중하고, 한 배를 탄 파트너로 대우하고, 성장할 수 있도록 지원하는 것이 바람직하다.

8. 냉정한 반성과 지속적인 개선으로 학습하는 조직을 구축한다

업무를 수행할 때 처음부터 완벽할 수는 없다. 실수는 불가피하며 새로운 지식을 습득할 수 있는 좋은 기회로 삼아야 한다. 많은 전통적 조직이 프로젝트 초기에 프로세스를 수립하면 좀처럼 변경을 하지 않는다. 하지만 처음에 정한 프로세스가 효율성을 지속적으로 보장하는 것은 아니다. 팀에서는 더 좋은 개발 방법을 찾으려고 지속적으로 노력해야 한다. 프로세스를 주기적으로 개선하는 팀은 비즈니스 상황 변화에 효율적이고 유연하게 대응할 수가 있다.

9. 개발팀은 기능 혼합팀으로 구성하며 상호 협력한다

기능 혼합(cross-functional)팀은 서로 다른 기능을 보유한 팀 구성원이 공동된 목표와 책임하에 서로 협력하면서 업무를 수행하는 팀을 의미한다. 이런 팀은 다양한 관점에서 판단할 수 있고 활발하게 상호작용함으로써 팀 내 협업을 촉진시킨다. 반면에 기존의 분업화된 기능 팀들은 같은 업무를 하기 때문에 개별 기능은 높일 수 있지만 자신의 관점에서만 업무를 바라보기 때문에 업무 간 장벽을 키워 다양한 생각을 융합하고 교류하기가 힘들다.

10. 개발 과정의 낭비를 제거하라(2.7절 참조)

소프트웨어 개발에서 제거해야 할 낭비 요소를 2.7절에 정리했으니 참조한다.

> **참고**
> 이런 우수한 경영 기법을 창시한 도요타 자동차는 아이러니하게도 전 세계 자동차 판매 1위에 올라선 2009년 11월, 가속 페달과 바닥 매트 문제로 8개 차종 428만대에 달하는 엄청난 리콜 사태를 맞았다. 당시 도요타 아키오 사장은 세계 1위 자동차 회사가 되려고 성장에 급급한 나머지 자신들이 금과옥조로 여기던 품질 우선 문화를 등한시한 것이다.

2.7 소프트웨어 개발의 낭비 요소 일곱 가지

앞에서도 언급했지만 제품 개발 과정에서 발생하는 낭비란 고객에게 가치를 더하지 못하는 활동을 의미한다. 애자일 개발 전문가인 메리 포펜딕(Mary Poppendieck)과 톰 포펜딕(Tom Poppendieck)은 린 원리에 입각하여 소프트웨어 개발 과정의 낭비 요소 일곱 가지를 그림 2-7처럼 제시한다.[15]

▼ 그림 2-7 소프트웨어 개발 과정에서 발생하는 낭비 요소

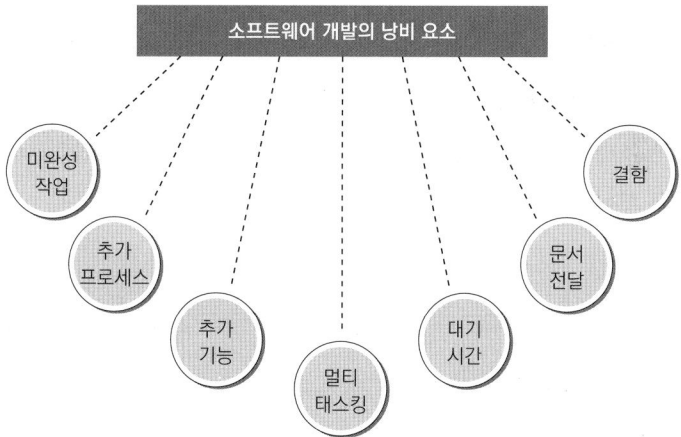

1. 미완성 작업

IT 프로젝트에서 고객에게 가치가 있는 것은 고객이 사용할 실제 시스템과 매뉴얼이다. 개발 과정에서 만드는 중간 산출물(분석·설계 문서, 테스트하지 않은 코드 등)이 필요한 업무이기는 하지만 고객 관점에서 실질적인 가치를 제공하지는 않는다. 따라서 프로젝트에서는 미완성 상태인 중간 산출물을 최소화할 수 있도록 관리해야 한다.

2. 추가 프로세스

보통 성숙된 기업에서는 제품을 개발할 때 사용하는 표준 프로세스가 있다. 이 프로세스는 제품을 잘 개발할 수 있도록 만든 지침서이지만 프로젝트에 따라서 때론 업무로드로 작용할 수 있다. 개발팀에 가치를 주지 못하는 프로세스는 주기적으로 검토하고 개선할 필요가 있다.

3. 추가 기능

고객이 직접 이야기하지는 않았지만 향후 사용에 대비하여 개발자는 종종 기능을 추가로 넣을 때가 있다. 전통적 프로젝트 관리에서는 이를 '금 도금(gold-plating)'이라고 이야기하는데 즉, 불필요한 일을 하지 말라는 의미다. 어쩌다 한 번 사용할지도 모르는 기능을 계속 추가하면 그만큼 유지보수 노력이 많이 들 뿐이다.

4. 멀티태스킹

많은 조직에서 한 사람이 여러 프로젝트에 관여하는 경우가 많다. 한 사람에게 많은 일을 맡겨 업무 효율성을 높이려는 것이다. 어떤 사람은 3~5개의 프로젝트에 참여하기도 한다. 물론 이 방법도 업무 특성상 비슷한 일이고 다른 사람과의 연관성이 낮다면 나쁘지 않은 방법이다. 하지만 반대라면 비효율적인 요소가 많다. 개별 프로젝트는 이해관계자도 다르고 요구사항도 다르다. 업무를 수행할 때는 항상 프로젝트의 진행 상황을 고려해야 하는데 멀티 프로젝트에 관여하게 되면 프로젝트를 진행하다가 다른 프로젝트로 바로 업무를 전환하여 수행하기가 쉽지 않다. 안 하던 프로젝트의 상황을 이해하고 할 일을 결정하는 데만 적어도 1~2시간 이상은 걸린다. 이런 업무 전환 시간은 그대로 낭비 요소가 된다.

▼ 그림 2-8 멀티태스킹을 할 때 발생하는 낭비 시간

멀티태스킹을 하지 않을 때 전체 소요 기간 : 9일

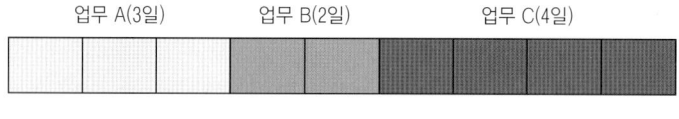

멀티태스킹을 했을 때 전체 소요 기간 : 9.5일

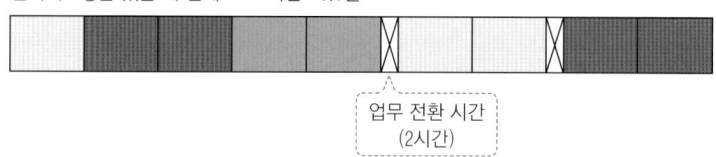

그림 2-8에서 업무 A·B·C를 순차적으로 수행하면 총 9일이 걸린다. 하지만 멀티태스킹을 하면 중간에 업무 전환 시간이 발생한다. 업무 전환으로 낭비 시간도 생기고, 한 업무를 완성하는 리드 타임도 길다. 업무 A는 정상적으로 수행하면 3일 이내로 끝낼 수 있었지만 멀티태스킹을 하여 8일 가까이 소요되었다.

> "주의력은 제한되어 있으며 한순간에 극히 제한적인 정보밖에 처리할 수 없다. 까다로운 문제에 주의를 집중해서 적절한 해결책을 마련할 여건을 조성하려면 15분에서 1시간이 걸린다. 짧은 시간 안에 이 업무, 저 업무로 넘어가는 것보다는 오히려 한 가지 업무에 집중하다가 더 이상 진전이 없는 시점에 도달할 때 다른 문제로 넘어가는 것이 바람직하다. 새로운 과제가 다시 지루해져 기존의 문제로 돌아갈 때 아이디어가 떠오른다."[16]
>
> – 『몰입(flow)』의 저자 미하이 칙센트미하이

2장 애자일 주요 원리 : 자기 조직화, 린, 몰입   **057**

5. 대기 시간

개발 업무를 진행하다 보면 고객과 여러 분야의 기술자들이 모여서 빠르게 의사 결정해야 할 일들이 생긴다. 이때 고객이나 팀원이 모두 한 공간에 있다면 바로 의사 결정을 할 수 있지만 그렇지 않다면 약속 시간과 장소를 별도로 잡아야 한다. 대기하는 동안 다른 일을 하면 되므로 그다지 시간 낭비가 아니라고 생각할 수도 있지만 중단했던 일을 다시 시작하려면 업무 전환 시간이 필요하게 된다. 이런 낭비 요소는 잘 보이지 않지만 해소했을 때 효과는 매우 크다.

6. 이관 : 문서 전달

전통적 프로젝트는 분석, 설계, 구현, 테스트와 같은 순차적 공정 단계를 거쳐 제품을 생산한다. 이때 각 단계마다 분석가, 프로그래머 등 해당 전문가들이 투입되어 업무 효율성을 높이려고 하는 것이 일반적이다. 이런 폭포수 개발 방식은 문서에 모든 정보가 담겨 있다는 것을 전제로 한다. 하지만 고객은 생각하는 것을 모두 말로 표현하지 못하고 말로 표현한 것이라도 모두 문서에 담지 못한다. 실제로 문서에 담기는 것은 고객이 구상한 것의 50%도 되지 않는다고 한다.[17] 전통적 프로젝트에서 개발자는 고객의 요구사항을 문서로 전달받는다. 하지만 문서를 보고 개발하면 고객의 기대와는 상당히 거리가 먼 시스템이 나올 수밖에 없다. 문서를 작성하면 정보를 공유하는 데 일정 수준 도움이 되나 전적으로 문서에만 의존해서는 안 된다. 올바른 요구사항은 초기에 나오기 어려우며 고객과 자주 커뮤니케이션할 때 나타난다.

7. 결함

제품을 개발할 때 결함은 반드시 발생하며 늦게 발견할수록 그것을 바로잡는 데는 더 큰 노력이 들어간다. 따라서 결함이 발생했다는 것 자체가 낭비 요소다. 결함은 조기에 발견하여 수정하거나 아예 결함이 발생하지 않도록 하는 것이 최선의 방법이다. 애자일 개발에서는 결함이 발생하지 않도록 예방에 초점을 맞춘다. 전통적 프로젝트에서는 구현과 테스트를 분리하여 진행하지만 애자일 개발은 구현과 테스트가 일체화된 공정 하나로 진행하여 코딩 단계부터 결함을 예방하는 데 힘을 쏟는다. TDD(Test Driven Development)는 이런 기법 중 하나다. TDD는 제품 구현이나 코딩을 시작하기 전에 테스트 케이스를 먼저 작성하고 해당 테스트를 통과하는 코드를 구현함으로써 처음부터 발생될 수 있는 결함을 줄이려고 노력한다. 따라서 애자일 개발에서는 프로그래머와 테스터가 밀접하게 커뮤니케이션을 하면서 일하는 것을 권장한다.

2.8 몰입

몰입 이론으로 저명한 미하이 칙센트미하이 교수는 지식 근로자의 생산성을 높이려고 몰입의 중요성을 강조했다. 그는 몰입을 "좋아하는 일을 수행할 때 경험하는 최고로 즐거운 순간"이라고 정의하며 몰입할 때 창의적인 아이디어가 발현되고 생산성이 크게 향상된다고 말한다.[18] 많은 경영자가 직원들이 업무에 몰입하기를 원하지만 단순히 사람들에게 지시하거나 책상에 오래 앉아 있게 한다고 해서 몰입을 이룰 수는 없다. 미하이 교수는 『몰입의 경영(Good Business: Leadership, Flow, and the Making of Meaning)』에서 직원의 몰입을 유도하는 조건 네 가지를 제시한다.

1. 구성원이 가치를 느낄 수 있는 명확한 목표

구성원이 프로젝트에서 오너십(ownership)을 갖게 하려면 업무 수행의 가치를 느낄 수 있는 명확한 목표를 제시해야 한다. 목표는 관리자가 일방적으로 전달해서는 안 되며 팀원이 마음으로 받아들일 수 있어야 한다. 그렇게 하려면 개발 내용이나 목표를 자유롭게 토론할 수 있는 자리를 마련해 주어야 하고, 주기적으로 장단기 개발 목표를 함께 공유해야 한다.

2. 목표 실행을 위한 자율성

개발자에게 자유롭게 탐색하여 목표를 달성할 수 있도록 업무 수행의 자율성을 주어야 한다. 소프트웨어 개발은 표준화된 업무를 수행하는 경우도 있지만 때로는 탐색하고 시행착오를 겪으면서 개발해 나가는 형태가 효과적이기 때문이다. 예를 들어 특정 방법론을 강요한다거나 특정 시간과 장소에서만 업무를 수행하라는 제약은 개인의 능률을 저해한다. 리더는 전체적인 방향을 설정하고 이끌어야 하지만 세세한 개발 방법까지 관여하다 보면 오히려 팀원의 책임감을 떨어뜨릴 수 있다. 물론 사람에 따라 조금 다를 수는 있다. 초보 개발자 같은 사람들에게는 좀 더 상세한 가이드와 지도가 필요하다.

3. 업무 수행 피드백

사람은 어떤 일을 할 때 자신이 얼마나 잘하는지 주기적으로 피드백을 받지 못하면 계속해서 그 활동에 몰입하기가 어렵다. 개발팀이 수행한 업무는 주기적으로 동료와 이해관계자에게서 평가를 받아야 한다. 그래야만 구성원이 업무 추진에 자신감을 얻을 수가 있다. 예를 들어 개발자가 어떤 일을 수행하고 있는데 상위 관리자가 아무런 피드백이 없다면 개발자 스스로도 관심이 떨어질 수밖에 없다.

4. 과제와 역량 사이의 균형

개발팀(또는 개인)의 역량에 비해서 주어진 과제가 너무 많거나 감당하기 어렵다면 그 팀은 쉽게 불안해진다. 반대로 과제가 너무 적거나 쉽다면 팀은 권태를 느껴 몰입을 하지 않게 된다. 개발팀이나 개인에게 업무를 할당할 때는 각자의 역량 변화에 비례하여 적절한 업무량을 할당하는 것이 바람직하다. 그림 2-9를 보면 A 상태는 역량과 주어진 과제가 균형을 이루는 지점이다. 역량이 낮기 때문에 과제도 적다. 하지만 시간이 지날수록 숙련도는 오르기 때문에 과제가 늘지 않으면 B 상태처럼 지루해진다. 이때는 과제량을 C 상태로 올려 주어야 몰입을 일으킬 수 있다. 그런데 C 이상의 업무량을 팀에 할당한다면 팀원들은 불안해하며 몰입하기가 어렵게 된다. 또 역량은 제한되어 있는데 과제가 과도하게 주어지면 하지도 못할 과제를 고민하는 시간이 늘어나 성과는 더 떨어질 수가 있다. 따라서 프로젝트에서는 이런 워크로드(work load)를 적절하게 관리하여 몰입과 개발 효율을 높일 필요가 있다.

▼ 그림 2-9 과제와 역량의 균형 관계 그래프[19]

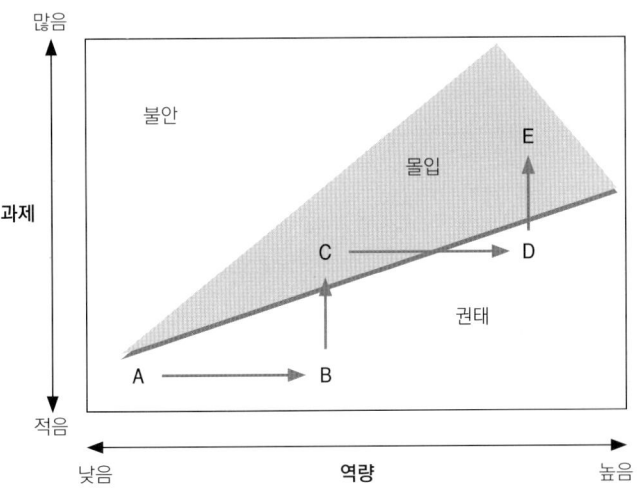

애자일 개발에서는 구성원이 몰입할 수 있도록 환경을 조성하는 것이 매우 중요하며, 앞에서 제시한 조건 네 가지를 만족할 수 있는 프랙티스를 제공한다.

2.9 애자일 프로젝트 관리의 목표

애자일 방법론의 가치를 인식한 미국의 PMI(Project Management Institute)에서는 2012년부터 PMI-ACP(Agile Certified Practitioner) 자격증을 신설하여 전 세계에 애자일 프로젝트 관리 개념을 확산시켰다. 유럽 또한 DSDM에 기반한 애자일 프로젝트 관리를 산업계에 보급하고 있다. 스크럼(scrum)과 DSDM(Dynamic Systems Development Method)은 애자일 프로젝트 관리 방법의 대표적인 프레임워크(framework)로, 전 세계에서 가장 많이 활용하는 애자일 방법이다. 몇 년 전부터 애자일 방법론은 소프트웨어 개발을 넘어 우주 항공과 통신, 디자인, 일반 엔지니어링 분야 등에 폭넓게 확산되고 있다. 대다수 전통적 프로젝트 관리의 목표는 범위, 일정, 비용, 품질 준수다. 하지만 애자일 프로젝트에서는 프로젝트 관리의 목표가 다르다. 적응형 소프트웨어 개발을 주장한 애자일 개발 전문가 짐 하이스미스는 애자일 프로젝트 관리의 목표를 다음 다섯 가지로 정리한다.[20]

- 지속적인 혁신(continuous innovation)
- 제품 적시 출시(improved time-to-market)
- 확장성 있는 제품(adaptable product)
- 사람과 프로세스의 적응력(people and process adaptability)
- 신뢰성 있는 결과(reliable results)

전통적 프로젝트에서는 지나치게 범위, 일정, 비용 준수를 강조하여 품질이 대부분 희생되는 경향이 있다. 품질은 눈에 잘 보이지도 않고 부족해도 당장 크게 부각되지 않기 때문이다. 하지만 품질 부족은 제품의 확장성이나 신뢰성, 사용성 등에 많은 문제를 일으킬 수 있으므로, 오래 사용되지 못하고 폐기되거나 유지보수 노력이 많이 든다. 애자일 프로젝트가 전통적 프로젝트와 구별되는 요소는 품질을 희생하지 않는 것이다. 단순히 범위에 있는 기능을 모두 구현하기보다는 신뢰성 있는 품질을 확보하면서 고객에게 가치 있는 기능을 선별하여 개발한다. 국내에서는 애자일 개발을 단순한 점진적·반복적 개발 정도로만 생각하는 조직이 많지만 이런 인식으로는 애자일을 적용하는 데 한계가 있다. 따라서 조직에서는 애자일 프로젝트가 궁극적으로 지향하는 목표를 명확하게 인식할 필요가 있다. 나는 지난 몇 년간 스크럼과 린을 기반으로 한 애자일 방법론을 적용하면서 좀 더 현실적인 프로젝트 관리 목표를 고민해 왔다. 그래서 현실적인 애자일 프로젝트 관리의 목표를 다음과 같이 제시한다.

고객에게 가치 있는 제품 개발(customer value)

전통적 프로젝트에서는 초기 업무 범위를 준수하는 것을 매우 중요하게 생각한다. 하지만 초기에 언급된 요구사항들이 과연 프로젝트가 끝난 시점에도 고객에게 가치가 있을까? 초기에 언급했지만 거의 사용하지 않는 기능이거나 시장에 별로 매력을 주지 못한다면 그걸 개발해서 무슨 소용이 있겠는가? 따라서 프로젝트에서는 초기 요구사항을 무조건 준수하기보다는 주기적으로 고객 가치를 따져 보고 개발하는 것이 필요하다.

제품 적시 출시(time-to-market)

프로젝트 초기에 제품 출시 일정을 정했어도 비즈니스 상황 변화에 따라 언제든지 조정할 수 있어야 한다. 출시 일정 변동은 개발팀 입장에서는 초기 계획을 많이 변경해야 하기 때문에 불만스러울 수 있다. 하지만 기업 경쟁력을 높이는 데 필요한 일이다. 개발팀은 변화하는 비즈니스 환경에 적응할 수 있는 역량을 가져야 한다.

신뢰성과 확장성 있는 제품(reliable and adaptable product)

프로젝트 업무 범위와 일정을 준수하려고 많은 요구사항을 서둘러 개발하다 보면 품질은 떨어질 수밖에 없다. 이렇게 되면 신뢰성이나 유지보수성이 떨어지며 제품을 확장하기가 어렵게 된다. 소프트웨어는 소모품이 아니라 계속해서 확장하고 유지보수해야 하는 생명체와 같으므로 신뢰성과 확장성을 고려한 개발이 필요하다.

몇 년 전 IT 담당 공무원을 대상으로 프로젝트 관리 워크숍을 수행하면서 한 관리자에게 "공공 기관에서 진행하는 프로젝트는 대부분 업무 범위와 일정, 비용을 준수하기 때문에 좀처럼 실패하지 않는다."라는 말을 들은 적이 있다. 하지만 실제로 그 시스템을 가치 있게 잘 활용하고 있는지, 아니면 1~2년 후 새로 개발해야 하는지는 누구보다도 당사자가 잘 알 것이다. 애자일 프로젝트 관리의 목표는 궁극적으로 고객 가치를 높이는 것이지만 그렇다고 비용이나 일정 준수 같은 조건을 무시해도 좋다는 의미는 아니다. 조직에서는 목표치와 함께 허용 범위를 설정하여 프로젝트의 불확실성을 고려하는 것이 필요하다. 예를 들어 프로젝트 일정과 비용의 목표치를 각각 6개월과 10억 원으로 설정했다면 ±20~30% 허용 범위를 설정하여 개발팀이 비즈니스 변화에 대응할 수 있는 여지를 남겨 두는 것도 좋은 방법 중 하나다.

▼ 그림 2-10 전통적 프로젝트 관리 vs. 애자일 프로젝트 관리의 목표

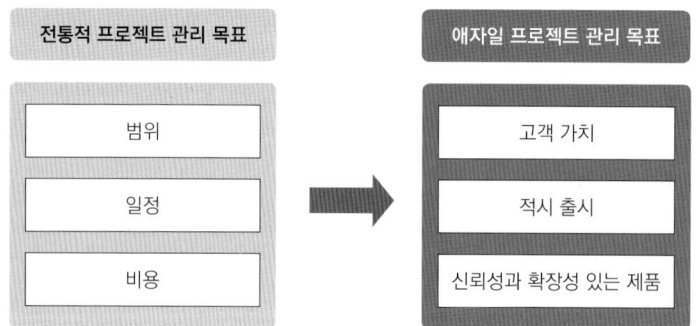

2.10 전통적·애자일 프로젝트 관리의 비교

전통적 프로젝트 관리와 애자일 프로젝트 관리는 다음과 같이 개발 목표와 방법, 팀 관리 면에서 많은 차이를 보인다. 다만 실제 프로젝트에 적용할 때는 자체 개발 또는 외주 프로젝트에 따라서 전통적 및 애자일 프로젝트 관리의 장단점을 적절히 활용하는 지혜가 필요하다.

▼ 표 2-1 전통적 프로젝트 관리 vs. 애자일 프로젝트 관리의 비교

구분	전통적 프로젝트 관리	애자일 프로젝트 관리
계획 수립	초기에 상세 요구사항을 도출하고 상세한 일정 계획 수립 추구 (고정된 범위, 일정, 비용)	개략적인 요구사항과 일정을 수립하고 주기적으로 상세 요구사항 도출 및 계획 수립 (유동적인 범위, 일정, 비용)
개발 및 테스트	분석, 설계, 구현, 테스트를 순차적으로 수행	점진적으로 개발을 진행하고, 이터레이션 단위로 동작하는 제품 개발에 초점
프로세스	• 정의된(defined) 프로세스 통제 • 프로세스가 정형화, 상세화	• 경험적(empirical) 프로세스 통제 • 유연하고 간소하며 주기적으로 개선
업무 수행 형태	• 관리자 주도적 명령과 통제 • 개인 책임으로 업무 수행	• 자기 조직화된 팀 관리 • 팀 공동 책임으로 업무 수행
조직	• 기능 중심팀(functional) • 분업화되고 역할이 한정	• 기능 혼합팀(cross-functional) • T자형 인재, 1인 다역
팀 관리	지시, 감시, 경쟁	코칭 및 퍼실리테이션, 협력
평가	상위 관리자 평가, 상대평가	다면 평가, 절대평가
성공 척도	계획 준수	고객 가치 전달

CHAPTER

3

애자일 프로젝트 계획

3.1 기존 개발 방법론은 어떻게 활용해야 하는가?

소프트웨어 위기가 거론된 1970년대 이후 구조적 방법론부터 객체지향, RUP(Rational Unified Process), CBD(Component Based Development), 최근에 등장한 SOA(Service Oriented Architecture)까지 많은 개발 방법론이 고안되었다. 개발 방법론을 다루는 것은 책의 범위를 벗어나므로 여기서는 자세히 언급하지 않지만 애자일 관점에서 몇 가지 고려해야 할 사항이 있다.

개발 방법론의 목적은 제품의 품질을 높이는 것이며 이 방법론들은 공학적으로도 매우 훌륭하다. 하지만 많은 절차와 기법, 템플릿을 포함하고 있어서 일정 수준 이상의 훈련을 거쳐야 사용할 수 있다. 따라서 일정에 쫓기는 개발팀에는 업무로드로 작용할 때가 많았다. PMBOK(Project Management Body Of Knowledge)와 CMMI(Capability Maturity Model Integration)로 대표되는 프로젝트 관리 방법론 또한 마찬가지다. 프로젝트의 실패를 줄이려고 1980년대 중반부터 미국 PMI(Project Management Institute)와 SEI(Software Engineering

Institute)를 중심으로 전 세계로 보급되었으나 복잡한 프로세스와 많은 산출물 때문에 프로젝트에서는 따라 하기가 쉽지 않았다. 지난 20년간 내가 직간접적으로 경험했던 대다수 중대형 프로젝트에서 개발·관리 산출물에 불만을 토로하지 않는 개발팀을 본 적이 없다.

사실 제품 개발에서 이런 방법론들이 강조되는 이유는 좋은 프로세스대로 일하다 보면 훌륭한 제품을 만들 수 있다는 가정이 기본적으로 깔려 있기 때문이다. 물론 전문가가 정해 놓은 방식이 더 좋은 방법일 수도 있지만 조직의 특성이나 문화를 고려하지 않는다면 최선의 방법은 아닐 수 있다. IBM이나 Google에서 사용하는 개발 방법론을 여러분 회사에 그대로 이식한다면 얼마나 효과가 있을지 생각해 보라. 구성원의 사고방식이 다르고 개발 문화가 이질적인 상태에서 원하는 만큼 효과를 보기는 어려울 것이다. 과거에 방법론 컨설팅을 수행하다 보면 어떤 고객은 특정 기업을 거론하면서 그 기업의 방법론을 그대로 이식하기를 원했다. 마치 선도 기업의 개발 프로세스를 모방하면 자신도 선도 기업이 될 수 있을 것처럼 말이다. 하지만 기업 나름대로 고민하고 적응하려는 노력 없이 만들어진 프로세스는 오래가지 못한다는 것이 업계 경험이다.

많은 전사 품질 부서에서는 표준 프로세스 및 방법론을 만들어 개발팀에 준수할 것을 주장한다. 하지만 표준 프로세스는 준수보다 개선이 더욱 중요하며 개발팀 중심으로 진행되어야 효과적이다. 프로젝트에 방법론을 적용할 때는 두 가지 측면을 고려해야 한다.

첫째, 방법론에서 제시하는 산출물을 어떤 목적으로 활용하는지 잘 따져 보아야 한다. 즉, 낭비를 최소화하는 관점에서 개발팀이나 고객에게 별다른 가치를 제공하지 못하는 산출물은 없애거나 줄이는 것이 바람직하다. 둘째, 개발 방법론을 개발 기간 내내 그대로 가져가서는 안 된다. 처음에 표준 방법론을 활용하여 프로젝트에 적합한 개발·관리 프로세스를 정했다면 주기적으로 그 효과를 평가하고 개선할 필요가 있다. IT 프로젝트는 시간이 지나면 초기 환경이 많이 바뀌기 때문에 변화에 맞춰 개발 활동과 커뮤니케이션 방법도 바꿔야 한다.

3.2 애자일은 개발 생명주기와 어떻게 다른가?

개발 생명주기(lifecycle)는 개발 단계의 집합이며 제품을 어떤 전략으로 개발할 것인지 결정하는 접근 방식이다. 대표적인 생명주기는 분석, 설계, 구현, 테스트를 순차적으로 진행하는 폭포수 개발 방식이지만 산업 분야와 적용 기술에 따라 형태는 매우 다양하다. 많은 사람이 개발 방법론과 생명주기를 같은 의미로 생각하는데 엄밀하게 의미가 다르다. 개발 방법론은 좋은 제품을 만드는 절차와 지침, 산출물 등을 개발 단계(분석, 설계, 구현, 테스트 등)에 따라 체계화한 프로세스의 집합(set)이다. 구성 자체가 개발 순서를 따르므로 마치 모든 방법론이 폭포수 형태의 개발 생명주기인 것처럼 보이나, 폭포수 외에도 별도로 개발 생명주기를 설정할 수 있다. 예를 들어 정보공학 방법론은 폭포수 방식으로도 개발할 수 있고, 점진적 방식으로도 개발할 수 있다.

폭포수 개발

폭포수(waterfall) 개발은 일련의 작업 단계에 따라 순차적으로 개발하는 형태로, 대부분의 IT 개발에서 사용하는 방식이다. 이 형태는 중간에 요구사항만 변경하지 않는다면 단계가 명확하므로 관리가 쉽다. 하지만 초반에 요구사항을 모두 분석하기 어렵고, 고객은 실제 제품을 프로젝트 후반부에 가서야 제대로 볼 수 있기 때문에 나중에 요구사항이 많이 변경된다는 단점이 있다. 최근에는 요구사항 분석과 제품의 주요 부분을 프로토타입이나 스토리보드로 만들어 고객의 검증을 받은 후 개발을 본격적으로 시작하는 프로토타입 모델을 많이 사용하여 이 단점을 개선하고 있다.

▼ 그림 3-1 폭포수 개발

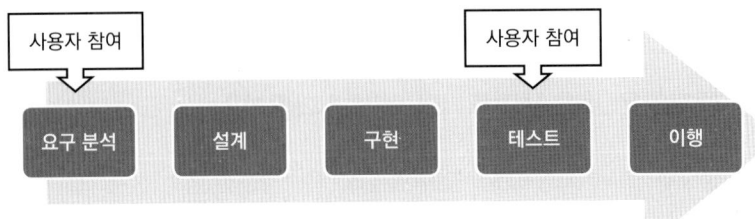

▼ 그림 3-2 프로토타입 개발

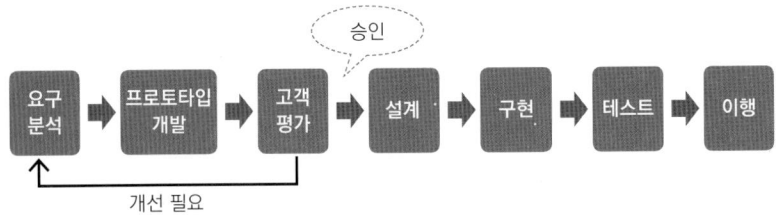

점진적 개발

점진적(incremental) 개발은 우선 전체 시스템 요구사항을 분석한 후 전체 시스템을 여러 개의 빌드로 나눈다. 그러고는 빌드 하나를 순차적으로 수행하여 점진적으로 기능을 완성해 나가는 방식이다. 각 빌드 단위에서는 폭포수 방식을 적용하는데 전체 프로젝트로 보면 여러 개의 폭포수 개발을 순차적으로 진행하는 형태다. 이 방식은 제품을 빌드 단위로 개발하여 위험 요소를 줄이고, 종료 시점에 납품하지 않고 점진적으로 제공함으로써 ROI(Return On Investment)를 높일 수 있는 장점이 있다.

▼ 그림 3-3 점진적 개발

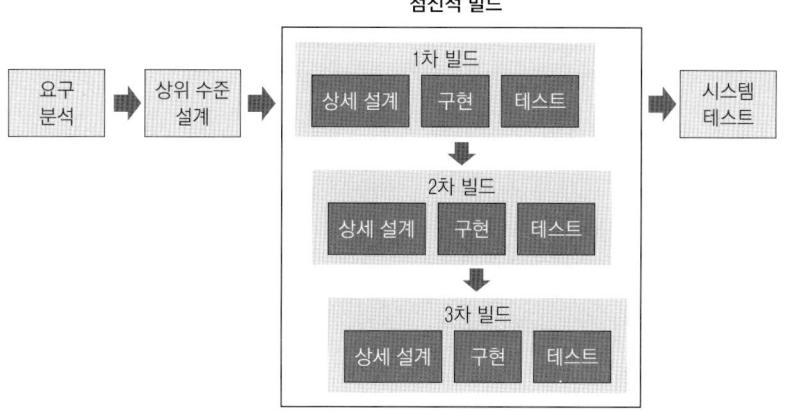

진화적 개발

진화적(evolutionary) 개발은 초기에 요구사항이 완전히 파악되지 않은 상태에서 알려진 요구사항만으로 개발하는 방식이다. 점진적 개발과 다르게 빌드를 사전에 계획하지 못하고 고객에게 피드백을 받아 요구사항이 좀 더 명확해지면 점진적으로 기능을 개선하여 목표 시스템을 완성한다. 전체 프로젝트로 보면 여러 개의 폭포수 개발 방식을 반복적으로 진행하는 형태다. 이 방식은 초기에 사용자 요구사항을 구체적으로 파악하지 못했을 때 활용할 수 있지만 아키텍처의 변화에 대응하기는 어렵다.

▼ 그림 3-4 진화적 개발

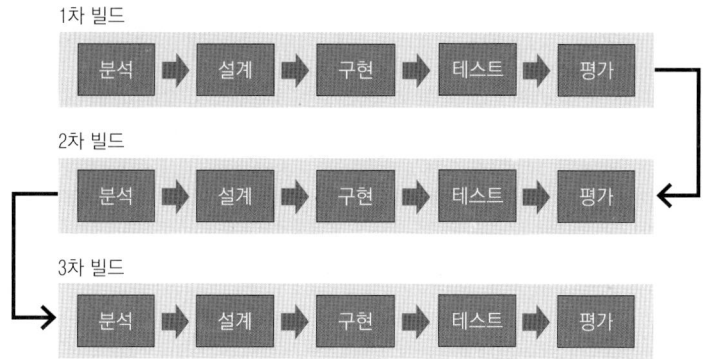

스테이지 게이트 개발

스테이지 게이트(stage gate) 개발은 R&D 및 신제품 개발에 많이 사용하는 개발 생명주기로, 상품 기획 단계부터 출시까지 관리한다. 이 방식은 신제품을 만드는 제조업에서 많이 활용한다. 국내에서 많이 도입한 NPI(New Product Introduction) 프로세스가 이 방식에 근거한다. 스테이지 게이트 개발의 특징은 각 단계별로 게이트를 두고 의사 결정을 하는 체크포인트로 활용한다. 게이트를 통과하지 못하면 제품 개발은 중단되며 더 이상 다음 단계로 진행하지 못한다.

▼ 그림 3-5 스테이지 게이트 개발

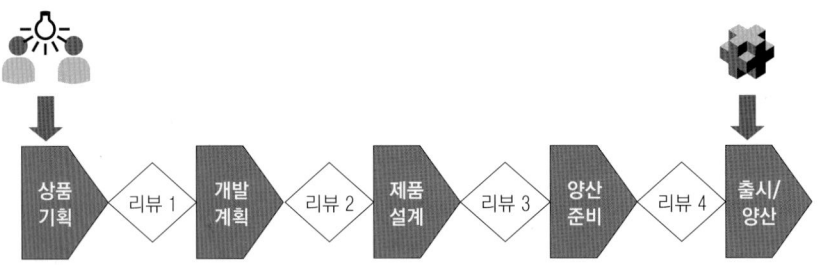

애자일 개발

애자일 개발은 점진적 개발의 장점을 살리면서 요구사항의 변화를 주기적으로 수용하는 반복적 개발이라고 할 수 있는데 기존 점진적 개발과는 몇 가지 차이가 있다.

첫째, 점진적 개발에서는 요구사항을 빌드별로 미리 할당해서 개발하지만 애자일 개발에서는 스프린트* 단위로 요구사항의 변화를 수용하면서 개발한

---

* 점진적 개발에서는 빌드 용어를 사용하지만 애자일 개발에서는 이터레이션(iteration) 또는 스프린트(sprint) 용어를 사용한다. 스프린트는 스크럼에서 사용되는 용어이지만 책에서는 이 용어를 사용하려고 한다. 이터레이션에는 반복이라는 의미가 있어 오해의 소지가 있을 수 있기 때문이다. 예를 들어 계속 반복만 하면 언제 제품을 완성하겠냐는 의구심 같은 것이다. 반면에 스프린트에는 단거리 경주라는 의미가 있어 프로젝트를 짧은 여러 개의 단위 구간으로 나누어 볼 수 있다는 면에서 의의가 있다.

다. 즉, 스프린트를 계획할 때 기존에 계획한 요구사항과 전 스프린트에서 나온 변경사항을 비교하고, 구성원 간의 검토를 거쳐서 우선순위화하여 반영한다. 전통적 개발 방식에서는 프로젝트 중간에 요구사항을 변경하면 변경 영향을 평가하여 프로젝트에 반영할지 여부를 판단하지만 애자일 개발에서는 중간에 요구사항을 변경해도 다음 스프린트에 언제든지 반영할 수 있다. 이렇게 변경되는 요구사항을 스프린트 단위로 반영하다 보면 결과적으로 우선순위가 떨어지는 기능들은 해당 프로젝트에 반영되지 못하게 된다.

둘째, 점진적 개발에서는 하나의 빌드 안에서 미니 폭포수 개발 형태로 진행하지만 애자일 개발에서는 스프린트에서 폭포수 방식으로 개발하지 않는다. 즉, 스프린트 안에서 분석, 설계, 구현, 테스트 같은 공정은 발생하나, 공식적으로 산출물을 만들고 다음 단계로 넘어가는 형태가 아니라는 말이다. 그보다는 동시공학적으로 접근하여 어떻게 중간 산출물을 최소화하면서 품질 높은 제품을 만들 수 있는지에 초점을 맞춘다. 고객에게 가치 있는 것은 동작하는 시스템이지 중간 산출물이 아니기 때문이다.

셋째, 점진적 개발에서 빌드 주기는 개발 범위에 따라 주기가 불규칙하지만 애자일 개발에서는 특별한 경우가 아니면 개발 주기가 규칙적이다. 애자일 개발에서는 이를 타임 박싱(time boxing)이라고 표현한다. 점진적 개발에서는 개발 범위에 따라 빌드 주기가 1개월 또는 2개월 등 기간이 달라진다. 하지만 애자일 개발에서는 개발 범위와 상관없이 스프린트 기간(2~4주일)이 규칙적이다. 타임 박싱은 프로젝트에 규칙적인 리듬감을 주어 업무를 예측하는 데 도움을 줄 수 있다. 예를 들어 달력(calendar)의 1개월 주기가 어떤 달은 20일, 어떤 달은 30일처럼 불규칙하게 구성되어 있다면 어떤 일을 언제 해야 할지 예측하기가 어려울 것이다. 이렇듯 타임 박싱은 프로젝트의 기간을 관리하기 편한 작은 단위로 나누어 일을 예측하는 데 도움을 준다.

▼ 그림 3-6 애자일 개발

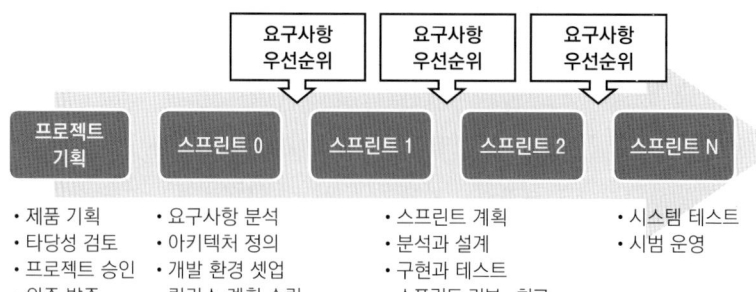

3.3 요구사항 이해관계자 식별

프로젝트에서 올바른 요구사항을 도출하는 것은 시장과 고객의 가치를 높이는 데 매우 중요하다. 이를 위해서는 먼저 요구사항과 관련된 이해관계자를 식별해야만 한다. 규모가 작은 개발에서는 이해관계자 식별이 그렇게 어려운 일이 아니지만 규모가 큰 프로젝트에서는 이해관계자가 많아 식별이 쉽지 않다. 해당 업무를 잘 모르는 사람이나 책임이 없는 사람들에게 요구사항을 도출한다면 나중에 제품을 인수하지 않거나 재작업을 요구할 여지가 높다. 따라서 사용자와 이해관계자를 대표하여 해당 업무 요구사항을 책임지고 의사결정할 대표자를 선정할 필요가 있다. 사람마다 요구사항이 조금씩 다를 수 있으므로 이를 수렴하여 최종적으로 고객 가치가 높은 요구사항을 누군가는 확정지을 필요가 있기 때문이다. 애자일 개발에서는 이런 사람을 제품 책임자(product owner)라고 한다. 제품 책임자는 보통 다음 역할을 수행한다.

- 제품을 사용할 고객과 사용자의 니즈를 수렴하여 최종 요구사항을 결정
- 업계의 동향, 경쟁사의 움직임, 새로운 아이디어 등을 지속적으로 관찰하여 제품에 반영
- 각종 계획과 리뷰 미팅에 참석하여 개발팀에 피드백 제공
- 주기적으로 요구사항의 우선순위를 갱신하고 제품 테스트 수행
- 제품의 완료 조건을 작성하고 최종 제품 인수

제품 책임자는 프로젝트에 따라 업무별로 여러 명일 수도 있고 소수 그룹으로도 구성할 수 있다. 대규모 프로젝트를 수행할 때 제품 책임자는 현업을 수행하는 실무 담당자일 수도 있기 때문에 프로젝트 기간 동안 개발팀과 커뮤니케이션을 하기가 쉽지 않다. 이때는 업무별 제품 책임자를 지정하여 이 사람만이라도 개발팀과 자주 커뮤니케이션하도록 해야 한다.

3.4 요구사항 도출 : 린 스타트업과 디자인 씽킹의 활용

린 스타트업의 활용

전통적 프로젝트에서는 다양한 기법을 활용하여 사용자와 고객의 문제, 니즈를 파악해 왔는데 고객 인터뷰와 워크숍, 사용자 관찰, 프로토타입 등이 대표적인 기법이다. 애자일 개발에서 요구사항을 도출하는 방법은 전통적 개발과 크게 다르지 않으나 두 가지 면에서 차이가 있다.

첫째, 요구사항 도출 과정을 프로젝트 초기에만 국한하지 않고 주기적으로 고객의 피드백을 받아 요구사항을 정제하는 과정을 거친다. 전통적 개발에서는 초기에 가능한 한 상세 요구사항을 모두 도출하여 프로젝트의 불확실성을 줄일 것을 권장한다. 그래야만 신뢰성 있는 프로젝트 비용과 일정을 추정할 수 있기 때문이다. 몇 년 전부터 정보통신산업진흥원(NIPA)에서 공공 기관에 확대 도입했던 '신 RFP 작성제도'도 결국 요구사항을 초반에 상세하게 도출하여 합리적인 견적을 수립하고 향후 업무 변경을 최소화하는 것이 목적이었다. 하지만 현실적으로는 새로운 제품이나 서비스를 만들 때 프로젝트 초기에 요구사항을 상세하게 도출하기가 어렵다. 설사 도출했다 하더라도 여러 가지 이유에서 쉽게 변경된다. 반면에 애자일 개발에서는 비즈니스 상황이 변하면 프로젝트 중간이라도 초기 요구사항은 얼마든지 변경할 수 있다고 본다. 따라서 초기에 상세 요구사항을 모두 도출하지 않고 개략적인 일정과 비용을 추정할 수 있는 상위 수준의 요구사항만 도출한다. 그리고 주기적으로 구체적인 요구사항을 도출하고 고객의 피드백을 받아 개발한다.*

최근 글로벌 기업에서 많이 활용되고 있는 린 스타트업 방식에는 이런 애자일 개발 철학의 핵심이 담겨 있다. 린 스타트업은 최소한의 요건만 갖춘 제품(MVP, Minimal Viable Products)을 신속하게 개발하여 시장에 출시한다. 즉, 초기 투자의 낭비를 줄이고 고객의 피드백을 받아 제품을 개선해 나가는 방식으로 개발한다. 린 스타트업은 벤처 기업에 맞춰서 개발한 경영 기법이지만 일반적인 개발 프로젝트에도 그대로 적용될 수 있다. 즉, 새로운 서비스나 제품을 만드는 프로젝트에서 개발팀이 초기에 도출된 요구사항들이 모두 고객에게 가치를 줄 수 있는지 아닌지를 판단하기는 매우 어렵다. 이때 최소한의 요건만 갖춘 제품을 고객에게 보여 주고 피드백을 받아 개발해 나가면 프로젝트 전반적으로 불필요한 개발을 상당수 예방할 수 있다.

▼ 그림 3-7 린 스타트업 개발 단계

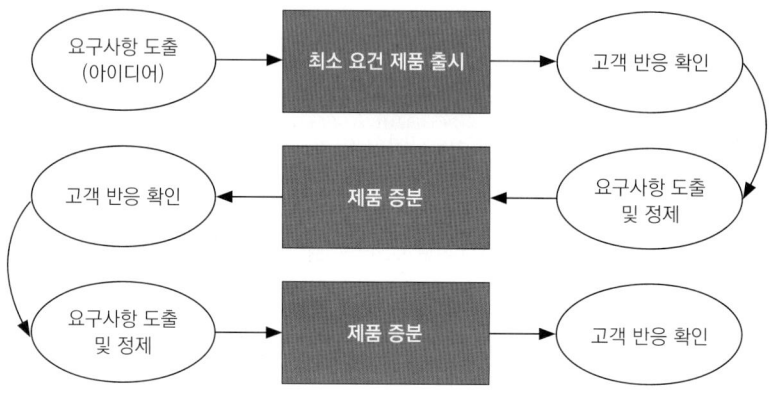

---

* 프로젝트 상황에 따라 제품의 기본적인 아키텍처를 선정하기 위하여 필요한 수준까지 요구사항을 도출할 필요가 있다. 애자일 개발에서 기본적으로 제품 아키텍처는 바뀔 수 있다는 것을 전제하지만 크게 바뀌면 그만큼 재작업 기간도 늘어나기 때문에 적절한 균형이 필요하다.

둘째, 스킬이 다양한 팀 구성원과 고객이 함께 참여하여 요구사항을 도출한다. 전통적 소프트웨어 개발에서는 요구사항을 도출할 때 소수의 분석가나 선임 개발자가 중심이 되어 요구사항을 도출한다. 이렇게 하는 이유는 요구사항은 고객이나 분석가가 잘 알고 있다고 생각하기 때문이다. 하지만 고객은 프로젝트 초기에 자신이 원하는 것을 명확하게 잘 모르며, 분석가 또한 경험이 제한적일 수 있다. 선임 개발자 또한 자신이 아는 해법을 중심으로 요구사항을 인식하기에 고객의 문제를 올바르게 파악하지 못할 수도 있다. 반면에 애자일 개발은 요구사항을 도출할 때 고객과 다양한 개발팀원이 함께 참여함으로써 고객이 인지하지 못하는 문제를 도출하는 데 좀 더 많은 시간을 할애한다. 이때 포스트잇 같은 도구를 활용하여 고객에게 가치 있는 요구사항을 도출하고자 노력한다. 이런 방식은 고객의 니즈를 구성원이 다양한 측면에서 바라보기 때문에 좀 더 창의적인 아이디어가 나올 확률이 높다.

▼ 그림 3-8 포스트잇을 활용한 요구사항 도출

디자인 씽킹의 활용

혁신을 중요하게 여기는 오늘날 비즈니스 환경에서 시장과 고객 가치가 높은 요구사항을 찾아내는 과제는 매우 중요하고 비즈니스 성공의 핵심 요소다. 단순한 많은 기능을 개발하는 것은 큰 의미가 없기 때문이다. 디자인 씽킹(design thinking)은 이런 관점에서 나온 개념이다. 디자인 씽킹은 세계적인 디자인 기업인 IDEO에서 개발된 방법론으로, 최근에는 글로벌 기업에서 수행하는 프로젝트에도 많이 활용된다. 디자인 씽킹 프로세스는 주기적으로 고객의 피드백을 받아서 요구사항을 수정하는 측면에서 앞에서 언급한 린 스타트업과 유사하다. 하지만 요구사항을 도출할 때 '공감(empathy)'이라는 활동을 별도로 추가하여 사용자와 고객의 본질적인 문제를 파악하는 데 더욱 중점을 둔다. 공감 활동은 관찰이나 체험, 인터뷰로 진행되지만 기존 방법과는 다르게 고객의 상황을 깊이 이해하고 유대감을 갖는 상태를 말한다. 고객의 상황을 깊이 있게 이해해야 고객에게 진정으로 필요한 문제를 찾을 수 있기 때문이다. 대부분의 프로젝트에서는 처음부터 일정이 빠듯하다 보니 고객의 문제를 파악하는 공감 활동에 시간을 할애하기가 어려운 것이 현실이다. 하지만 우리가 문제를 어떻게 인식하느냐에 따라 개발 방향이 많이 달라질 수 있으므로 이런 활동에 시간을 쏟는 것을 아까워해서는 안 된다.

▼ 그림 3-9 디자인 씽킹 개발 단계

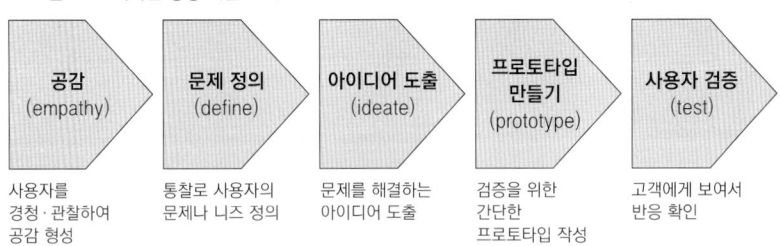

3.5 요구사항 정의와 제품 백로그

IT 프로젝트에서 정의하는 요구사항의 종류는 개발하는 제품과 서비스의 특성에 따라 다를 수가 있으나, 크게 다음 형태로 나눌 수 있다.

- 기능적 요구사항(시스템이 수행하는 입출력 및 저장 등)
- 성능 요구사항(응답시간, 동시 처리량, 자원사용률 등)
- 인터페이스 요구사항(시스템과 사용자 간 인터페이스)
- 품질 요구사항(신뢰성, 사용성, 이식성, 보안성 등)
- 기타 요구사항(운영, 데이터, 법규, 표준 등)

애자일 개발에서도 이런 요구사항은 예외가 아니므로 문서로 정의할 필요가 있다. 다만 프로젝트 초기부터 완벽하게 정의할 필요는 없고 고객의 피드백을 받으며 보완해 나간다. 전통적 개발에서는 이런 요구사항을 '요구사항 정의서' 문서에 기술했지만 애자일 개발에서는 '제품 백로그(product backlog)'라는 문서에 기술한다. 제품 백로그는 제품 개발에 필요한 모든 업무를 우선순위화한 목록(An ordered list of everything that might be needed in the product)[21]이라고 정의할 수 있는데 요구사항 정의서와 작업 분류 체계(Work Breakdown Structure) 개념을 합쳐 놓은 형태다.

전통적 프로젝트 관리에서 사용하는 작업 분류 체계는 프로젝트에서 수집한 요구사항을 기반으로 프로젝트에서 수행해야 할 업무를 체계적으로 분류한 문서 형태. 목적은 업무 범위를 식별하고 필요한 일정과 비용을 추정하려고 만드는 것이다. 여기에는 프로젝트에서 수행해야 할 모든 일(기술적·관리적 업무)을 기술하고, 이를 바탕으로 일정도 계획한다. 그림 3-10을 보면 프로젝트에서 수행해야 할 기술 업무와 관리 업무가 모두 포함된 것을 볼 수 있다. 레벨 1은 전체 업무 범위를 기술하고, 레벨 2는 업무별 수행 내용을 기술한다. 아래 레벨로 내려갈수록 상위 작업을 하기 위한 하위 작업을 도출한다. 실제 프로젝트에서는 보통 레벨 6~10까지 내려갈 수 있으며 프로젝트의 특성에 따라 산출물이나 개발 단계 등 여러 가지 형태로 기술될 수 있다.

▼ 그림 3-10 전형적인 작업 분류 체계의 예

애자일 개발은 앞 절에서 언급했듯이 요구사항의 변화를 주기적으로 수용하는 점진적 개발 형태를 취한다. 그러므로 제품 백로그에는 소프트웨어와 하드웨어 등 각 업무 파트에서 수행해야 할 요구 기능을 중심으로 기술하고, 해당 기능을 수행하는 세부 작업(상세 분석과 설계, 구현, 단위 테스트 등)은 포함하지 않는다(이런 작업들은 주기적으로 수행되는 스프린트 계획에서 도출된다). 대신 프로젝트의 전체 요구사항을 구현하는 데 필요하거나 선행해야 하는 작업(프로젝트 관리와 지원, 요구 분석 등)은 기술한다. 이런 방법은 사전에 상세 분석·설계를 하지 않음으로써 나중에 발생되는 요구사항의 변경을 용이하게 할 수 있게 한다.

▼ 그림 3-11 전형적인 제품 백로그 분류 체계의 예

그림 3-11을 보면 소프트웨어나 하드웨어의 기능을 본격적으로 개발하기 전에 요구 분석 활동이 들어간 것을 볼 수 있다. 요구 분석에는 상위 수준의 업무 분석, 아키텍처 정리, 개발 표준 및 환경 수립 같은 활동들이 포함될 수 있다. 이런 작업들이 끝난 후에는 고객과 시장 가치가 높은 업무를 우선으로 개발하기 시작한다. 예를 들어 표 3-1처럼 인터넷 서점 시스템을 새로 개발한다고 생각해 보자. 시스템을 처음 개발하는 만큼 모든 것을 완벽하게 분석하고 설계해서 개발하는 것은 낭비를 초래할 수 있다. 그래서 우선 회원 관리, 도서 검색, 주문 등 기본 기능만 있는 버전 1.0 제품을 만들어 고객이나 시장의 피드백을 확인하는 것이 필요하다. 추가적인 기능은 점진적으로 개발하는 것이 좋다. 결제 기능도 무통장 입금, 계좌 이체, 신용카드, 마일리지 결제 등 여러 형태의 결제 시스템을 활용할 수 있지만 한꺼번에 개발하기보다는 점진적으로 개발한다. 하드웨어는 소프트웨어와 달리 단위 기능별로 구축하기 어려울 수 있으므로 중요 기능부터 설계해 나간다. 그런 다음 주기적

으로 시뮬레이션이나 프로토타입을 이용하여 고객과 이해관계자의 피드백을 수렴하며 개발한다.

▼ 표 3-1 인터넷 서점 시스템을 개발할 때의 제품 백로그 예

업무 구분	상위 기능(에픽)	스토리	완료 조건
요구 분석	업무 분석	업무 A 분석	
		업무 B 분석	
	아키텍처	아키텍처 검토	
		아키텍처 설계	
지원	표준	개발 표준 셋업	
	교육훈련	프레임워크 교육	
인터넷 서점 V1.0	사용자 로그인	사용자는 회원 ID와 비밀번호를 입력하여 로그인할 수 있다.	회원 ID와 비밀번호가 불일치할 때는 메시지를 표시하여 다시 입력하게 한다.
		비회원은 회원 가입 없이 1회 로그인을 할 수 있다.	
	도서 검색 (제목별, 저자별)	사용자는 제목별, 저자별로 도서를 검색할 수 있다.	• 키워드 검색이 가능해야 한다. • 검색한 결과를 리스트로 표시해야 한다.
		사용자는 선택한 책의 상세 정보(출판사, 발행일, 간단한 설명 등)를 볼 수 있다.	책의 가격, 출판사, 발행일, 책 목차, 저자 정보를 표시해야 한다.
	도서 주문	사용자는 배송지 주소를 입력하여 책을 구입할 수 있다.	비회원은 기본 정보와 배송지 정보를 입력할 수 있어야 한다.
		사용자는 검색한 도서 목록에서 원하는 도서를 장바구니에 담을 수 있다.	
		사용자는 자신의 장바구니를 조회하고 수량을 변경·삭제할 수 있다.	특정 책의 수량 조절이 가능해야 한다.
	상품 결제 (신용카드)	사용자는 신용카드(비자, 마스터)를 사용하여 결제할 수 있다.	승인 결과를 결제 화면에 표시해야 한다.

◯ 계속

업무 구분	상위 기능(에픽)	스토리	완료 조건
인터넷 서점 V1.0	회원 관리	사용자는 이름, ID, 비밀번호를 입력하여 회원 가입을 할 수 있다.	
		사용자는 회원 정보를 수정하고 탈퇴할 수 있다.	
인터넷 서점 V1.1	도서 검색 (ISBN, 출판사)	사용자는 ISBN, 출판사별로 도서를 검색할 수 있다.	키워드 검색이 가능해야 한다.
	도서 결제 (계좌 이체, 무통장 입금)	사용자는 계좌 이체로 결제할 수 있다.	계좌 이체 결과를 화면에 표시해야 한다.
	배송 상태 확인	사용자는 도서의 배송 상태를 확인할 수 있다.	배송업체의 서비스를 활용하여 배송 상태를 표시한다.
비기능	시스템은 정기 점검을 제외한 24시간, 365일 가동해야 한다.		
	인터넷 환경을 기반으로 구축하며, 웹 브라우저(IE, 크롬)를 이용하여 접근할 수 있어야 한다.		
	시스템은 최대 200명이 동시에 접근해도 처리할 수 있어야 한다.		
	단골 고객은 2분 이내에 원하는 책을 한 권 찾아서 주문을 완료할 수 있어야 한다.		

제품 백로그 구성 항목은 기본적으로 다음 내용을 포함할 수 있으며 제품 책임자 주도하에 개발팀과 협의하여 주기적으로 우선순위를 갱신한다.*

- 요구 기능과 비기능 요구사항
- 기술적 · 관리적 업무(아키텍처 수립, 하드웨어 선정과 발주, 교육훈련, 통합 테스트 등)
- 문제 해결(모듈 안정화, 사용성 개선 등)
- 수정해야 할 버그

---

* 비기능 요구사항이나 수정해야 할 버그는 제품 백로그에서 관리할 수도 있지만 프로젝트 상황에 따라 다른 문서에서도 관리할 수 있다. 제품 백로그에 이질적인 데이터들이 섞여 있으면 다소 혼란스러울 수 있기 때문이다.

3.6 사용자 스토리, 기술 스토리, 완료 조건

사용자 스토리

인터넷 서점 시스템의 제품 백로그(표 3-1 참조)에서 제품 기능을 명사 형태가 아니라 문장 형태로 기술했는데 이런 기술 방식을 사용자 스토리(user story)라고 한다. 즉, 사용자 스토리는 제품 백로그에서 기능 요구사항을 기술할 때 사용하는 방식으로, 고객과 사용자에게 가치를 줄 수 있는 기능을 서술한 것이다. 이 방식은 고객이 어떻게 사용하는지 명확하게 알려 주어 개발팀이 요구사항을 더 구체적으로 이해할 수 있게 해 준다. 사용자 스토리는 다음 형태로 작성한다.

(누가) (비즈니스 가치)를 위해 (어떤 기능)을 원한다.

- 사용자는 회원 가입을 위해 고객 이름, 주민번호, ID, 비밀번호를 입력할 수 있다.
- 교육생은 수강 신청을 위해 신청, 취소, 리스트 보기를 할 수 있다.

애자일 전문가 론 제프리(Ron Jeffries)는 사용자 스토리에 다음 세 가지 구성 요소가 필요하다고 제시한다.[22]

- 카드(card) : 스토리는 보통 포스트잇 같은 카드에 서술 형태로 기술하고, 스토리를 추정하거나 계획하는 데 활용한다.
- 대화(conversation) : 요구사항은 고객과 개발팀이 서로 대화하여 완성하고, 문서는 보충적인 요소다. 자세한 사용자 스토리 내용은 고객과 대화하여 구체화한다.
- 확인(confirmation) : 스토리를 완료했다는 것을 확인할 수 있는 완료 조건(acceptance criteria)을 기술한다.

완료 조건은 사용자 스토리의 완성 여부를 객관적으로 확인할 수 있는 조건을 기술한 것으로, 구현 결과가 제품 책임자의 기대사항과 달라지는 것을 예방하는 효과가 있다. 고객과 아무리 많은 대화를 나누었어도 완료 조건이 명확하지 않으면 서로가 다른 생각을 할 수 있기 때문이다. 제품 백로그에서 완료 조건을 작성하는 것은 매우 중요하지만 처음부터 완벽하게 작성하기는 쉽지 않다. 따라서 초기 제품 백로그에서는 개략적으로 기술하더라도 해당 스토리를 본격적으로 개발하는 스프린트 계획 미팅에서는 상세히 구체화해야 한다. 구체화한 완료 조건을 기반으로 상세 테스트 케이스를 작성할 수 있기 때문이다. 실제 프로젝트에서는 완료 조건 외에 제약 조건이나 참조사항 등을 추가로 기술하는 것이 사용자 스토리를 이해하는 데 좀 더 도움이 된다. 예를 들어 해당 사용자 스토리에서 참조할 만한 화면이나 웹사이트가 있다면 기술한다.

기술 스토리

기술 스토리(technical story)는 제품 백로그 항목 중의 하나로 사용자 스토리를 지원하는 기술적·관리적 업무를 서술할 때 사용한다. 형식은 따로 없지만 고객이 이해할 수 있는 수준으로 작성한다. 보통 다음과 같은 활동을 포함할 수 있다.

- 요구 분석과 아키텍처, 도구 셋업 등 기술적인 활동
- 비기능 요구사항과 인프라 시스템 개선 활동
- 코드 리뷰, 리팩토링, 인스펙션 등 품질 개선 활동
- 버그 수정, 모듈 안정화, 사용성 개선 활동

사용자 스토리는 고객과 제품 책임자가 중심이 되어 도출한다면 기술 스토리는 개발팀이 중심이 되어 도출한다. 사용자 스토리와 기술 스토리 두 가지는 제품 백로그를 구성하는 항목으로 투입공수와 일정, 비용을 추정하는 기준이 된다.

> **참고**
>
> 제품 백로그를 작성할 때 완료 조건을 기술하면 고객뿐만 아니라 관리자와 팀원 간의 갈등을 예방하는 데도 매우 유용하다. 많은 개발팀에서 업무 수행 결과에 관리자와 팀원 간의 의견이 서로 달라 갈등이 발생하곤 한다. 즉, 각자 생각하는 내용이 틀린 것이다. 하지만 완료 조건을 기술하면 관리자와 팀원의 생각을 일치시킴으로써 개발 결과에 이견을 좁힐 수 있다.

3.7 제품 백로그 작성 지침

애자일 전문가 마이크 콘(Mike Cohn)은 좋은 사용자 스토리를 작성하는 데 필요한 지침 여섯 가지를 제시한 바 있다.[23] 이 지침은 사용자 스토리와 기술 스토리 모두에 해당한다.

1. 상호 독립적이어야 한다(Independent)

스토리 간에 의존성이 있으면 추정이나 우선순위를 선정할 때 문제가 될 수 있다. 예를 들어 두 가지 사용자 스토리를 구현할 때 공통된 작업 요소가 있다면 공통된 작업에서 이중으로 추정하게 된다. 이때는 스토리 하나에만 포함하고, 다른 스토리는 그것을 활용하는 것으로 가정한다.

2. 변경이 가능해야 한다(Negotiable)

사용자 스토리는 요구사항 정의서처럼 필수 구현사항을 기록한 것이 아니므로 개발 과정에서 얼마든지 변경이 가능해야 한다. 처음에 너무 상세하게 기술할 필요가 없다. 실제로 구현할 때 필요한 세부 내용은 해당 스프린트 계획 미팅에서 도출하면 된다.

3. 사용자와 고객에게 가치가 있어야 한다(Valuable)

사용자 스토리는 사용자나 고객에게 가치 있는 아이템이어야 하고 고객이 이해할 수 있는 언어로 작성해야 한다. 개발팀만 아는 용어로 작성한 사용자 스토리는 고객이 이해하기 어렵다. 예를 들어 '공통 클래스를 이용하여 모든 에러를 처리하고 로그를 생성해야 한다'는 스토리에 어떤 가치가 있는지 사용자는 파악하기가 어렵다. 이때는 '사용자는 일관된 형태로 모든 에러 메시지를 확인할 수 있다'는 형태로 바꾸는 것이 좋다.

4. 추정이 가능해야 한다(Estimable)

사용자 스토리로 개발 규모와 투입공수 등을 추정할 수 있어야 한다. 에픽이나 피처*처럼 덩어리가 큰 요구사항은 추정이 어려울 수 있으므로 좀 더 분할해야 한다. 개발팀원의 경험이 부족하여 추정하기가 어렵다면 경험이 많은 다른 팀이나 외부 인력을 추정에 참여시키는 것이 좋다.

5. 크기가 적절해야 한다(Small)

사용자 스토리는 규모가 너무 크면 추정이 어렵고, 너무 작으면 개수가 늘어나 관리 노력이 가중된다. 따라서 스프린트 기간 안에 완료할 수 있는 수준으로 쪼개거나 합하는 것이 좋다. 프로젝트 상황에 따라 다를 수 있지만 1~2주일 이내에 수행할 수 있는 크기로 나누는 것을 권장한다.

6. 테스트가 가능해야 한다(Testable)

스토리를 너무 개념적으로 기술하면 테스트 케이스를 작성할 수 없으므로 테스트가 가능한 수준으로 기술해야 한다. 예를 들어 '사용자는 도서를 쉽게 주문할 수 있어야 한다'는 스토리로 기술했을 때는 테스트가 곤란하다. 이때는 '단골 고객은 2분 이내에 원하는 책을 한 권 찾아서 주문을 완료할 수 있어야 한다'는 형태로 작성하는 것이 좋다.

---

* 프로젝트에서 사용자 스토리를 도출할 때 처음에는 시스템의 주요 기능들을 나누고 각 기능별로 사용자 스토리를 작성하는 것이 효율적이다. 에픽(epic)이나 피처(feature)는 사용자 스토리의 상위 기능 개념을 의미하며 몇 개의 스토리로 나뉠 수 있는 기능이나 덩어리가 큰 사용자 스토리를 일컫는다.

3.8 제품 백로그 vs. 작업 분류 체계(WBS)

제품 백로그와 작업 분류 체계의 공통점은 프로젝트 업무 범위를 식별하고 향후 일정과 비용 관리의 기준이 되는 것이다. 하지만 다음 두 가지 면에서 차이가 있다.

첫째, 작업 분류 체계가 단순히 프로젝트에서 해야 할 업무를 분할한 수준에서 머물러 있다면 제품 백로그는 업무를 분할할 뿐만 아니라 우선순위도 설정되어 있다. 즉, 우선순위가 높은 기능은 제품 백로그 위에, 낮은 기능은 제품 백로그 아래에 위치한다. 변경사항은 주기적으로 우선순위화 작업을 거쳐 제품 백로그에 반영되고, 매 스프린트를 시작하기 전에 제품 책임자가 갱신한다. 반면에 작업 분류 체계는 주기적으로 갱신하기는 하지만 작업들의 우선순위 개념은 없다. 작업의 우선순위는 각 항목의 선·후행 관계를 고려한 PERT/CPM 차트에서 결정한다(그림 3-12 참조).

▼ 그림 3-12 작업 분류 체계에 근거한 PERT/CPM 일정 계획

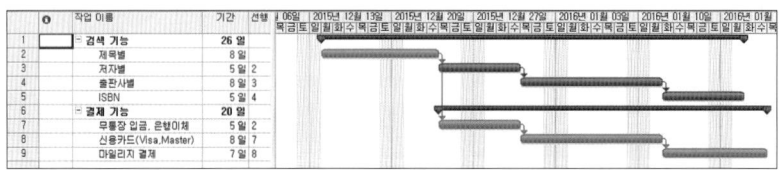

둘째, 작업 분류 체계가 기능을 구현하는 작업 중심으로 작성되어 있다면 제품 백로그는 사용자와 기술 스토리 중심으로 작성되어 있다. 애자일에서도 사용자 스토리를 구현하는 실무 작업(설계와 구현, 단위 테스트 등)이 필요하다. 하지만 이 작업들은 제품 백로그에 포함하지 않고 스프린트 계획 미팅에서 도출한다. 이 미팅에서 도출하는 작업들을 스프린트 백로그라고 하는데 애자일은 스토리 중심의 제품 백로그와 이를 구현하는 작업 중심의 스프린트 백로그로 이원화하여 관리한다.

나는 실제 애자일 프로젝트에서 '작업 분류 체계' 또는 '제품 백로그' 등 어떤 용어를 사용해도 크게 상관없다고 생각한다. 조직에서 익숙한 용어를 사용하는 것이 혼란을 줄일 수 있기 때문이다. 조직에서 '작업 분류 체계'라는 용어에 익숙하다면 제품 백로그를 '상위 WBS', 스프린트 백로그를 '상세 WBS'로 구분해서 관리하면 된다.

> ☆ 참고
>
> 전통적 프로젝트를 진행할 때 대다수 관리자는 작업 분류 체계 중심으로 관리하고, 개발팀은 요구사항 중심으로 업무를 수행한다. 이런 형태는 관리자가 사용하는 관리 도구와 개발팀이 사용하는 개발 도구를 이원화하여 개발팀에 많은 업무로드로 작용해 왔다. 예를 들어 개발팀은 진행 상황을 프로젝트 관리 도구와 요구사항 관리 도구에 모두 업데이트해야 한다. 하지만 애자일 개발에서는 요구사항과 작업 분류 체계를 일원화할 수 있어 프로젝트 관리 노력이 그만큼 줄어든다.

> ☆ 참고
>
> 제품 백로그에 이슈, 리스크 같은 항목도 포함하여 관리할 수 있다. 하지만 성격이 다른 데이터가 한곳에 모여 있으면 오히려 복잡하므로 이슈와 리스크 목록 등은 별도로 관리하는 것이 바람직하다.

3.9 개발 규모 추정과 스토리 점수

새로운 건물을 짓는다고 생각해 보자. 건물을 짓기 전에는 먼저 어느 정도의 규모로 지을 것인지 결정해야 한다. 그래야 건물을 짓는 데 들어가는 예산과 일정을 예측할 수 있다. 건물의 규모는 보통 총면적(m^2)을 기준으로 표시되는데 이를 바탕으로 건물의 총면적과 m^2당 가격을 적용하면 손쉽게 개략적인 건축 비용을 계산할 수 있다. 예를 들어 총면적이 1,000m^2인 5층짜리 상가 건물을 짓는다면 다음과 같이 건축비를 추정할 수 있다.

2,000,000원/㎡(상가 평균 건축비)×1,000㎡ = 2,000,000,000원

이렇게 규모를 기준으로 예산을 추정하는 방식은 기초 공사나 골조 공사 같은 개별 공사 비용을 추정하는 것보다 쉽고 빠르게 할 수 있다. 소프트웨어 프로젝트 또한 이와 유사하게 적용할 수가 있다. 소프트웨어의 규모를 측정하는 단위로는 소프트웨어 특성에 따라 LOC(Line Of Code), FP(Function Point), 단위 화면, 웹페이지, 클래스 등이 사용되어 왔다. 이 단위들은 이미 개발된 시스템의 규모를 측정하는 데는 문제가 없지만 요구사항이 불명확한 프로젝트 초기에는 사용하기가 매우 어렵다. 개략적인 요구사항만으로 LOC나 FP를 추정하기가 쉽지 않기 때문이다. 그래서 많은 개발팀에서는 할 수 없이 투입공수(Man-Days)를 기반으로 일정과 비용을 추정했다. 비슷한 요구사항을 개발한 경험이 있는 엔지니어는 비교적 쉽게 투입공수를 예측할 수 있기 때문이다.

애자일 개발에서는 이런 소프트웨어 규모 추정 문제를 해결하고자 스토리 점수(story point)를 도입한다. 스토리 점수는 요구사항의 규모를 측정하는 단위로 요구사항에 대한 크기(size), 즉 복잡도를 감안한 업무량(amount of works)을 의미한다. 요구사항의 스토리 점수가 높다면 그만큼 같은 사람이 했을 때 투입공수가 많이 들어간다고 생각하면 된다. 스토리 점수를 추정할 때는 상대적(relative) 개념을 사용하는데 다음 예를 살펴보자. 동물원에 있는 사자, 코끼리, 노루, 코뿔소를 잠시 떠올려 보라. 누군가 여러분에게 이 동물들의 무게가 각각 얼마인지를 물어본다면 쉽게 대답하기 어려울 것이다. 측정해 보지 않았으니 무게를 정확히 알 수 없기 때문이다. 하지만 어떤 동물이 상대적으로 더 무거운지는 예측할 수 있다. 무게가 적게 나가는 순서대로 나열하

면 노루, 사자, 코뿔소, 코끼리일 것이다. 여기서 노루의 무게를 1이라고 가정하고 상대적으로 사자가 노루의 몇 배인지 추정해 보자. 사람마다 생각이 다를 수 있지만 사자가 노루보다 5배 정도 더 무겁다고 가정한다면 5점을 줄 수 있다. 마찬가지로 코뿔소는 사자보다는 무겁기에 노루보다 8배 더 무겁다고 가정한다면 8점, 코끼리는 이보다 더 무거우므로 13점을 줄 수 있다. 여기서 측정한 값은 노루를 기준으로 상대적으로 비교한 값이지 동물의 정확한 무게는 아니다. 노루의 평균 무게를 알고 있다면 다른 동물의 무게는 각 점수를 곱하여 개략적으로 추정할 수 있다.

▼ 그림 3-13 동물 간의 상대적인 비교 점수

스토리 점수는 이런 상대적 개념을 사용하여 전체 스토리 중에서 투입노력이 가장 적게 드는 스토리를 기준으로 잡는다.

▼ 표 3-2 제품 백로그 예

업무 구분	상위 기능(에픽)	ID	스토리	스토리 점수
인터넷 서점 V1.0	사용자 로그인	A1	사용자는 회원 ID와 비밀번호를 입력하고 로그인할 수 있다.	2
		A2	비회원은 회원 가입 없이 1회 로그인을 할 수 있다.	1
	도서 검색 (제목별, 저자별)	A3	사용자는 제목별, 저자별로 도서를 검색할 수 있다.	3
		A4	사용자는 선택한 책의 상세 정보(출판사, 발행일, 간단한 설명 등)를 볼 수 있다.	2
	도서 주문	A5	사용자는 배송지 주소를 입력하여 책을 구입할 수 있다.	2
		A6	사용자는 검색한 도서 목록에서 원하는 도서를 장바구니에 담을 수 있다.	3
		A7	사용자는 자신의 장바구니를 조회하고 수량을 변경·삭제할 수 있다.	2

예를 들어 표 3-2의 제품 백로그에서 A2 스토리를 구현하는 투입공수가 가장 적다면 이를 1점으로 설정한다. 이때 1점에 해당하는 평균 투입공수를 추정해 놓으면 좋다. 평균 투입공수는 팀에서 역량이 중간 정도인 사람이 사용자 스토리를 구현할 때 소요되는 이상적 작업 일수를 의미한다*(이상적 작업 일수는 디자인, 설계, 구축, 테스트하는 작업을 포함한 일수를 의미하며 대기 시간은 제외한다). 1점당 평균 투입공수를 추정해 놓으면 1점짜리 스토리에 어느 정도의 투입노력이 들어가는지 서로 공감대를 형성할 수 있다.

---

* 평균 투입공수를 추정하는 이유는 가장 잘하는 사람을 기준으로 하면 업무를 수행하는 전체 투입공수가 부족하기 때문이다. 잘하는 사람을 기준으로 투입공수를 추정하면 최적의 투입공수가 나오겠지만 개발팀에는 잘하는 사람만 있지는 않으므로 중간 값을 설정하는 것이다. 잘하는 사람은 조금 빨리 끝내고 못하는 사람은 조금 늦게 끝내니 평균값으로 수렴한다.

기준인 A2 스토리와 비교해 다른 스토리에 상대적인 점수를 부여한다

직관적으로 보았을 때, A1 스토리를 구현하는 데 들어가야 할 투입공수가 A2에 비해 2배 정도 더 필요할 것 같다면 2점을 준다. 마찬가지로 A3 스토리도 기준이 되는 A2 스토리 점수와 비교해서 3점을 줄 수 있다. 이때 정확한 투입공수를 추정하려고 하지 말고 상대적으로 비교하여 추정해야 한다. 스토리 점수는 스토리의 규모를 추정하려는 것이지 공수를 추정하려는 것은 아니기 때문이다. 그리고 추정하기 어려운 스토리는 건너뛰고 쉬운 것부터 추정해 나가는 것이 좋다. 그렇게 하다 보면 일관성 있게 몇몇 스토리를 정할 수 있는데 그 스토리들을 기준으로 삼으면 된다.

비교하기 어려운 스토리가 발생하면 평균 투입공수를 추정하고 스토리 점수와 환산하는 것도 방법이다. 예를 들어 사용자 스토리와 기술 스토리는 이질적인 내용이라 상대적으로 비교하기가 쉽지 않다. 이때는 평균 투입공수를 추정하고 스토리 점수로 환산하여 결정한다.

스토리 간에 규모의 일관성을 유지하는지 점검하고 필요하다면 다시 추정한다

예를 들어 A5와 A6 스토리를 처음에는 2점과 3점으로 예측했지만 나중에 점검하거나 개발할 때 보니 규모를 너무 적게 예측했다는 것을 알았다면 점수를 수정할 수 있다(물론 수정하지 않아도 상관없지만 개발 성과를 정량적으로 파악하고 싶다면 수정하는 것이 좋다).

애자일 개발에서 스토리 점수는 다음 세 가지 면에서 프로젝트 계획에 효과적으로 활용할 수 있다. 첫째, 스토리 점수를 활용하여 전체 투입공수와 일정을 추정할 수 있다. 예를 들어 제품 백로그의 스토리 점수 합이 80점이고 1점당 환산되는 평균 투입공수가 3MD라고 가정하면 전체 투입공수는 240MD로 추정할 수 있다. 둘째, 프로젝트 예산을 추정할 수 있다. 예를 들어 MD 단가가 100만 원이고 3MD가 1점에 해당한다면 1점당 비용이 300

만 원 들어간다고 생각할 수 있다. 이렇게 단위 점수당 금액을 가정하여 프로젝트 예산을 개략적으로 추정할 수 있다. 셋째, 프로젝트의 생산성 지표로 활용된다. 현재 시점에서 1점을 완료하는 데 3MD가 소요되지만 나중에 팀의 업무 효율이 높아지면 1점을 완료하는 데 2.5MD가 될 수 있다. 보통 팀의 역량이 높을수록 스토리 점수당 평균 투입공수는 낮아진다.

스토리 점수의 일관성 유지

스토리 점수와 투입공수는 다른 개념이다. 투입공수는 순수하게 해당 요구사항을 수행했을 때 소요되는 노력(Man-Days 또는 Man-Hours)이다. 프로젝트에서 스토리의 규모는 변하지 않지만 투입공수는 누가 하느냐에 따라 달라질 수 있다. 따라서 스토리 점수를 일관성 있게 유지하려면 반드시 상대평가를 하여 추정해야만 한다.

예를 들어 스토리 점수가 같은 A 스토리와 B 스토리를 생각해 보자. 점수가 같다면 평균 투입공수도 같다고 생각할 수 있지만 시간의 흐름에 따라 공수는 달라질 수 있다. 예를 들어 A 스토리를 구현하는 데 5MD를 소요했다면 B 스토리는 A 스토리를 수행한 경험이 있으므로 3MD 정도면 구현할 수 있다. 프로젝트에서 스토리 점수를 추정할 때는 평균 투입공수를 스토리 점수와 동일하게 가져갈 수도 있지만 나중에 새롭게 발생하는 스토리는 기준이 되는 스토리와 상대 비교를 해야 일관성을 유지할 수 있다.

> **참고**
>
> 기준이 되는 몇 개의 스토리를 화이트보드에 붙여 놓으면 스토리 점수를 쉽게 추정할 수 있다. 1점, 3점, 5점짜리 스토리를 바로 눈앞에서 참조하면 다른 스토리의 점수를 쉽게 매길 수 있다. 또 평균 투입공수와 스토리 점수를 동일하게 가져갈 수도 있다. 즉, 1MD를 1점으로 가정하는 것이다. 이때 환산하는 절차 없이 평균 투입공수와 스토리 점수를 동시에 계산할 수 있지만 사람들이 평균 투입공수와 스토리 점수를 동일한 개념으로 인식할 수 있으므로 주의한다.

> **참고**
> 스토리 점수를 생산성 지표로 활용할 때는 순수하게 해당 팀의 프로세스 개선지표로만 활용하는 것이 좋다. 팀 간의 경쟁을 유도하는 성과지표로 활용하면 팀원이 성과를 높이려고 의도적으로 값을 부풀릴 수 있기 때문이다. 그리고 스토리 점수는 팀마다 기준이 되는 스토리 규모가 다를 수 있기 때문에 동일한 기준으로 평가하기가 곤란하다.

3.10 애자일 추정 기법과 플래닝 포커

전통적 프로젝트에서 작업 분류 체계를 기준으로 프로젝트 전체 예산과 일정을 추정한다면 애자일에서는 제품 백로그를 기준으로 수행한다. 추정 기법에는 유사 추정(analogous estimating), 매개변수 추정(parametric estimating), 전문가 추정(expert judgement) 등 다양한 기법들이 존재한다. 이런 기법은 애자일 개발에서도 그대로 활용할 수 있는데 이 책에서는 애자일 프로젝트에서 활용할 수 있는 기법 위주로 설명하겠다.

유사 추정

유사 추정은 과거에 수행했던 유사 프로젝트의 규모, 일정, 비용, 투입공수, 복잡도 등 다양한 정보를 기반으로 프로젝트를 추정하는 기법이다. 신규 프로젝트의 일정이나 비용, 공수를 개략적으로 추정할 때 많이 활용한다. IT 프로젝트에서는 규모를 기준으로 전체 비용이나 공수, 기간을 추정할 수 있고, 개발 복잡도를 고려한 조정계수를 활용하여 추정 정확도를 높일 수 있다. 예를 들어 새롭게 시작하는 프로젝트의 투입공수를 예측해야 한다고 생각해 보자. 전체 스토리 점수를 추정하니 200SP(Story Point)가 나왔다. 그런데 과거에 수행했던 유사 프로젝트의 생산성 자료를 찾아보니 1SP당 2Man-Days였다. 과거에 수행한 경험이 있기에 이 프로젝트에서는 개발

공수가 20% 정도 적게 들어갈 수 있다고 판단할 수 있다. 이때 전체 프로젝트에 들어가는 투입공수는 다음과 같이 계산할 수 있다.

2Man-Days/SP * 200SP * 0.8(복잡도 계수) = 320Man-Days

과거에 수행한 프로젝트 정보만 잘 정리되어 있다면 이런 방식으로 일정이나 비용을 쉽게 추정할 수 있다. 보통 조직에서는 과거에 수행한 프로젝트의 정보를 데이터베이스화하여 많이 구축하는데 예는 표 3-3과 같다.

▼ 표 3-3 프로젝트 정보를 데이터베이스화한 예

프로젝트 이름	개발 특성	크기	기간 (개월)	투입공수 (Man-Months)	생산성 (규모/투입공수)
프로젝트 A	보고서 개발	80화면	4	16	5
프로젝트 B	닷넷 개발	300FP	4	21	14.3
프로젝트 C	닷넷 개발	400SP	5	25	16
프로젝트 D	프레임워크 개선	250SP	4	18	13.8

전문가 추정

전문가 추정은 업무 수행에 경험이 있는 전문가들이 참여하여 프로젝트에 미치는 다양한 요인을 종합적으로 고려하여 추정하는 기법이다. 이 기법은 개별 추정 기법과 집단 추정 기법으로 나눌 수 있다. 개별 추정은 경험 있는 전문가가 단독으로 추정하는 기법으로, 대다수 프로젝트에서 많이 활용한다. 예를 들어 조직에 경험이 있는 몇 명의 개발 리더가 모여서 각자 분야의 일정과 비용을 단독으로 추정하는 형태다. 이 기법은 쉽고 빠르기 때문에 널리 활용되고 있지만 개인의 편견이나 경험의 한계로 추정 값의 신뢰성이 매우 떨어진다. 그래서 최근에는 다수의 전문가가 크로스 견적을 수행하는 집단 추정 기법을 더 많이 활용하며, 신뢰성 또한 높다. 집단 추정 방법으로 명목진단법(NGT, Nominal Group Technique), 와이드밴드 델파이(Wideband Delphi) 기법 등이 있지만 국내에서는 사용이 번거로워 그다지 성공적으로 적용하지는 못했다. 애자일에서는 와이드밴드 델파이 기법을 변형한 형태인 플래닝 포커 기법을 많이 활용하는데 와이드밴드 델파이 기법보다 훨씬 간편하게 사용할 수 있다.

플래닝 포커 기법

플래닝 포커(planning poker) 기법은 애자일 개발에서 가장 많이 사용하는 추정 기법 중의 하나다. 크게 착수 준비와 추정 대상 토론, 추정 수행 단계로 구분할 수 있다.

(1) 착수 준비

플래닝 포커 기법을 진행할 사람을 선정하고, 추정에 참여할 사람들을 모은다. 추정에는 개발팀 전원이 참여하는 것이 좋지만 전원 참석이 불가능하거나 비효율적이라고 느껴질 때는 주요 팀원만 참여해도 무방하다. 다만 팀 내에 전문가가 없을 때는 외부에서 전문가를 데려올 수 있다. 진행자는 이 기법에 경험이 있고 사람들 간의 의견을 중재하는 데 능숙한 사람을 선정하는 것이 좋다. 팀장이나 상급 관리자가 주도할 때는 팀원에게 자신의 의견을 강요할 수 있기 때문에 주의가 필요하다. 요구 기능을 설명할 제품 책임자나 고객도 추정에 참여한다. 플래닝 포커는 카드 형태로 준비하거나 스마트폰 애플리케이션을 활용한다.

▼ 그림 3-14 플래닝 포커 예[24]

(2) 추정 대상 토론

참석자가 모두 모이면 진행자는 플래닝 포커 기법을 참석자에게 설명한다. 제품 책임자는 개발할 요구 기능의 범위와 제약사항, 완료 조건 등을 설명하고 개발팀은 궁금한 점을 질의한다. 이런 토론 과정을 통해서 서로 개발해야 할 기능과 업무 범위를 충분히 이해할 수 있어야 한다.

(3) 추정 수행

참석자는 자신의 경험을 바탕으로 스토리에 대한 추정을 수행한다. 추정 방법은 다음과 같다. 동일한 스토리에 대해서 각자 추정 값을 동시에 제시한 후 가장 작은 값과 가장 큰 값을 제시한 사람이 추정 근거를 말한다. 사람들은 각각의 주장을 들으면서 자신의 생각을 정리한다. 그리고 다시 두 번째 추정 활동을 통해서 자신이 생각한 값을 제시한다. 이렇게 두세 번 반복하다 보면 서로의 견해를 좁힐 수 있어 가장 적절한 값이 채택된다. 표 3-4에서 A 스토리를 추정할 때 1라운드에서 가장 큰 값과 가장 작은 값의 차이는 11(=13-2)이지만 2라운드에서는 3(=8-5)으로 차이가 좁혀진다.

▼ 표 3-4 플래닝 포커를 활용한 스토리 점수 추정 예

구분	라운드	이민우	김민서	박서영	남진우	장민석	추정 값
A 스토리	1라운드	8	8	2	5	13	8
	2라운드	8	8	5	8	8	
B 스토리	1라운드	2	3	20	5	8	13
	2라운드	3	5	13	8	8	
	3라운드	8	8	13	13	13	

보통은 1라운드에서 서로 생각하는 범위가 달라 차이가 크다. 하지만 토론을 통해서 이런 차이는 점차 좁혀지게 된다. 보통 세 번 이상 할 필요는 없고, 만장일치가 되지 않을 때는 과반수가 동의한 값을 선택한다. 2~3라운

드를 했는데도 값 차이가 줄어들지 않는다면 건너뛰고 다른 항목부터 진행하는 것이 좋다. 해당 항목 정보가 불충분하면 서로 생각하는 가정 자체가 많이 다르기 때문이다. 다른 스토리를 진행하다 보면 자연스럽게 이견이 좁혀진다. 이때 진행자는 참석자 간에 불필요한 논쟁이 생기지 않도록 잘 이끌어 가야 한다. 그림 3-15는 플래닝 포커를 활용한 추정 절차를 요약한 것이다.

▼ 그림 3-15 플래닝 포커 기법의 추정 절차

착수 준비	• 진행자를 선정한다. • 추정에 전문가를 참여시킨다. • 플래닝 포커를 준비한다.
추정 대상 토론	• 진행자는 추정 방법을 설명하고 서기를 선정한다. • 제품 책임자는 개발 전문가에게 요구 기능을 설명한다. • 개발 전문가는 질문 및 토론한다. • 서기는 업무 범위와 제약사항을 기록한다.
추정 수행	• 개발 전문가는 각자 추정 값을 적은 카드를 제시한다. • 가장 작은 추정 값과 가장 큰 추정 값을 낸 사람이 이유를 설명하고 토론한다. 이때 가정과 제약사항을 기록한다. • 각자 새로운 추정 값을 제시하고 차이가 줄어들 때까지 지속한다.

플래닝 포커에서는 보통 두 가지 숫자 집합을 사용하지만 실무에서는 피보나치 수열을 많이 사용한다.

- 피보나치 수열 : 1, 2, 3, 5, 8, 13, 21(20), 40, 60
- 2의 제곱 : 1, 2, 4, 8, 16, 32

피보나치 수열은 자연에서 많이 나타나는 값의 형태다. 애자일에서 이 수열을 선택한 이유는 스토리 점수와 투입공수 추정에 잘 들어맞기 때문이다. 예를 들어 1~3MD가 소요되는 요구사항을 추정할 때는 비교적 정확하게 예측할 수 있지만 3MD를 초과하는 요구사항은 예측이 쉽지 않다. 어떤 요구사항에서 투입공수가 3MD를 넘어선다고 예측된다면 그것은 4MD보다는 5MD가 될 확률이 높다. 그리고 5MD를 초과한다면 해당 요구사항은 6~7MD보다는 8MD가 될 확률이 높다. 이는 요구사항의 규모가 커질수록 불확실성도 커지기 때문이다. 또 피보나치 수열은 선택할 수 있는 숫자가 적어서 추정자 간의 합의를 쉽게 이끌어 낼 수 있다. 어떤 스토리의 점수를 6이나 7로 볼 것인지를 두고 다툰다면 견해 차이는 좀처럼 좁히지 않을 것이다. 그래서 6~7을 생각하는 사람은 5를 넘어서는 숫자가 8밖에 없으므로 8을 선택하면 간단하다.

플래닝 포커는 기존 추정 기법과 몇 가지 다른 특징을 가지고 있다. 첫째, 프로젝트 참여자가 함께 토론함으로써 업무 이해도가 향상된다. 처음에는 구성원의 경험이 달라 서로 다른 추정 값을 제시할 수 있다. 하지만 다 같이 토론하다 보면 자신이 알지 못했던 새로운 생각을 접하게 되어 업무 이해도가 향상된다. 둘째, 다양한 전문가의 경험을 하나로 수렴한다. 분석가, 소프트웨어 개발자, 하드웨어 전문가, 디자이너 등 개별 전문가는 각자의 영역에서만 요구사항을 바라본다. 하지만 이런 토론 과정을 거치면 다양한 영역을 종합적으로 바라볼 수 있는 눈이 생긴다. 셋째, 추정 과정이 쉽고 재미있다. 소수의 리더만 독립적으로 프로젝트 추정 작업을 하면 그 중요성에도 작업은 재미없고 따분하게 느껴지기 쉽다. 하지만 플래닝 포커는 카드 게임 요소가 가미되어 재미를 느낄 수 있다. 나는 여러 해 동안 플래닝 포커 기법을 알려 주고 적용해 왔지만 재미없다고 생각한 사람을 본 적이 없다(그만큼 제대로만 사용하면 재미있게 적용할 수 있다).

> ★ 참고
>
> 플래닝 포커는 카드와 스마트폰 애플리케이션 형태로 활용할 수 있다. 카드는 별도로 구입해야 하지만 애플리케이션은 스마트폰에 무료로 다운로드할 수 있다. 애플리케이션이 휴대하기에는 좋지만 재미로 따진다면 손으로 느낄 수 있는 카드가 제격이다.

> ★ 참고
>
> 플래닝 포커 기법을 싫어하는 사람도 있다. 팀에서 서로 독립된 업무를 수행하다 보면 상대방 업무를 이해하지 못하기 때문에 이 기법을 사용하는 것이 의미가 없다고 생각한다. 이때는 억지로 사용할 필요가 없으니 팀원과 합리적인 추정 방법을 토론해 보라.

3.11 가치 점수와 요구사항 우선순위

프로젝트에서 요구사항 우선순위를 선정하는 것이 별로 의미 없다고 생각하는 사람들도 있다. 업무 범위에서 고객이 요구하면 어차피 다 개발해야 하는데 그것이 무슨 의미가 있느냐는 것이다. 물론 프로젝트 일정과 비용이 넉넉하다면 굳이 우선순위를 선정할 필요는 없을 것이다. 단순히 업무의 선·후행 관계만 따지면 된다. 하지만 일정이 제한된 프로젝트에서는 비록 업무 범위에 있을지라도 모든 요구사항을 다 개발할 수는 없다. 우선순위가 낮은 요구사항을 개발하느라 시간을 많이 소비한다면 최종 제품은 완성하지 못한 채 마감할 수밖에 없을 것이다. 애자일 개발에서는 고객에게 가치 있는 제품을 빠르게 전달하는 것을 기본 목표로 삼는다. 이렇게 하려면 고객이 가장 원하는 기능과 나중에 개발할 기능을 구분하여 순위를 매길 필요가 있다.

애자일 개발에서 우선순위를 선정하는 방법은 크게 다음 세 가지로 나눌 수 있다.

첫째, 우선순위를 네 가지 기준으로 분류하는 MosCow 방법이다. 이 방법은 요구사항을 단순하게 분류할 때 사용할 수 있는데 다음 네 가지 기준에 따라 분류한다.

- 필수(must have) : 시스템 필수사항. 법적 또는 비즈니스 가치 전달, 시스템 안정에 필수적인 기능
- 중요(should have) : 유용하고 중요하지만 필수사항은 아니다. 경영자 기대사항, 효율성 향상, 차선책이 있는 기능
- 선택(could have) : 다음 릴리스로 넘겨도 크게 문제가 없는 사항
- 보류(won't have this time) : 이번 릴리스에 포함하지 않기로 결정한 사항

▼ 그림 3-16 요구사항 우선순위 예

둘째, 가치 점수를 활용한 방법이다. 대다수 프로젝트에서는 필수이거나 중요한 요구 기능이 70~80%일 때가 많다. 이때는 단순한 분류 기법만으로 우선순위를 선정하기가 어렵다. 가치 점수(value point)는 이런 상황에서 유용하게 사용할 수 있는 개념이다. 가치 점수는 스토리 점수와 유사하게 요구 기능 간에 상대적 가치를 평가하여 결정한다. 전체 스토리 중에서 가장 비즈니스 가치가 낮다고 생각하는 기능을 1로 정하고 나머지는 상대 비교로 결정한다. 가치 점수를 결정하는 주체는 제품 책임자 또는 고객이 중심이 되어 주요 개발팀원과 협의하여 결정한다. 요구 기능 E를 기준으로 다른 기능들을 상대 비교한 값은 표 3-5와 같다.

가치 점수는 사람들의 관점이 서로 달라서 스토리 점수와는 달리 서로 간의 합의를 이끌어 내기가 쉽지 않다. 가치 점수를 부여할 때는 1, 2, 3, 5, 8, 13 등 5~6개 정도의 영역을 설정한 후 시작하면 좋다. 합의되지 않는 스토리는 빨리 넘어가고 합의한 스토리부터 먼저 결정한다. 이렇게 하다 보면 점수가 결정된 스토리들을 보고 상대 비교하여 쉽게 점수를 정할 수 있다. 가치 점수는 이렇게 우선순위를 선정하는 용도로도 활용하지만 고객 가치를 빠르게 전달하려는 애자일 개발의 목표를 정량화할 수 있는 수단으로도 활용할 수 있다. 예를 들어 모든 스토리에 가치 점수를 부여하면 개발팀은 스프린트 단위로 전달하는 고객 가치를 정량화하여 보여 줄 수가 있다.

셋째, 우선순위는 이렇게 가치 점수만으로도 선정할 수 있지만 **가치 점수와 스토리 점수를 함께 고려하면 더욱 효과적으로 우선순위를 선정할 수도 있다.** 표 3-5처럼 가치 점수를 스토리 점수로 나누면 투입노력 대비 가치가 높은 것을 기준으로 우선순위를 선정할 수 있다. 스토리 점수는 업무량에 해당하므로 비용과 연관이 있기 때문이다. 이 방식으로 우선순위를 선정하면 요구 기능 E가 투입노력 대비 가치가 가장 높다고 할 수 있다. 일반적으로 요구사항 우선순위는 제품 책임자가 직관적으로 선정할 수도 있지만 개인의 판단에는 여러 오류가 발생할 수 있으므로 다수가 참여하는 플래닝 포커 기법을 사용하는 것이 좋다. 개발팀에서 처음으로 가치 점수를 도입할 때는 이것이 어렵고 불필요하다고 느낄 수도 있다. 하지만 가치 점수는 구성원이 제품 개발 목적을 더욱 잘 이해할 수 있게 하고 경영진이나 제품 책임자가 편견에 빠지는 것을 방지해 주는 효과가 있다.

▼ 표 3-5 가치 점수와 스토리 점수를 고려한 우선순위 선정 예

항목	스토리 점수	가치 점수	우선순위
요구 기능 A	2	5	2.5
요구 기능 B	5	5	1.0
요구 기능 C	8	3	0.4
요구 기능 D	3	1	0.3
요구 기능 E	1	5	5.0
요구 기능 F	5	13	2.6

☆ 참고

수백 개가 넘는 스토리에 가치 점수를 부여하는 일은 많은 시간이 소요된다. 따라서 실제 가치 점수의 활용 목적과 범위를 명확히 하고 적용해야 한다. 예를 들어 중요 기능이나 선택 기능에만 할 수도 있고, 에픽 레벨에서 우선순위를 선정할 수도 있다. 또 여러 비즈니스 부서에서 동시에 여러 요구사항을 의뢰하는 상황이라면 가치 점수를 추정하여 우선순위를 선정할 수 있다.

3.12 요구사항 관리 전략

애자일 개발에서 요구사항 관리 전략은 사업 특성에 따라 업무 범위가 다소 유동적인 프로젝트와 거의 고정된 프로젝트로 구분할 수 있다. 전자는 개발 목표가 있지만 범위가 다소 유연한 신제품이나 서비스 개발일 것이고, 후자는 업무 내용을 고객이 이미 확정한 외주 개발일 때가 많을 것이다.

업무 범위가 유동적인 프로젝트

이런 프로젝트에서 요구사항 관리는 스프린트 단위로 변경된 요구를 적극 수용하면서 이를 제품 백로그에 반영하는 전략을 취한다. 초기 제품 백로그는 그야말로 초기 계획일 뿐이며 프로젝트 진행에 따라 내부 스토리들은 언제든지 갱신할 수 있다는 것을 전제로 한다. 스프린트 리뷰가 끝나면 여러 가지 요구 변경과 추가사항이 발생하는데 제품 책임자와 개발팀은 서로 협의하여 그림 3-17처럼 제품 백로그에 이를 반영한다. 그러면 개발팀은 초기에 계획한 스프린트 스토리들과는 상관없이 이렇게 갱신한 제품 백로그의 우선순위대로 스프린트 목표량을 새롭게 설정하여 개발을 진행하면 된다. 이런 식으로 진행하면 제한된 일정과 비용 안에서 우선순위가 높은 요구사항만 개발하는 효과를 얻을 수 있다. 물론 우선순위가 낮은 요구사항은 계속 뒤로 밀려 이번 릴리스에서는 개발하지 않게 될 것이다. 하지만 이것은 자연스러운 현상이다. 주어진 일정과 인력만으로 변경되는 모든 요구사항을 다 반영할 수는 없기 때문이다. 또 요구사항을 무조건 많이 개발하는 것이 능사는 아니다. 이런 방식에 제품 책임자와 개발팀이 서로 공감대를 가진다면 요구사항 변경 관리와 관련된 갈등은 나타나지 않는다.

▼ 그림 3-17 애자일 요구사항 변경 관리

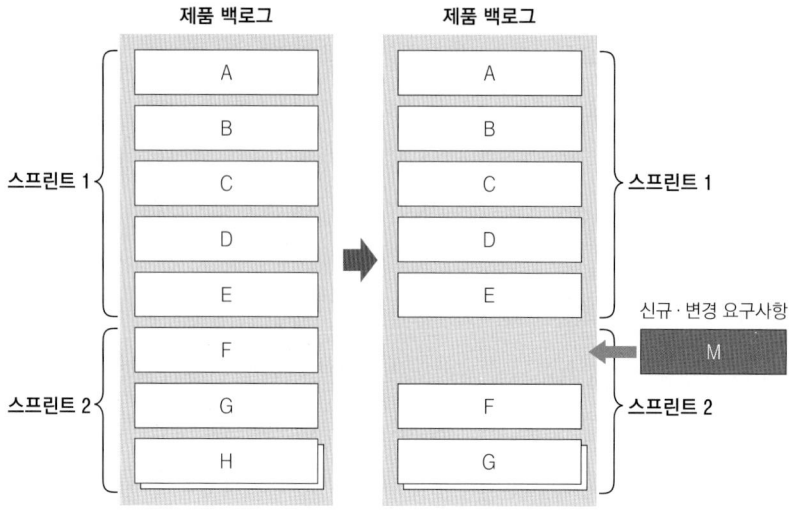

단, 한 가지는 주의하자. 특정 요구 기능에 너무 많은 변경이 일어나게 되면 주어진 일정 안에서 전체 개발 범위를 충족하지 못할 수도 있다. 이때는 제품 기능 로드맵을 작성하면 도움이 된다. 그림 3-18처럼 상위 수준의 요구사항에 타임 박싱을 하고 변경은 그 기간 내에서 주로 일어나게 하는 것이다. 이렇게 하면 전체 시스템을 균형 있게 개발할 수 있다.

▼ 그림 3-18 제품 기능 로드맵 예

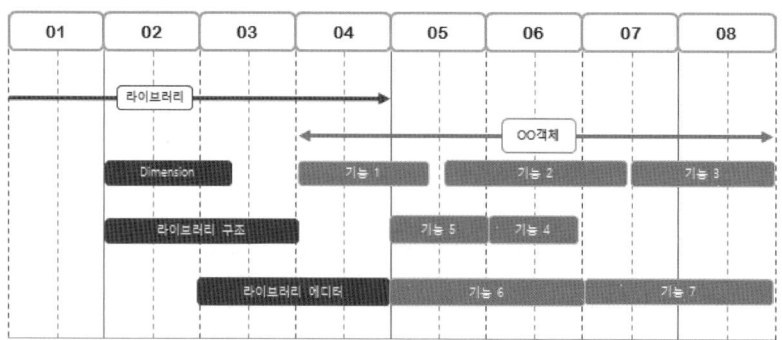

업무 범위가 고정된 프로젝트

고객이 발주한 대다수 프로젝트는 업무 범위와 일정, 비용이 고정되어 있다. 따라서 우선 도출한 스토리나 요구사항이 주어진 제약 조건 안에서 구현 가능한지 검토해야 한다. 주어진 일정과 비용을 초과한다면 추가적인 인력 지원이나 고객과 요구사항을 조정하는 작업이 필요하다. 원칙적으로 애자일 개발에서는 개발 기간 중에 고객 가치에 따라 업무 범위를 유연하게 조정할 수 있다는 전제가 있지만 고객이 이를 원하지 않을 때는 주어진 업무 범위를 준수하면서 업무 범위에 속하는 세부 스토리들을 조정하는 전략을 취하는 것이 필요하다. 즉, 업무 범위에서 우선순위가 높은 필수 스토리는 모두 개발하고, 그 외의 중요·선택 요구사항은 스프린트 단위로 우선순위를 조정하면서 주어진 업무 범위를 만족하는 것이다. 예를 들어 그림 3-19처럼 전체 스토리를 150개 도출했다고 가정해 보자. 이 중에서 시스템 운영에 필수적인 요구사항은 100개고, 나머지 50개는 중요·선택 요구사항이다. 그러면 이번 프로젝트에서 100개 정도는 반드시 구현하고, 나머지 50개는 변경되는 요구사항을 반영하면서 우선순위를 기준으로 개발하는 것이다.

▼ 그림 3-19 업무 범위와 일정의 연관 관계

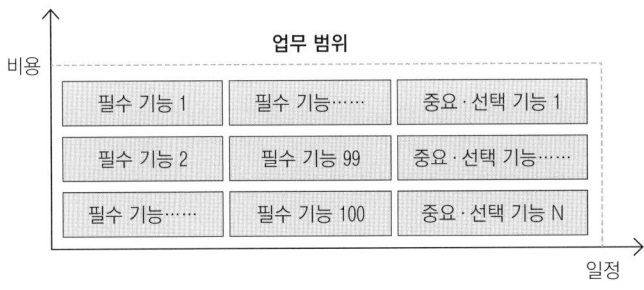

혹시 이 방법에 이의를 제기하는 고객이 있다면 무엇이 프로젝트의 가치를 높일 수 있는지 잘 설명할 필요가 있다. 글로벌 리서치 기업인 스탠디시 그룹(Standish Group)의 짐 존슨(Jim Johnson)은 IT 프로젝트 수백 개를 분석했는데 보통 개발하는 시스템 기능 중 45%는 전혀 사용하지 않고, 19%는 거의 사용하지 않는다고 지적한 바 있다. 즉, 시간이 흐르면서 여러분이 초기에 도출한 제품 백로그에는 고객에게 가치가 별로 없는 요구사항들이 30~40% 이상 누적된다는 것이다.

▼ 그림 3-20 소프트웨어 프로젝트에서 기능 활용 비율[25]

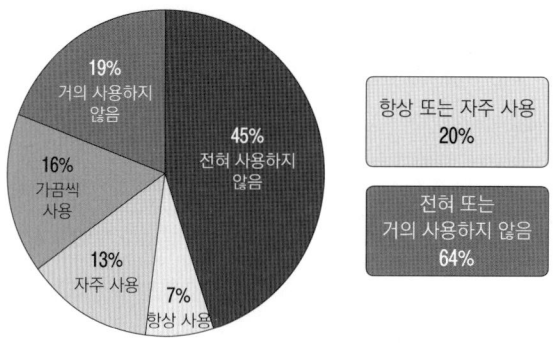

실제로도 시간이 흐르면 초기에 도출한 제품 백로그에 고객에게 별로 가치가 없는 스토리가 생긴다. 또 새로운 스토리를 추가로 생성하기도 한다. 이런 현실에서 고객 가치를 높이는 최선의 방법은 **세부 요구사항을 초기에 모두 확정하기보다는 필수 요구사항만 확정하고, 나머지는 스프린트 단위로 요구사항의 타당성과 우선순위를 조정하면서 개발하는 것이다.** 흔히 고객 및 제품 책임자는 프로젝트 초기에 무엇을 원하는지 정확히 모르고, 요구사항을 전달할 기회가 한 번밖에 없다고 생각한다. 그래서 필요하다고 생각하는 모든 것을 요구하는 경향이 있다. 이런 사고방식은 프로젝트의 가치를 높이기보다는 쓸데없는 기능만 늘려 오히려 품질을 떨어뜨리기 쉽다. 기능이 많으면 복잡성이 증가하고 기하급수적으로 테스트가 늘어나기 때문이다. TV 리모컨을 생각해 보자. 한때는 리모컨에 많은 기능을 넣는 것이 유행했었지만 오히려 사용자는 더 불편해졌다. 중요한 것은 많은 기능을 개발하는 것이 아니라 고객에게 매력적이고 가치 있는 기능을 제공하는 것이다.

3.13 릴리스 계획을 이용한 전체 일정 수립

여러분은 여름방학 때 무엇을 할지 계획을 세운 적이 있을 것이다. 처음에는 방학을 알차게 보내려고 주 단위나 일 단위로 할 일을 정해 멋진 스케줄을 완성한다. 하지만 늘 그렇듯이 예상치 못한 사건이 발생하면서 계획대로 되지 않는 것이 현실이다. 프로젝트도 마찬가지다. 처음에는 공을 들여 일정 계획을 완벽하게 세우려고 노력하지만 며칠 지나면 예상치 못한 상황이나 업무 지연으로 다시 계획을 수정해야 한다. 이것이 반복되다 보면 일정 계획은 갱신하지 못한 채 결국 계획과 실제 행동이 별개로 움직인다. 내가 경험했던 많은 프로젝트를 보면 전체 마일스톤 수준의 계획은 잘 관리되지만 그 이하의 세부 계획은 잘 관리되지 못한다. 전통적 일정 계획은 프로젝트 초기에 가능한 세부 활동들을 모두 도출하고 PERT/CPM 기법* 등을 활용하여 주어진 납기를 만족할 수 있는 최적화된 일정 계획을 수립하는 것이 일반적이다.

하지만 애자일에서는 초기부터 상세한 일정 계획을 세우지 않는다. 대신 뼈대가 되는 전체 일정과 주기적인 상세 일정을 수립하는 형태로 관리한다.

---

* 작업의 선·후행 관계를 연결하여 네트워크 다이어그램을 작성하고 일정 지연을 일으킬 수 있는 주요 공정을 찾아내 최적화된 일정 계획을 수립하는 기법을 의미한다.

- 마일스톤 계획 : 프로젝트의 주요 단계와 업무, 이벤트 등을 표시한 요약 일정
- 릴리스 계획 : 프로젝트에서 수행할 제품 백로그를 표현한 전체 일정 계획
- 스프린트 계획 : 2~4주 단위로 개발팀이 실제 수행하는 작업들로 구성된 상세 계획

마일스톤 계획은 릴리스 계획의 요약이라고 할 수 있는데 릴리스 계획은 여러 개의 스프린트 계획으로 구성되어 있다. 다만 스프린트 계획은 미리 수립하지 않고 해당 시점에서 수립한다. 프로젝트 일정 관리의 기준이 되는 릴리스 계획은 그림 3-22처럼 여섯 단계로 진행한다.

▼ 그림 3-21 애자일 계획의 연관 관계

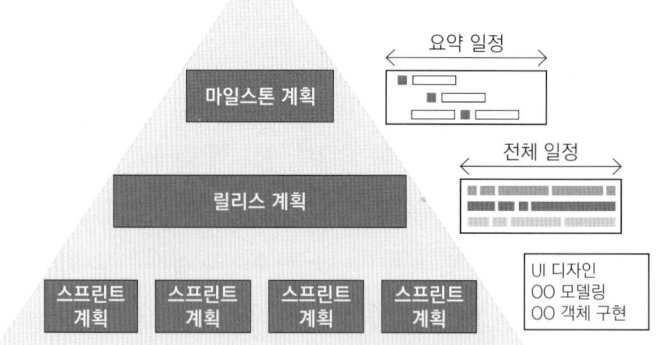

▼ 그림 3-22 릴리스 계획 수립 절차

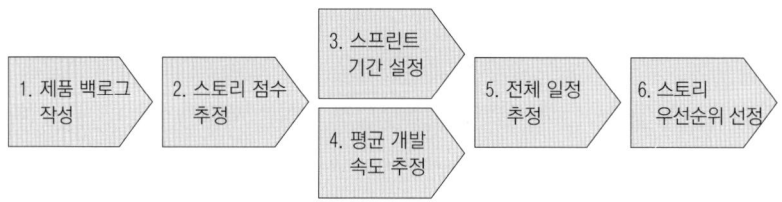

1. 제품 백로그 작성

사용자와 제품 책임자, 개발팀이 한데 모여 프로젝트에서 수행할 사용자 스토리와 기술 스토리를 도출하고 우선순위를 선정하여 정리한다.

2. 스토리 점수 추정

개발팀은 플래닝 포커 기법을 사용하여 제품 백로그의 스토리 점수를 추정한다. 이때 해결해야 할 이슈와 리스크를 식별하고 별도로 기록하여 관리한다.

3. 스프린트 기간 설정

제품 개발 특성에 맞는 스프린트 기간을 설정한다. 이 기간이 짧을수록 변화에는 빨리 대응할 수 있지만 너무 짧으면 팀원에게 부담이 될 수 있으므로 적절하게 설정한다. 애자일을 처음 적용하는 팀이라면 2주일로 설정하는 것이 바람직하다. 일주일은 근무시간이 너무 적고, 3~4주일은 예상치 못한 상황이 발생하여 계획을 변경할 수 있기 때문이다.

4. 평균 개발 속도 추정

개발 속도(velocity)**는 개발팀에서 단위 스프린트에 완료할 수 있는 스토리 점수의 합을 의미한다.** 어떤 팀에서 2주일짜리 스프린트 기간에 24점을 완료했다면 그 팀의 속도는 24점이다. 평균 개발 속도는 팀에서 그동안 수행한 실적의 평균치를 의미한다(그림 3-23 참조). 애자일을 처음 적용하는 팀이라면 팀의 개발 속도를 알 수 없기 때문에 팀의 가용공수를 추정하고 이를 스토리 점수로 환산한다. 예를 들어 팀원이 6명이고 2주일 동안에 가용할 평균 투입공수가 50MD라고 하자. 1점을 수행하는 데 필요한 평균 투입공수가 2MD라고 하면 개발 속도는 25점이다. 물론 이 값은 초기 가정 값이며 스프린트를 수행하면서 갱신해 나가야 한다.

▼ 그림 3-23 평균 개발 속도를 산정하는 방법

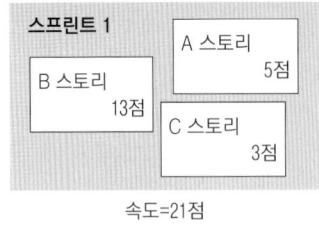

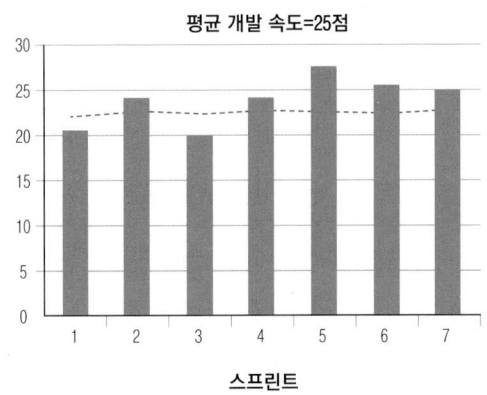

5. 전체 일정 추정

제품 백로그의 전체 스토리 점수와 개발 속도를 고려하여 제품 개발에 적절한 전체 일정 계획을 수립한다. 예를 들어 제품 백로그의 전체 스토리 점수가 200이고 2주일짜리 스프린트의 평균 개발 속도가 25점이라면 이 프로젝트의 최소 필요 일정은 전체 스토리 점수 합에 팀의 속도를 나눈 값이 된다. 즉, 스프린트는 최소 8(=200/25)개, 프로젝트 일정은 4개월이 필요하다. 이 때 요구사항의 불명확성과 프로젝트 리스크를 고려하여 일정에서 버퍼를 반드시 설정해야 한다. 버퍼는 일정 지연을 보완하고 제품 마무리를 위해 스프린트 1~2개를 설정하면 좋다(전체 일정의 10~20%를 설정한다).

▼ 그림 3-24 전체 일정 추정

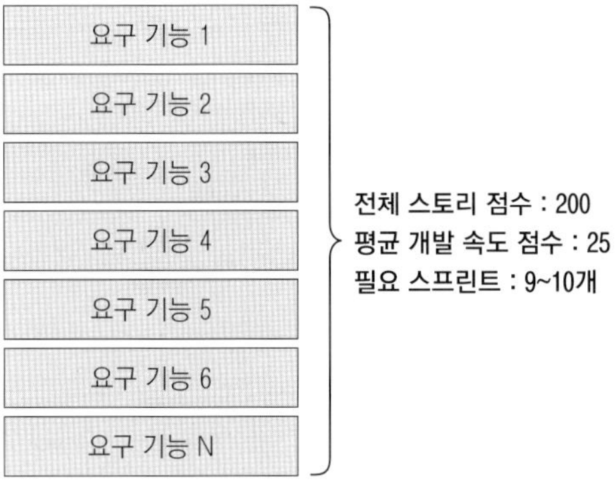

| 요구 기능 1 |
| 요구 기능 2 |
| 요구 기능 3 |
| 요구 기능 4 |
| 요구 기능 5 |
| 요구 기능 6 |
| 요구 기능 N |

전체 스토리 점수 : 200
평균 개발 속도 점수 : 25
필요 스프린트 : 9~10개

6. 스토리 우선순위 선정

제품 책임자와 개발팀은 스토리에서 우선순위를 선정하고 스프린트 단위로 스토리를 할당한다. 이때 처음 스프린트 2~3개는 평균 개발 속도보다 10~20% 낮춰서 배정한 후 점차 높여 나간다. 새로운 프로젝트를 수행할 때는 아직 팀워크를 형성하기 전이라 생각만큼 퍼포먼스가 나지 않기 때문이다. 그림 3-25에서 평균 개발 속도가 25점이라면 20점부터 시작하여 차츰 속도를 올린 후 후반 스프린트에서 평균 속도 이상을 할당한다.

릴리스 계획은 세 가지 면에서 전통적 일정 계획과는 많이 다르다. 첫째, 각 스토리를 누가 작업할 것인지는 미리 결정하지 않고, 어느 스프린트에서 어떤 스토리를 수행할 것인지만을 결정한다. 다만 어느 팀이나 조직이 수행할지는 미리 결정하는 것이 좋다. 이렇게 해야 하는 이유는 릴리스 계획에서 미리 담당자를 결정하면 자신의 업무에만 관심을 갖고 전체 업무에는 관심을 보이지 않기 때문이다(이것은 공동의 책임 의식을 약화시킨다). 둘째, 각 스토리의 시작 일자와 완료 일자를 지정하지 않는다. 지정해 봤자 일을 진행하면 수시로 바뀌기에 시작 일자와 완료 일자를 관리하는 노력이 큰 의미

▼ 그림 3-25 릴리스 계획 예

업무 구분	상위 기능	기능과 활동	점수	스프린트 0	스프린트 1	스프린트 2
요구 분석	업무 분석	업무 A 분석	5	→		
		업무 B 분석	5	→		
	아키텍처	아키텍처 검토	5	→		
		아키텍처 설계	13	→		
지원	표준	개발 표준 셋업	5		→	
	교육훈련	프레임워크 교육	5		→	
인터넷 서점 V1.0	사용자 로그인	사용자는 회원 ID와 비밀번호를 입력하여 로그인할 수 있다.	3		→	
		비회원은 회원 가입 없이 1회 로그인을 할 수 있다.	2		→	
	도서 검색 (제목별, 저자별)	사용자는 제목별, 저자별로 도서를 검색할 수 있다.	5			→
		사용자는 선택한 책의 상세 정보(출판사, 발행일, 간단한 설명 등)를 볼 수 있다.	3			→
	도서 주문	사용자는 배송지 주소를 입력하여 책을 구입할 수 있다.	3			→
		사용자는 검색한 도서 목록에서 원하는 도서를 장바구니에 담을 수 있다.	5			→
		사용자는 자신의 장바구니를 조회하고 수량을 변경 · 삭제할 수 있다.	3			→
	상품 결제 (신용카드)	사용자는 신용카드(비자, 마스터)를 사용하여 결제할 수 있다.	5			→

요구 분석: 20점
지원 + 사용자 로그인: 22점
도서 검색 ~ 상품 결제: 24점

가 없기 때문이다. 고객 입장에서는 해당 스토리가 스프린트에서 끝나기만 하면 되지 특정 완료 일자에 끝났다는 것은 그다지 중요하지 않다. 셋째, 그림 3-27처럼 포스트잇을 사용하여 시각적으로 릴리스 계획을 관리한다. 시각적인 상황판(planning board)을 사용하면 사람들이 벽면에 붙인 스토리들을 둘러보자 불필요한 기능이나 잘못된 우선순위, 빠진 기능, 이슈와 리스크 등을 찾아낼 수 있어 팀원 간의 커뮤니케이션을 촉진할 수 있다. 또 전체 제품 백로그를 한눈에 관찰할 수 있으므로 진행 중에 변경되는 스토리들을 언제든지 붙였다 떼었다 하면서 릴리스 계획을 갱신할 수 있다.

▼ 그림 3-26 릴리스 계획 상황판 예

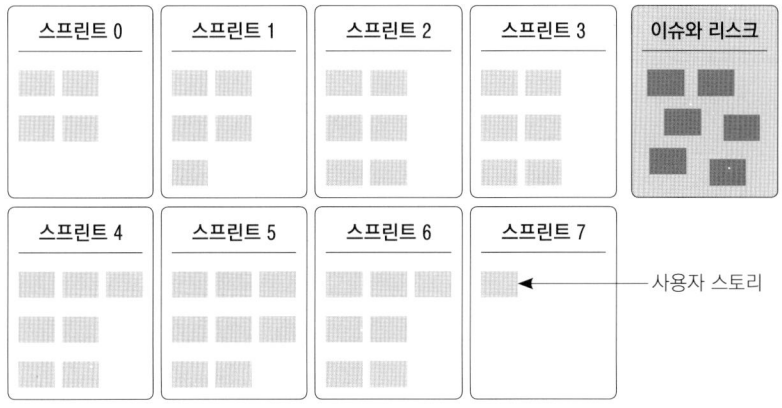

▼ 그림 3-27 실제 릴리스 계획 상황판

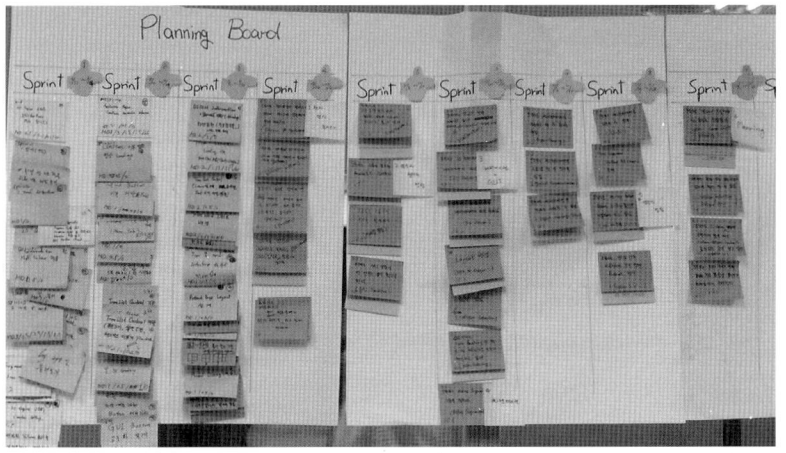

Q&A

고객사에서 요청한 일정이 있는데 이때는 전체 일정을 어떻게 추정해야 하나?

이런 경우 일단은 주어진 일정 제약을 무시하고 팀원과 전체 일정을 합리적으로 추정해 보라. 추정한 일정이 주어진 납기를 초과한다면 일정 단축 방안을 고민해야 한다. 그래야 합리적인 대응 방안을 세울 수 있다. 주어진 일정에 무조건 맞춰 스토리 점수와 투입공수를 낮춰 잡는 방식은 결코 도움이 되지 않는다.

★ Q&A

도출된 릴리스 일정은 6개월인데 고객이나 경영진의 요청으로 1~2개월 줄여야 한다면 어떻게 해야 하나?

비즈니스 상황에 따라 경영진이나 고객사의 요청으로 일정을 변경해야 할 때가 있다. 이런 상황에서는 다음 세 가지 대응 방안을 차례로 생각해 보아야 한다. 첫째, 요구 기능의 우선순위 조정이다. 요구 기능을 좀 더 잘게 나누어서 꼭 필요하지 않는 기능은 우선순위를 낮추거나 이번 릴리스에서 제외하는 것이다. 둘째, 요구 기능을 구현하는 방법에 대한 토론이다. 마감 기한을 지키는 최적의 방법을 팀원이 모여 브레인스토밍하는 것이다. 모든 기능을 자체 개발할 것인지, 상용 제품이나 오픈 소스를 활용할 수 있는 방안이 있는지, 고객의 요구를 충족할 수 있는 새로운 방법이 있는지 찾는 것이다. 셋째, 앞의 두 방법을 동원해도 일정을 지키기 어렵다면 숙련된 엔지니어를 추가로 투입하는 방법을 생각해 보아야 한다.

3.14 스프린트 계획을 이용한 단기 일정 수립

릴리스 계획을 완료했다면 이제는 새로운 스프린트를 시작하기 전에 제품 책임자와 개발팀원이 모두 모여서 스프린트 계획을 수립한다. **스프린트 계획의 목적은 어떤 작업들을 수행하고 이를 수행하는 최적의 방법은 무엇인지 계획하는 것이다.** 스프린트 계획은 프로젝트 기간 동안 주기적으로 수립하는데 절차는 그림 3-28과 같다.

▼ 그림 3-28 스프린트 계획 수립 절차

1. 제품 백로그 정제(refinement) 미팅

고객과 제품 책임자가 중심이 되어 개발팀과 함께 새롭게 도출한 요구사항, 이전 스프린트에서 완료하지 못한 스토리 등을 종합하여 스토리들을 우선순위대로 정렬하고 릴리스 계획을 갱신한다. 이 미팅은 보통 다음 활동을 수행하며 스프린트 계획과 별도로 수행할 수도 있다.

- 새로운 사용자 스토리 추가와 우선순위 조정
- 비즈니스 가치가 떨어지는 스토리 제거
- 덩어리가 큰 스토리 분할과 작은 스토리들의 병합
- 새로운 스토리 점수 추정

2. 스프린트 목표와 범위 설정

제품 책임자는 이렇게 정리된 제품 백로그를 바탕으로 해당 스프린트에서 개발하려는 업무 목표와 스토리들을 개발팀에 제시한다. 예를 들어 이번 스프린트에서는 도서 검색과 주문 기능을 구현했으면 좋겠다는 목표를 전달할 수 있다. 개발팀은 해당 스프린트 기간 동안 완료할 수 있는 스토리들을 제품 백로그 우선순위에 따라서 가져온다. 그리고 제품 책임자에게 해당 기능의 업무 시나리오와 완료 조건, 제약사항 등을 자세히 물어보고 범위를 확정한다. 이 중에서 스토리 개발 방향이나 완료 조건을 결정하는 것은 매우 중요한 부분으로, 서로 이견이 발생할 수 있기 때문에 충분히 토론해야 한다. 때로는 간단한 화면 스케치나 참고자료를 보여 주어서 완료 조건을 명확하게 하는 것도 바람직한 방법이다.

3. 스프린트 백로그 도출

개발팀은 스토리를 구현하는 상세 작업들을 도출한다. 제품 백로그가 고객이 이해할 수 있는 언어로 작성되어 있다면 스프린트 백로그는 개발팀이 실제 수행하는 개발 용어로 작성한다. 예를 들어 스토리를 구현하는 모델링, UI 디자인, 코딩, 단위 테스트 같은 항목들이다. 백로그에는 스토리를 구현하는 작업뿐만 아니라 개발팀에서 수행하는 모든 작업을 도출해야 한다. 예를 들어 코드 리뷰나 특정 업무 회의, 교육과 세미나 등이 모두 포함된다. 스프린트 백로그에는 팀에서 하는 일이 모두 나타나야 한다. 스프린트 백로그를 도출할 때는 포스트잇을 사용하여 팀원이 모두 참여하게 하는 것이 좋다. 이렇게 도출한 백로그를 그림 3-30처럼 스프린트 진행 상황판에 붙인다.

▼ 그림 3-29 스프린트 진행 상황판 예

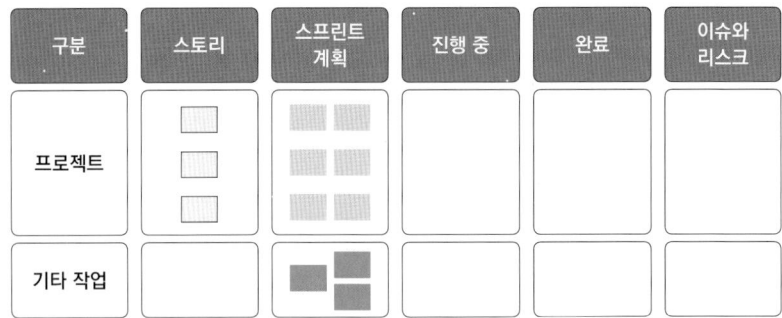

▼ 그림 3-30 실제 스프린트 진행 상황판

이때 스프린트 백로그의 크기는 2~3일 안으로 끝낼 수 있도록 분할하면 좋다. 이렇게 스프린트 백로그를 잘게 나누는 이유는 해야 할 업무를 구체화하려는 의도도 있지만 학생증후군(student syndrome)을 예방하려는 목적도 내포되어 있다.*

4. 평균 투입공수 추정

전통적 방식에서는 보통 작업을 도출하면 먼저 담당자를 할당하고, 해당 담당자가 투입공수를 추정한다. 하지만 애자일에서는 스프린트 백로그 도출이 끝나면 바로 담당자를 할당하지 않고, 팀 공동으로 백로그에 대한 평균 투입공수를 추정한다(이때 플래닝 포커를 활용할 수 있다). 여기서 팀 공동으로 추정하는 이유는 정확한 투입공수를 뽑으려고 하는 것이 아니라 해당 작업을 수행하는 최적의 방법을 찾기 위해서다(사실 투입공수는 누가 하느냐에 따라 달라지기 때문에 정확하게 뽑는 것이 별로 의미가 없다). 예를 들어 표 3-6에서 '사용자 암호 정책 구현'이란 작업의 투입공수를 뽑는다고 하자. 이 작업에 경험이 없는 이동수라는 사람이 구현하면 5MD가 걸리겠지만 경험이 있는 김민호라는 사람이 구현하면 2MD에 완료할 수 있다. 이 작업을 이동수에게 할당한다면 아마 5MD가 걸릴 것이다. 하지만 팀 토론으로 김민호의 노하우를 공유한다면 경험이 없는 사람이라도 적어도 3MD 만에 완료할 수 있을 것이다. 또 이런 토론을 통하여 팀원은 스프린트 기간 동안 수행할 작업을 전반적으로 이해할 수 있게 된다.

---

* 학생증후군이란 학생들이 과제를 수행할 때 최대한 미루다가 마감에 임박해서야 시작하는 것처럼 업무를 마감 직전까지 미루는 것을 의미한다. 예를 들어 5일 정도 소요되는 작업을 수행할 때 처음부터 그 일에 집중하기보다는 1~2일은 천천히 하다가 마감을 앞두고 업무에 집중하는 것이다.

▼ 표 3-6 스프린트 백로그 예

ID	사용자 스토리	완료 조건	SP	스프린트 백로그			
				ID	작업	자원자	MD
6	사용자는 회원 ID와 비밀번호를 입력하여 로그인할 수 있다.	회원 ID와 비밀번호가 불일치할 때는 메시지를 표시하여 다시 입력하게 한다.	13	6.1	웹페이지 설계		2
				6.2	사용자 암호 정책 설정과 구현		3
				6.3	패스워드 정책 검증 구현		2
				6.4	계정 잠금 처리 구현		3
				6.5	단위 테스트		0.5
7	사용자는 자신의 장바구니를 조회하고 수량을 변경·삭제할 수 있다.	특정 책의 수량 조절이 가능해야 한다.	8	7.1	웹페이지 설계		2
				7.2	장바구니 조회 구현		2
				7.3	장바구니 변경 구현		3
				7.4	단위 테스트		0.5
A	기타			A.1	OZ 보고서 연동 API 개발	김수영	3
				A.2	OO 매뉴얼 개선 작업	이동국	3
				A.3	OO 업무 개선 회의	팀 전체	3
				A.4	코드 리뷰	팀 전체	5

Q&A

스프린트 백로그의 투입공수를 추정할 때 팀원이 함께 모여서 추정하는 것이 의미가 있나?

스프린트 백로그는 설계와 디자인, 코딩, 테스트 등 특정 업무 스킬과 연관되어 있어서 자신의 스킬과 연관 없는 부분을 추정하기는 매우 어렵다. 어떤 작업을 수행할 수 있는 사람이 한 명밖에 없다면 어쩔 수 없지만 경험이 있는 사람이 있다면 함께 추정하는 것이 혼자 추정하는 것보다 오류를 줄일 수 있다. 팀원이 모두 스킬이 달라 독립적인 일을 한다면 추정은 각자가 단독으로 해도 무방하다.

5. 작업 담당자 할당

보통 전통적 프로젝트 관리에서는 대부분 프로젝트 리더가 주도하여 작업 담당자와 업무를 할당한다. 하지만 애자일에서는 팀원이 스스로 원하는 작업을 선택할 것을 권장한다. 자신이 원하는 업무를 수행할 때 최선을 다해 일할 수 있기 때문이다(5.1절 참조). 여기서 전통적 관리와 애자일 관리가 극명하게 나뉜다. 애자일은 자기 조직화 원리를 팀에 적용했기 때문에 자발적 동기가 중요하다. 사실 프로젝트 리더보다는 팀원 스스로가 어떤 것을 더 잘할 수 있는지 잘 안다. 다만 리더는 특정 작업에 팀원이 몰리거나 업무가 불균형하게 집중되었을 때 너무 한 사람에게 업무가 몰리지 않도록 조정하는 것이 필요하다. 프로젝트 리더는 팀원 각자에게 할당된 작업과 스프린트 기간 안에 가용한 공수를 비교하여 팀원의 역량에 맞게 업무량이 부과되었는지 점검해야 한다. 예를 들어 초보 개발자는 역량이 부족하기 때문에 작업을 적게 주는 것이 바람직하다.

처음 애자일을 적용하는 팀의 경우 팀원에게 자발적으로 스프린트 백로그를 선택하라고 하면 선뜻 나서지 못할 것이다. 팀원 대부분이 리더가 시키는 업무만을 수동적으로 해 왔으며, 괜히 나섰다가 필요 이상의 업무를 맡을까 두렵기 때문이다. 이때 프로젝트 리더는 가용공수만큼 스프린트 기간 동안 일을 해야 하므로 자기가 좋아하면서 잘할 수 있는 일을 선택하면 좋다는 것을 팀원에게 설명하는 것이 좋다. 팀원은 업무 할당이 되었다고 해서 맡은 업무만 잘하면 된다고 생각해서는 안 된다. 애자일에서 스프린트 백로그는 팀의 공동 책임이기 때문이다. 업무를 진행하다 보면 누군가는 의외로 일이 쉽게 풀리고 누군가는 어려움에 봉착할 수 있다. 이때는 여유 있는 사람이 어려운 업무를 맡은 사람을 도와서 팀의 스프린트 목표를 달성할 수 있도록 상호 협력해야 한다.

6. 스프린트 목표 업무량 결정

팀원이 자발적으로 스프린트 백로그를 선택하면 프로젝트 리더는 팀원과 함께 예상되는 이슈들을 공동으로 점검한다. 그리고 팀원에게 할당된 업무량이 이번 스프린트에서 완료 가능한지 개별적으로 확인한다. 팀원 중에서 누군가가 업무량이 부담스럽다고 이야기한다면 팀원의 역량과 업무량을 체크하여 해당 팀원이 몰입할 수 있는 수준으로 조정해 준다. 이런 과정을 거쳐서 스프린트 목표 업무량을 결정한 후에는 최종 결과를 제품 책임자에게 전달하고 조율한다.

스프린트 목표 업무량을 결정하는 것은 때때로 구성원 간에 갈등을 유발할 수 있다. 예를 들어 제품 책임자 입장에서는 스프린트 기간에 더 많은 기능을 구현하기를 바랄 것이고, 개발팀 입장에서는 좀 더 여유 있는 시간을 확보하려고 할 것이다. 이때는 리더가 개입하여 적절히 조정할 필요가 있다. 개발팀이 역량에 비하여 업무 목표를 낮게 잡으려 한다면 좀 더 도전적인 목표를 갖도록 독려하는 것이 필요하다. 반대로 제품 책임자가 너무 과도한 목표량을 요구한다면 이 요구가 개발팀의 몰입을 방해할 수 있다는 것을 제품 책임자에게 이해시켜야 한다. 따라서 프로젝트 리더는 팀이 업무에 몰입할 수 있도록 적절한 워크로드를 관리해야 한다. 예를 들어 이전 스프린트의 개발 속도보다 10~20% 정도 높게 할당하는 것이 바람직하다. 애자일 개발에서 스프린트 목표 업무량을 결정하는 주체는 최종적으로 개발팀이지만* 그 과정에서 이해관계자의 의견을 수렴하는 것은 반드시 필요하다. 중대한 제품 발표를 위하여 이번 스프린트에서 많은 업무를 수행해야만 한다면 프로젝트 리더는 개발팀을 설득하고 목표를 좀 더 도전적으로 설정하도록 유도해야 한다.

---

* 전통적 프로젝트에서 개발팀에 업무 목표량을 결정하는 주체는 팀원이 아닌 프로젝트 관리자다. 프로젝트 관리자가 개발자에게 작업을 할당하고 목표량을 부여하는 것이 일반적이다.

한편 개발팀은 설정한 스프린트 목표 업무만 수행하면 된다고 생각해서는 안 된다. 애자일에서 개발팀에 과도한 목표량을 부여하지 않는 이유는 업무 몰입을 유도하기 위해서지 그것만 완료하면 된다는 의미는 아니다. 스프린트 기간이 끝나기 전에 업무 목표를 달성한다면 다음 스프린트에서 수행할 예정인 스토리들을 가져와서 작업해야 한다. 개발팀에서 목표 업무량만 수행하려고 한다면 제품 책임자는 반대로 스프린트 목표량을 좀 더 많이 주려고 할 것이기 때문이다. 애자일에서는 개발팀에 과도한 업무를 주지는 않지만 그렇다고 너무 여유를 주지도 않는다. 목표는 개발팀이 지속 가능한 상태로 최고의 퍼포먼스를 유지할 수 있는 환경을 제공하는 것이다.

> **참고**
>
> 애자일 적용 초기에는 많은 사람이 스프린트 계획에 시간을 투자하는 것을 아까워한다. 2주일짜리 스프린트라면 계획 미팅에 최소 반나절에서 길게는 하루 이상 소요한다. 하지만 이것을 줄이려고 공동 작업을 생략한 채 각자의 작업을 정리하는 수준에서 끝난다면 애자일의 본질을 이해하지 못한 것이다. 스프린트 계획에서 토론은 반드시 필요하며 올바른 요구사항과 효율적인 작업 방법을 찾는 과정이다. 가치가 있는 요구사항은 어느 순간 번뜩이는 아이디어로 도출되지 않는다. 수많은 시간 동안 고민하고 대화한 결과물인 것이다.

3.15 프로젝트 계획 검토

실제 프로젝트에서는 앞에서 언급한 내용 말고도 여러 가지 계획이 더 필요할 수 있다. 예를 들어 형상 관리(configuration management), 품질보증(quality assurance), 교육훈련, 이해관계자 관리 계획 등이 그것이다. 이런 계획은 애자일 방법론을 다루는 책에서는 구체적으로 언급하고 있지 않은데 그렇다고 실제 프로젝트에서도 필요 없다는 말은 아니다. 이미 전통적 프로젝트 관리

서적에서 많이 언급했기 때문에 책에서는 자세한 설명을 생략하고 간략하게 알아보겠다.

- 형상 관리는 프로젝트에서 발생하는 산출물의 형상을 체계적으로 관리하는 것으로, 모든 프로젝트에 필수적인 요소다. 특히 프로젝트 규모가 클 때는 산출물의 명명 규칙이나 저장 장소, 변경 통제 방법, 접근 권한 등에 기준이 명확하지 않으면 외주 개발팀과 내부 개발팀 간에 쉽게 혼란과 갈등이 야기된다.
- 품질보증의 의미는 조직에 따라 다르게 정의할 수 있지만 보통은 사전에 설정된 품질 기준에 따라 제품 개발의 적절성을 객관적으로 점검하는 활동이 포함된다(단지 테스트 활동을 의미하지는 않는다). 즉, 개발팀에서 아무리 잘해도 편견에 빠질 수 있으며 당면한 문제를 스스로 해결하기 어려울 때도 많다. 이런 측면에서 프로젝트 팀이 놓치고 있는 품질과 프로세스 이슈를 환기시켜 주는 품질보증 활동은 프로젝트 성공에 도움이 된다. 전통적 프로젝트에서는 중간 산출물의 적정성이나 완전성을 중심으로 품질 점검을 수행했다면 애자일 개발에서는 문서 산출물보다는 제품 품질과 개발 프로세스를 주로 점검한다.
- 교육훈련 계획은 프로젝트를 수행할 때 고객과 개발자에게 필요한 지식을 어떻게 확보하고 제공할 것인지 계획하는 것이다. 새로운 프로젝트를 수행하다 보면 습득해야 할 지식과 도구 사용 스킬이 필요하므로 프로젝트 초기에 식별하여 미리 대응하는 것이 프로젝트 성과 향상에 도움이 된다. 프로젝트가 바쁘다고 팀원 교육훈련이나 상호 학습을 간과하면 개발 성과는 좀처럼 향상되지 않는다. 애자일에서는 팀원의 기초적인 역량 못지않게 상호 학습하는 것도 중시한다.
- 이해관계자 관리 계획은 프로젝트 이해관계자가 업무에 효과적으로 참여할 수 있도록 이들을 식별하고 어떻게 커뮤니케이션할 것인지 계획하는 것을 의미한다. 규모가 큰 프로젝트에서는 수십 명의 이해관계자가 있을 수 있고 갈등도 많이 발생한다.

이렇게 프로젝트 계획을 수립하면 프로젝트 구성원끼리 모여서 프로젝트 계획 문서들의 적절성을 검토하는 활동을 수행한다. 프로젝트 규모가 클 때는 여러 팀이 참여하므로 각 팀에서 진행한 단위 계획 간의 연관성을 검토하고 전체 일정이나 업무 범위를 조정해야 한다. 다음은 이때 고려해야 할 사항이다.

- 프로젝트 관리와 개발 방법론이 적절하며 효과적인가?
- 업무 범위를 명확하게 도출했으며 불필요한 부분이 들어가 있지는 않은가?
- 업무 범위를 수행하는 일정 계획을 적절하게 수립했는가?
- 프로젝트 이해관계자를 모두 도출했으며 적절한 관리 전략을 수립했는가?
- 프로젝트를 수행하는 인력이 가용 상태에 있는가?
- 프로젝트의 목표와 계획을 팀원과 충분히 공유하고 있는가?
- 고객이 요구하는 검수 조건을 명확히 설정했는가?
- 프로젝트 위험 요소에 대한 식별 계획과 대응 계획은 적절한가?

프로젝트 계획은 고객, 제품 책임자와 함께 최종 검토해야 한다. 이 과정에서 중요한 것은 '고객과의 합의'다. 보통 이 활동을 '프로젝트 계획 승인'이라고 하지만 '승인'이라는 말보다는 '합의'라는 말이 더 적절하다고 생각한다. 승인이라는 말에는 상하 관계가 내포되어 있으므로 고객과 개발업체가 평등하지 않다는 것을 전제로 한다. 프로젝트는 고객과 수행자 간의 상호 협력 활동이지 누가 일방적으로 책임을 져서는 안 된다. 따라서 고객과 개발업체는 서로 협력적인 자세로 제한된 일정과 비용 안에서 프로젝트 목표를 어떻게 효과적으로 달성할지 논의해야 프로젝트를 성공시킬 수 있다.

3.16 프로젝트 킥오프

킥오프 미팅은 프로젝트 이해관계자를 모두 모아 놓고 프로젝트의 목표와 진행 방법, 상호 간의 책임과 역할 등을 공유하는 공식적인 활동이다. 프로젝트 계획을 충분히 리뷰했다면 킥오프 미팅은 프로젝트 시작을 알리는 공식 이벤트로 보통 반나절 정도로 짧게 진행한다. 하지만 애자일 개발에서는 이를 좀 더 확대하여 프로젝트의 개발 방법론 이해와 주요 이슈 토론 등을 포함할 것을 권장한다. 이렇게 하다 보면 하루 이상의 워크숍이 될 수도 있다. 애자일 프로젝트 킥오프에는 보통 다음 활동을 포함한다.

- 프로젝트의 목적과 범위, 수행 전략, 릴리스 일정 소개
- 개발 · 관리 방법론과 수행 참여들 간의 책임과 역할
- 프로젝트의 이슈 · 리스크 도출, 해결 방안 탐색

많은 프로젝트가 킥오프 미팅을 실시하지만 요구사항 관리 방법에 대한 공통된 인식이 부족한 것이 사실이다. 고객과 개발팀이 요구사항 변경 관리에 대한 공감대를 형성하지 못한다면 프로젝트 기간 내내 갈등을 야기하게 된다. 프로젝트 이슈와 리스크 토론도 킥오프에서 다루어야 할 중요한 요소 중 하나다. 이슈와 리스크는 사전에 논의해야 할 내용을 미리 정할 수도 있고 킥오프 미팅에서 정할 수도 있다. 어쨌든 이런 활동으로 이해관계자들이 좀 더 관심을 갖고 자신들의 역할과 책임을 인식하는 것이 중요하다.

3.17 전통적 · 애자일 일정 계획의 비교

지금까지 서술한 애자일 프로젝트 계획을 전통적 프로젝트 계획과 비교했을 때 다음 세 가지 면에서 근본적인 차이가 있다.

첫째, 프로젝트 일정 계획을 바라보는 관점의 차이다. 전통적 개발에서는 프로젝트 수행 중에 발생하는 요구사항의 변경을 최소화하려는 전략을 취한다. 그래서 초기에 가능한 모든 작업을 도출하고 최적화된 일정 계획을 수립한다. 반면에 애자일 개발에서는 요구사항이 언제든지 변경될 수 있다는 전제하에 스토리 중심의 릴리스 계획과 작업 중심의 스프린트 계획을 수립한다. 즉, 전통적 계획에서는 정확한 일정을 예측하려고 하기 때문에 유연성을 갖기 어렵지만 애자일 개발에서는 정확한 일정을 예측하기보다는 요구사항

의 변경에 따른 일정의 유연성을 추구한다.

둘째, 작업 담당자를 할당하는 방식의 차이다. 전통적 개발에서는 보통 개발 리더가 중심이 되어 작업을 도출하고 팀원에게 작업을 할당한다. 이 방식에서 팀원은 수동적으로 행동하고 책임감을 덜 느끼게 된다. 반면에 애자일 개발에서는 개발팀원이 스스로 백로그를 도출하고 작업을 배정한다. 여기서 리더의 역할은 관리자가 아니라 코치 및 퍼실리테이터(facilitator)다. 이 방식은 팀원이 좀 더 프로젝트에 적극적으로 참여하게 함으로써 책임감을 높일 수 있다. 또 프로젝트를 하다 보면 미처 생각하지 못한 업무들이 도출됨으로써 업무 사각지대가 발생하기 쉬운데 이때마다 리더가 일일이 개입하여 업무를 할당하지 않아도 된다.

셋째, 프로젝트 추정 방식의 차이다. 전통적 개발에서는 개발 규모와 공수를 추정할 때 소수의 개발 리더가 단독으로 추정할 때가 많았다. 물론 팀원과 협의를 하기도 하지만 주로 리더의 의견을 반영하는 경향이 있다. 반면에 애자일에서는 개발팀이 공동으로 개발 규모와 공수를 추정한다. 이 방식은 팀의 집단 지성을 활용할 수 있을 뿐만 아니라 팀원이 업무를 전체적으로 이해할 수 있게 해 준다. 물론 시간은 더 걸리지만 팀원의 동기부여에 도움을 준다.

전통적 프로젝트 계획과 애자일 프로젝트 계획은 각자 장단점이 있다. 외부 고객을 대상으로 하는 외주 프로젝트나 규모가 큰 IT 프로젝트에서는 일정 준수가 매우 중요한 이슈다. 이때는 일정 지연을 일으킬 수 있는 주요 업무를 찾아내서 관리하는 전통적 PERT/CPM 기법이 필요할 수 있다. 반면에 새로운 제품이나 서비스를 개발하는 프로젝트는 요구사항의 변경을 주기적으로 반영할 수 있는 애자일 계획이 효과적이다. 현실에서는 이런 프로젝트 특성들이 복합적으로 작용하기 때문에 상호 보완적으로 활용하는 지혜가 요구된다.

CHAPTER

4

애자일 프로젝트 진행 관리

4.1 전통적 진행 관리의 한계

IT 장비 관리 도구를 개발하는 김진호 부장은 새로운 업그레이드 제품을 개발하려고 2개월 동안 팀원과 요구사항을 분석하여 제품 개발 계획을 완료했다. 이번 기회를 기점으로 그동안 유지보수하기 힘들었던 기능들을 통폐합하고, 새로운 기술을 활용하여 고객 요구에 원활히 대응할 수 있을 것이다. 경영진은 업그레이드 제품을 완료하면 바로 고객사에 납품하기로 했다. 하지만 전체 요구 기능 중 50%는 한 번도 개발한 적이 없기에 작업 소요 시간을 추정하기가 매우 어려웠다. 그래도 팀원을 독려하여 경영진이 요구하는 시한에 맞춰 제품 개발 계획을 끝냈다. 3개월 후 김진호 부장은 제품 품평회를 열어 개선한 기능 일부를 경영진과 사업지원팀에 보여 주었다. 제품 품평회에서 일부 담당자는 기능이 사용자에게 그다지 가치가 없다며 개선 방향이 잘못되었다고 이야기했다. 김진호 부장은 다시 팀원과 함께 담당자의 의견을 반영하여 기존 설계를 수정했다. 이해관계자를 대상으로 제품 품평회를 몇 번 반복하다 보니 추가로 개발해야 할 기능이 원래 계획보다 30~40% 가까이 늘어났다. 팀원은 인원 부족을 호소했지만 회사

내부에서 지원받을 수 있는 인력도 마땅치 않은 상황이었다. 팀원은 야근을 밥 먹듯이 했고 어느새 초기에 가졌던 마음가짐은 모두 사라져 어떻게든 프로젝트가 끝나기만을 바라는 상황으로 바뀌었다. 충분한 테스트는 고사하고 팀을 이탈하는 사람까지 생겼다. 벌써 2~3명이 이직하겠다는 뜻을 밝혔다. 김진호 부장은 이 상황을 어떻게 해결해야 할지 고민에 빠졌다.

대다수 전통적 프로젝트 리더는 계획을 수립하면 주기적으로 프로젝트 진행 상황을 점검하며 주어진 업무 범위, 일정, 비용을 준수하려고 노력한다. 하지만 계획을 아무리 완벽하게 수립했더라도 업무를 진행하다 보면 프로젝트는 예상치 못한 방향으로 틀어지게 된다. 초기에 불명확하거나 불확실했던 요구사항은 프로젝트가 진행될수록 구체화되거나 변경되어 업무량을 증가시킨다. 이런 전통적 진행 관리 방식에는 몇 가지 근본적인 한계가 있다.

첫째, 관리자가 업무의 불확실성을 고려하지 않는다. 초기에 정한 작업의 수행 일정은 불명확한 요구사항을 포함한 추정 값에 불과하다. 해당 작업을 실제로 해 보지 않는 이상 업무량을 정확히 알기는 어렵다. 따라서 초기에 5일 정도면 충분하다고 예측했던 작업이 실제로는 3일 만에 끝날 수도 있고, 8일씩 걸릴 수도 있다. 그것도 누가 하느냐에 따라 다르다.

전통적 진행 관리 방식에서는 불확실성에 관계없이 관리자가 일방적으로 결정한 일정을 던져 주고 강요할 때가 많다(물론 무리한 데드라인은 프로젝트 목표를 맞추려다 보니 발생한 것이다). 그러면 팀원은 관리자의 잔소리가 듣기 싫어서라도 어떻게든 일을 완료하려고 노력한다. 보통의 사람들은 처음에는 정상적으로 일을 처리하지만 도저히 주어진 기간 안에 완료하기 어렵다는 판단이 들면 업무의 일정 부분을 생략해서라도 어떻게든 완료하려고 한다. 그러면 대부분이 설계 고민이나 테스트를 충분히 하지 않고 마무리한다. 이런 행동은 당장 눈에는 보이지 않지만 향후 통합 테스트와 유지보수에서 감당하기 어려운 기술 부채로 남는다. 팀원 역시 이런 상황이 계속되면 업무에 성취감도 느낄 수 없고 열정도 갖지 못한다. 업무의 불확실성을 고려하지 않고 일방적으로 일정 준수만을 강요하는 것은 득보다 실이 크다.

> ☆ Q&A
>
> **기술 부채(technical debt)란?**
>
> 적절한 방법으로 일을 하는 대신 여러 가지 사정 때문에 속전속결로 일을 할 때가 있다. 이럴 때 겉모습은 그럴 듯해 보이지만 내용은 부실해지기 마련이다. 소프트웨어 개발에서도 데드라인에 쫓겨 설계와 테스트가 부족한 상태에서 업무를 끝내야 할 때가 있다. 그러면 부족한 부분은 나중에 보완해야 할 업무로 남는다. 문제는 이런 업무에 이자가 붙는다는 것이다. 즉, 나중에 보완하려고 하면 발생 시점보다 훨씬 많은 노력이 들어간다. 예를 들어 단위 테스트에서 해결할 문제를 통합 테스트나 유지보수 단계에서 해결한다면 노력은 몇 배 또는 몇십 배가 들어간다. 일을 하면서 어느 정도 기술 부채는 발생할 수밖에 없지만 과하게 늘려 놓으면 나중에는 감당하기 어려울 정도가 된다.

둘째, 업무 불균형과 개인 중심의 평가로 상호 협력이 떨어진다. 전통적 개발에서는 관리자가 팀원에게 업무를 할당하면 해당 업무는 그 팀원 책임으로 혼자서 수행한다. 어떤 일은 의외로 쉽게 풀려서 빨리 끝나고, 또 어떤 일은 복병을 만나 늦어질 수 있다. 업무의 불확실성은 신규 프로젝트일수록 높게 나타나며, 팀원의 업무로드를 한쪽으로 치우치게 한다. 즉, 어떤 사람은 여유 있게 일하는데 어떤 사람은 항상 일에 치인다. 또 개인에게 할당된 업무를 중심으로 평가하다 보니 다른 사람을 돕기보다는 자신에게 할당된 업무를 우선으로 처리할 수밖에 없다. 그러다 보면 내 일을 미루면서 다른 사람을 도와주는 일은 거의 없게 되며 상호 협력은 제한적으로 일어난다.

셋째, 팀원의 사기와 업무 만족도를 별로 고려하지 않는다. 경영자는 목표 달성에는 관심이 많지만 구성원이 얼마나 의욕을 가지고 업무에 임하는지에는 별로 관심이 없다. 회사에서 월급을 주니 개인 감정과 상관없이 주어진 일을 열심히 해야 한다고 단순하게 생각하는 경영자도 많다. 프로젝트 특성이 창의성과 상관없는 양적인 목표를 세운 프로젝트라면 이런 생각이 별로 문제 없을 수도 있다. 하지만 창의성을 요구하는 연구 개발이나 신제품 프로젝트에서는 적절하지 않다. 창의성은 단순히 뛰어난 사람들을 모아 놓는다고 나타나지 않기 때문이다. 창의성 전문가인 하버드대학교 테레사 아마빌(Teresa Amabile) 교수는 개인의 역량 못지않게 내적 동기도 중요하다고 강조한다. 내적 동기가 결여된 사람들이 모인 팀에서 어떤 성과가 나오겠는가? 어떻게든 프로젝트를 벗어나고 싶은 마음뿐일 것이다. 사기가 높은 팀과 그렇지 않은 팀 간의 성과 차이는 클 수밖에 없다.

넷째, 팀원에게 멀티태스킹을 강요한다. 멀티태스킹을 많이 하는 팀에서는 일정이 지연될 때가 많다. 멀티태스킹은 한 사람이 동시에 몇 가지 프로젝트 업무를 수행하는 상황을 의미한다. 하지만 이것은 업무 효율을 높여 주기보다는 오히려 떨어뜨리는 요소로 작용하기 쉽다(2.7절 참조).

4.2 애자일 진행 관리의 특징

애자일 개발에서는 전통적 진행 관리의 근본적인 한계를 다음과 같은 측면에서 보완할 수 있다.

첫째, 업무 작업의 불확실성을 고려하면서 수행 성과에 초점을 맞춘다. 애자일 프로젝트 리더는 팀원이 작업을 수행할 때 처음 계획한 일정을 지키지 못했다고 비난하지 않는다. 업무의 불확실성을 잘 이해하고 있기 때문에 합당한 이유만 있다면 팀원이 해당 업무의 예정일을 넘겼다고 압박하지 않는 것이다. 대신 진행 상황을 매일 같이 점검하면서 업무의 장애 요인은 빨리 해결하는 데 초점을 맞춘다. 그래서 업무가 예상보다 늦어질 것 같으면 다른 팀원과 협력하여 빨리 끝낼 수 있도록 독려하고 지원한다.

전통적 개발에서는 팀원이 직접 이야기하지 않는 한 업무가 늦어지는 것을 파악하기가 어렵다. 주간 단위로 점검하지만 정확한 진척 상황은 팀원만 알고 있다. 하지만 애자일 개발에서는 진행 상황을 거의 매일 투명하게 파악하기 때문에 업무가 계획보다 늦어지는 것을 즉시 알 수 있다. 이때 관리자는 해당 팀원을 압박하기보다는 업무 진행을 방해하는 요소를 찾아내 빨리 문제를 해결하도록 지원한다. 업무 지연을 비난하는 것은 팀원의 사기만 떨어뜨릴 뿐 일을 빨리 끝내는 데는 아무런 도움이 되지 않기 때문이다. 어떤 사람은 이런 방식이 업무에 대한 팀원의 도덕적 해이를 권장할 수도 있지 않느냐고 반문할 수도 있다. 하지만 애자일 개발에서는 팀원에게 스프린트 업무 목표를 부여함으로써 이를 방지한다. 즉, 개별 작업의 세부 일정을 지키기보다는 서로 힘을 합쳐 목표 달성에 최선을 다하라는 의미다.

둘째, 개인보다는 팀 공동 책임 업무 수행을 추구한다. 애자일 개발에서는 개인에게 업무를 할당했더라도 그것을 개인의 업무가 아니라 팀의 업무로 간주한다. 그래서 팀원이 혼자서 고민하기보다는 다른 팀원과 지혜를 모아 서로 협력하면서 업무를 수행하도록 권장한다. 그러면 누군가 예상치 못한 어려운 일을 맡아도 다른 팀원의 도움으로 일을 빠르게 해결할 수 있다. 역량이 뛰어난 팀원이 실력이 부족한 팀원을 도와주면 팀의 평균 역량이 향상된다. 이렇게 공동으로 업무를 수행하면 개인의 성과를 평가하기가 어렵다. 해당 업무를 온전히 혼자서 하지 않기 때문이다. 그래서 애자일에서는 팀 평가를 중시한다.

셋째, 팀원의 사기와 업무 만족도를 중요시한다. 애자일 개발에서는 구성원이 자기 조직화하여 움직일 때 창의적인 제품이 나온다고 생각한다. 팀원이 자기 조직화하여 움직이려면 사기가 높고 업무에 몰입할 수 있는 여건이 조성되어야 한다. 애자일 프로젝트 리더는 팀원의 관심사나 고충을 주기적으로 경청하고 업무 만족도와 사기를 높일 수 있도록 지속적으로 노력한다.

넷째, 멀티태스킹을 최소화한다. 애자일 개발에서는 프로젝트 상황판 같은 시각적 관리 도구를 사용하여 팀원이 동시에 여러 가지 일을 하지 않도록 관리한다. 업무를 할 때도 특별한 경우가 아니면 한 번에 한 가지 일에만 몰입할 수 있도록 환경을 조성하고, 불필요한 업무 전환이 일어나지 않게 노력한다.

4.3 애자일 프로젝트 성과지표

프로젝트가 계획한 대로 잘 진행되고 있는지 파악하려면 프로젝트의 진행 상태를 객관적으로 분석할 수 있어야 한다. 객관적이라는 말은 사람에 따라 평가가 달라서는 안 되며, 명확한 기준에 따라 일관성 있게 평가되어야 한다는 의미다. 이런 측면에서 성과지표는 프로젝트 이해관계자들에게 객관성을 제공한다. 프로젝트에 올바른 성과지표를 세우려면 우선 다음 사항을 고려해야 한다.

- 이해관계자의 정보 요구사항 파악 : 고객, 경영자, 관리자가 원하는 정보 요구사항을 파악한다. 보통은 업무 진행 상황, 발생 이슈, 품질 현황이다.
- 정보 요구사항에 적절한 지표(indicator) 정의
    - 계획 대비 실제 업무 진행 상황은 일정진척률, 계획 대비 일정준수율과 같은 지표로 파악할 수 있다.
    - 품질에 문제가 없는지는 결함발생률이나 결함 수준, 결함조치율 등으로 파악할 수 있다.
- 측정 방법 정의 : 각 지표의 측정 방법, 측정 주기, 분석 방법 등을 정의한다. 이때 측정 대상이나 방법에 일관성이 있어야 한다.

애자일 프로젝트에서 일반적으로 사용하는 성과지표는 표 4-1과 같다.

▼ 표 4-1 애자일 성과지표 예

분류	지표	측정 목적	지표 정의	측정 시기
일정	포인트 진척률(%)	일정 시점에서 프로젝트가 실제 달성한 실적을 파악	완료 포인트/전체 포인트	매주 또는 스프린트 단위
	백로그 진척률(%)		완료 백로그/전체 백로그	매주 또는 스프린트 단위
	번다운 차트	단위 기간 동안에 남은 작업량을 파악	시간 경과에 따른 남은 작업량을 그래프로 표시한 도표 • 스프린트 번다운 차트 • 릴리스 번다운 차트	매일 또는 스프린트 단위
	번업 차트	단위 기간 동안에 완료된 작업량을 파악	시간 경과에 따른 완료된 작업량을 그래프로 표시한 도표 • 스프린트 번업 차트 • 릴리스 번업 차트	매일 또는 스프린트 단위
생산성	속도(velocity)	단위 기간 동안에 완료된 팀의 생산성 파악	스프린트 기간에 수행된 제품 백로그들의 스토리 포인트 합	스프린트 단위
팀워크	팀 사기 (team morale)	개발팀의 사기 파악	팀의 사기와 협업 수준의 설문 측정	월간
품질	결함발생률	시스템의 품질 상태 파악	결함 발견 건수	월간

포인트 진척률(point complete)

전체 스토리 점수 대비 현재까지 완료한 스토리 점수를 표현하는 지표다. 전통적 관리에서 실제 진척률과 같은 개념이다. 전체 스토리 포인트가 변동하면 진척률도 변한다. 가치 점수로도 진척률을 매길 수 있다.

백로그 진척률(backlog complete)

전체 제품 백로그 대비 현재까지 완료한 제품 백로그 개수를 표현한다. 스토리 점수를 추정하기 어려운 스토리들이 많은 프로젝트에서 이 지표를 활용할 수 있다. 단 스토리들의 규모가 균일하지 않으면 진척률의 의미가 많이 퇴색한다. 포인트 진척률과 마찬가지로 전체 백로그가 변동하면 진척률도 변한다.

▼ 표 4-2 스토리 포인트 진척률과 백로그 진척률 예

스토리 포인트 진척률								
스프린트	1	2	3	4	5	6		계
계획	45	60	62	64	68	10		309
실제	40	55	55					150
진척률	88.9%	91.7%	88.7%					48.5%
제품 백로그 진척률								
스프린트	1	2	3	4	5	6		계
계획	15	18	14	16	18	6		87
실제	13	16	15					44
진척률	86.7%	88.9%	107.1%					50.6%

번다운(burn down) 차트

번다운 차트는 시간의 경과에 따라 남은 작업량을 그래프로 표시한 것이다. 스프린트 번다운 차트와 릴리스 번다운 차트 두 가지가 있다. 스프린트 번다운 차트는 표 4-3처럼 매일 스프린트 백로그의 남은 작업량을 표시하면서 작성한다. 예를 들어 '1.1 일정 조회 화면'을 구현할 때 예상한 초기공수가 2MD라면 시작일은 그대로 2를 기록한다. 다음 날에 1MD를 소모했지만 아직도 남아 있는 작업공수가 2MD라면 2를 기록한다(남은 공수가 1이어야 맞지만 일이 생각보다 많을 수도 있다). 그래서 실제로는 3일이 걸렸다. '2.1 주소록 목록' 구현은 초기공수가 2였으나 다음 날 다시 추정해 보니 1이 더 늘어서 3이 될 수도 있다. 이때 개별 스프린트 백로그의 남은 공수는 담당자가 판단한다.

▶ 표 4-3 스프린트 백로그 작업공수 기록표 예

ID	제품 백로그 항목	No.	스프린트 백로그	담당자	공수	2/2	2/3	2/4	2/5	2/8	2/9
1	모바일 오피스 일정 관리	1.1	일정 조회 화면(front)	김수훈	2	2	2	1	0		
		1.2	일정 등록 화면(front)	김수훈	3	3	2	2	1	0	
		1.3	일정 수정 화면(front)	김수훈	1	1	0				
2	모바일 오피스 주소록, 전자 결재	2.1	주소록 목록	이동수	2	3	3	2	1	0	
		2.2	주소록 등록 및 삭제	이동수	3	2	2	1	0		
		2.3	전자 결재 상세 내용 보기 및 승인	이동수	2	2	2	0	0		
3	모바일 오피스 메일 관리	3.1	받은 · 보낸 편지함 보기	이민호	3	2	0				
		3.2	메일 쓰기	이민호	2	1	1	0.5	0		
		3.3	메일 읽기	이민호	1	0.5	0				
~			~~								
~			~~								
			계		55	54	51	48	45		

그림 4-1은 이렇게 각 담당자가 매일 같이 남은 공수를 기록하고 그 공수들을 합한 값을 그래프로 표시한 것이다. 점선은 이상적인 소멸 라인이고, 실선은 실제 소멸된 라인으로 남은 작업공수의 추이를 나타낸다. 그림 4-1처럼 실선이 점선과 점점 멀어진다면 예상치 못한 어려움이 생겼거나 다른 업무로 해당 작업을 진행하지 못해 남은 작업공수가 줄지 않은 것이다.

▼ 그림 4-1 스프린트 번다운 차트

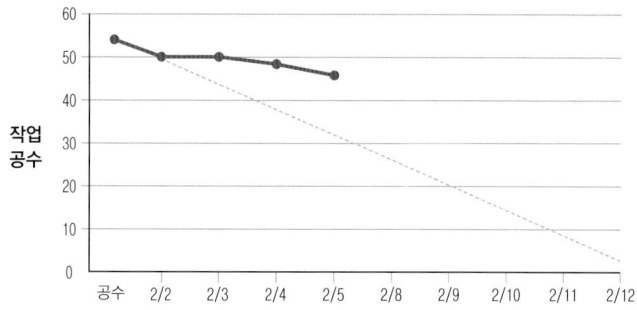

그림 4-2는 릴리스 번다운 차트로 단위 스프린트에서 소멸된 스토리 점수를 기록한 차트다. 위쪽 전체 점수 라인은 전체 제품 백로그의 스토리 점수 총합에 대한 추이를 기록한 것으로, 전체 업무 범위의 변동을 파악할 수 있다.

▼ 그림 4-2 릴리스 번다운 차트

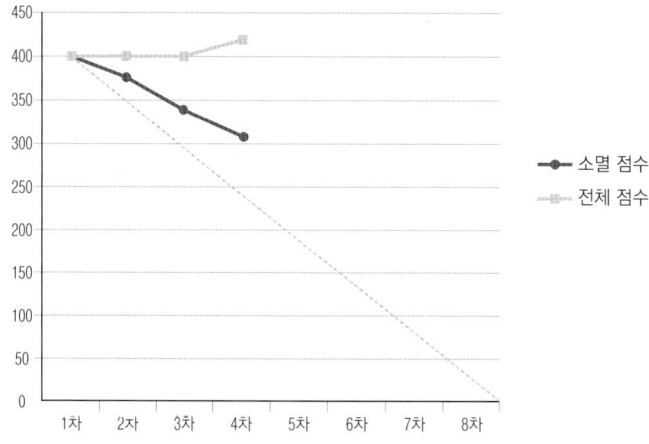

번업(burn up) 차트

번업 차트는 시간의 경과에 따라 완료된 작업량을 그래프로 표시한 것이다. 릴리스 번업 차트와 스프린트 번업 차트 두 가지가 있다. 표 4-4는 스프린트 단위로 완료한 스토리 점수를 기록한 표로, 누적 스토리 점수와 전체 스토리 점수의 추이를 기록했다. 4차 스프린트부터는 제품 책임자가 제품 백로그의 스토리 점수를 20점 증가시켰다.

▼ 표 4-4 스프린트 진행 상황 기록표 예

스프린트	1차	2차	3차	4차	5차	6차
완료 SP	25	40	30	25		
	40	45	55	60	42	
누적 SP	25	65	95	120		
전체 SP	300	300	300	320		

▼ 그림 4-3 릴리스 번업 차트

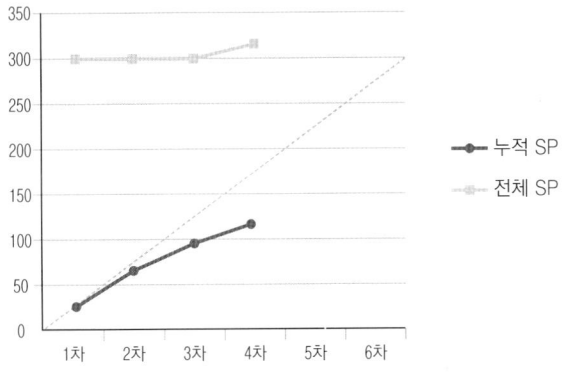

그림 4-3 차트에서 아래쪽 누적 SP 실선은 실제 완료한 스토리들의 점수고, 그 위쪽에 있는 점선은 이상적인 완료 라인(대각선)이다. 실선이 점선과 별 다른 차이 없이 오른쪽 위로 향한다면 문제가 없지만 간격이 많이 벌어진다면 제품 백로그를 기간 안에 완료하기 어렵다. 번업 차트는 전통적 프로젝트

에서 진척률 차트와 비슷한 모습이므로 번다운 차트보다 고객 및 경영자들이 이해하기 쉽다.

팀 사기(team morale) 측정

팀원의 사기가 업무 성과에 많은 영향을 주므로 애자일에서는 주기적으로 팀의 사기를 측정한다. 팀의 사기는 다음과 같은 설문을 1~10점 단위로 팀원들로부터 측정하여 평균을 낸다. 질문을 많이 만들 필요는 없다.

▼ 그림 4-4 팀 사기 측정 예

No.	질문사항	전혀 아니다					매우 그렇다				
		1	2	3	4	5	6	7	8	9	10
1	나는 내가 하는 일이 즐겁고 보람 있다.										
2	우리 팀은 최선을 다해 서로 돕고 지원하려고 한다.										
3	우리 팀은 토론이나 회의를 매우 유익하게 행한다.										
4	우리 팀은 모두 해당 과제에 최선을 다해 매진한다.										
5	우리 팀은 갈등이 생겼을 때 빨리 해결하는 편이다.										

팀 온도계

4.4 시각적 관리와 데일리 스탠드업 미팅

IT 프로젝트는 다른 분야의 프로젝트와 달리 진척 상황이 눈에 잘 보이지 않는다. 건설 프로젝트는 현장에 가 보면 구체적으로 어떤 작업을 하는지 가시적으로 쉽게 파악할 수 있다. 반면에 IT 프로젝트는 컴퓨터로 업무를 하다 보니 시스템을 구현하기 전까지는 관리자나 고객이 진행 상황을 파악하기가 쉽지 않다. 관리자는 업무 담당자가 주기적으로 수행한 업무 기록을 확인할 수 있을 뿐이다.

시각적 관리

애자일에서는 IT 프로젝트의 비가시성을 해소하고 팀원의 의사소통을 강화할 목적으로 스프린트 진행 상황판(sprint progress board)을 활용한 시각적 관리(visual management) 기법을 사용한다. 시각적 관리는 릴리스 계획과 스프린트 계획에서 나온 백로그를 포스트잇을 사용하여 상황판에 붙이고, 백로그의 진행 상황과 주요 이슈를 주기적으로 점검하는 활동이다. 따라서 관리자와 이해관계자는 업무 계획, 진행 상황, 장애 요인을 빠르게 파악할 수 있고, 누가 어떤 일을 하는지도 쉽게 알 수 있다. 또 상세 작업과 일정이 숨김 없이 노출되기에 팀원의 책임감이 높아지고 업무 진행 상황을 공유함으로써 협력을 촉진하는 효과가 있다.

▼ 그림 4-5 진행 상황판을 이용한 시각적 관리

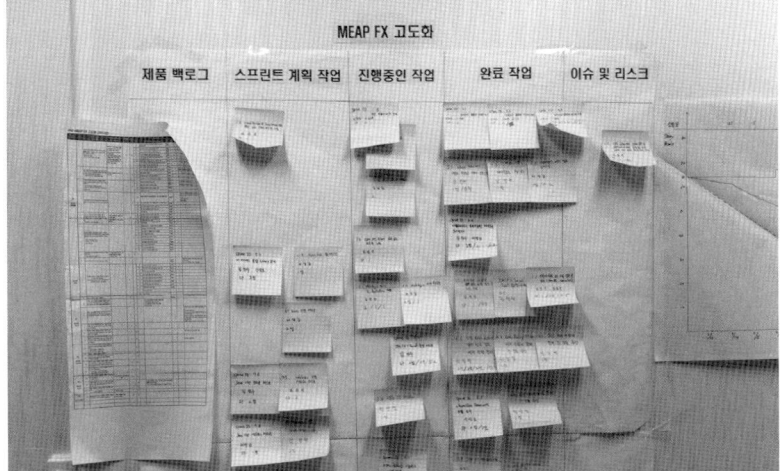

데일리 스탠드업 미팅

데일리 스탠드업 미팅(daily standup meeting)*은 매일 팀원이 스프린트 진행 상황판 앞에 모여서 15~20분간 진행 상황을 공유하고 업무 조율과 협력을 수행하는 활동이다. 이때 팀원은 각자 다음 네 가지 사항을 이야기한다.

- 어제 내가 한 일
- 오늘 내가 할 일
- 업무 진행 중 발생한 장애 요인
- 도움이 필요한 사항

팀원은 이 네 가지 사항을 말하면서 자기가 맡은 작업의 포스트잇에 남은 작업 일수를 기록하거나 완료한 작업을 완료 열로 이동시킨다. 팀원은 이 미팅을 통하여 자연스럽게 서로가 하는 업무를 알게 되고, 굳이 물어보지 않아도 누가 어떤 어려움에 처했으며 이슈가 무엇인지 자연스럽게 알 수 있다. 포스트잇을 이동하는 퍼포먼스 역시 팀원이 성취감을 느낄 수 있는 요소가 되기도 한다. 다음은 데일리 스탠드업 미팅을 효과적으로 진행할 수 있는 가이드다.

- 팀원이 솔직하게 업무 진행 상황을 이야기할 수 있게 한다.
- 다른 팀원이 이야기할 때 관심을 가지고 경청한다.
- 한 팀원이 너무 짧거나 길게 이야기하지 않도록 조율한다(2분 이내).
- 리더는 일정을 지연한 팀원을 비난하지 않고, 어떤 도움이 필요한지 물어보고, 다른 팀원이 지원할 수 있도록 독려한다.
- 업무적으로 연관된 다른 팀이 있으면 서로 크로스로 참여하여 업무를 협의한다.
- 이 미팅에서는 간단한 이슈 정도만을 이야기하며 이슈 해결 토론은 별도 미팅으로 진행한다.

---

* 스크럼에서 이 미팅을 데일리 스크럼(daily scrum)이라고 한다.

▼ 그림 4-6 데일리 스탠드업 미팅

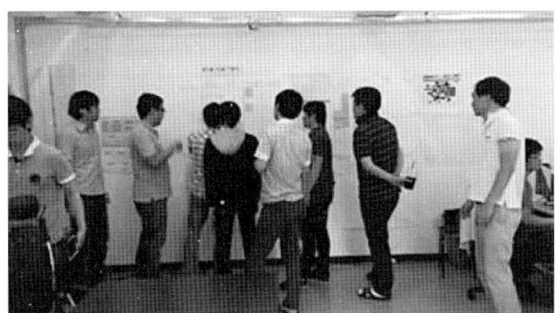

데일리 스탠드업 미팅이 쉬워 보이지만 실제 수행하는 것은 생각보다 어렵다. 일단 팀원이 이런 활동에 익숙하지 않으며 업무를 더욱 압박하려는 의도로 오해를 받기 쉽다. 내가 지난 몇 년 동안 받은 질문 중에서 이 미팅의 부작용에 대한 것이 꽤 많았다. 따라서 데일리 스탠드업 미팅을 처음 도입할 때는 다음 세 가지 사항을 주의하자.

첫째, 데일리 스탠드업 미팅은 업무를 보고하는 미팅이 아니다. 과거에도 많은 리더가 아침마다 데일리 미팅을 수행했었다. 즉, 리더가 중심이 되어 팀원의 업무 진행 상황을 파악하는 형태로 말이다. 하지만 데일리 스탠드업 미팅은 팀원끼리 업무 진행 상황을 공유하고 업무 협력을 촉진하려는 목적에서 수행한다. 따라서 처음에는 리더가 주도하더라도 나중에는 팀원끼리 자발적으로 수행해야 효과를 지속해 나갈 수 있다. 과거 데일리 미팅처럼 팀원이 리더에게 보고하는 형태로 진행한다면 원래의 목적을 잃어 팀원도 결코 좋아하지 않을 것이다.

둘째, 미팅 시간은 15~20분을 넘기지 않는다. 장애 요인을 이야기하다 보면 진행상의 여러 가지 이슈가 드러나는데 이야기하느라 20분은 훌쩍 넘긴다. 짧게 하려는 목적에서 일어선 채 미팅하는 것이므로 이슈는 간단히 이야기한다. 시간이 더 필요하다면 미팅이 끝나고 관련된 사람끼리 좀 더 자세하게 회의를 하거나 별도로 약속을 잡는 것이 좋다. 스탠드업 미팅과 이슈 회의는 분리한다.

셋째, 재미있고 활기찬 미팅이 될 수 있도록 리더가 관심을 가지고 이끈다. 매일 스탠드업 미팅을 하면 타성에 젖어 팀원의 자세도 흐트러지고 취지와는 다르게 기계적으로 하게 된다. 이때는 리더가 좀 더 개입하여 팀원이 재미있고 적극적으로 미팅할 수 있도록 이끌어야 한다. 예를 들어 팀원 개인의 대소사를 공유하여 인간적인 유대 관계를 느낄 수 있게 하는 것도 좋은 방법이다. 데일리 스탠드업 미팅이 잘 진행되면 팀원은 서로 능동적으로 협력하면서 시너지 효과를 낼 수 있다.

데일리 스탠드업 미팅에는 고객과 제품 책임자도 함께 참석할 수 있다. 미팅에 참석하면 자신이 의뢰한 업무를 활발하게 진행한다는 느낌을 받을 수 있고, 이것이 서로 간에 신뢰로 이어져 개발팀과 좋은 협력 관계를 형성할 수 있다.

> ☆ 참고
>
> 애자일을 처음 적용하는 많은 팀에서 데일리 스탠드업 미팅과 이슈 미팅을 분리하지 못한다. 그래서 미팅 시간이 처음 20분에서 30분, 40분, 나중에는 1시간까지 늘어나기도 한다. 이렇게 하면 쓸데없이 시간을 낭비한다는 팀원의 불만이 쌓여서 미팅을 지속하기가 어렵다. 리더는 이런 일이 생기지 않도록 중간에 개입하여 발언 시간을 조정해 주어야 한다.

> ☆ 참고
>
> 데일리 스탠드업 미팅을 꼭 매일 할 필요는 없다. 프로젝트 상황에 따라 이틀에 한 번 할 수도 있다. 다만 자주 하면 낭비 요소를 줄이고 협력을 증가시킬 수 있다.

☆ Q&A

우리 팀은 다른 애자일 프랙티스는 하지 않고 아침마다 리더에게 보고하는 형태로 데일리 스탠드업 미팅을 하는데?

데일리 스탠드업 미팅이 팀 리더에게 보고하는 형태라면 팀원은 감시를 받는다고 느껴 수동적인 자세를 보인다. 우선 리더의 인식이 변해야 한다. 이 미팅이 업무 진행 상황을 점검하려는 목적도 있지만 그보다 상호 협력과 시너지를 이끌어 내는 것이 더욱 중요하다고 인식해야 한다. 리더는 말을 많이 하기보다는 팀원끼리 서로 얼굴을 보면서 이야기를 나누게 한다. 리더는 이슈와 장애 요인을 지원하는 정도만 수행하는 것이 좋다.

4.5 단계별 · 스프린트 리뷰를 이용한 고객 피드백

프로젝트에는 고객을 포함한 다양한 이해관계자가 있고, 이해관계자의 요구는 비즈니스 환경이 변하면 함께 변한다. 이런 이해관계자의 요구를 주기적으로 점검하지 않으면 자칫 실제 사용자의 생각과는 동떨어진 엉뚱한 제품을 만들기 쉽다. 그래서 전통적 프로젝트에서는 주요 마일스톤 단위로 진행 상황을 점검하고, 이후 단계로 진행할지 여부를 판단하는 단계별 리뷰 활동을 수행한다. 예를 들어 개발 계획 단계 리뷰라고 한다면 고객과 주요 개발 리더가 모여서 개발 계획 단계에서 정의된 활동이나 산출물을 적절하게 수행했는지 점검한다. 그리고 마케팅과 기술 측면에서 리스크를 평가하여 다음 단계로 진행할지를 공식적으로 결정한다.

▼ 그림 4-7 신제품 개발 과정의 단계별 리뷰

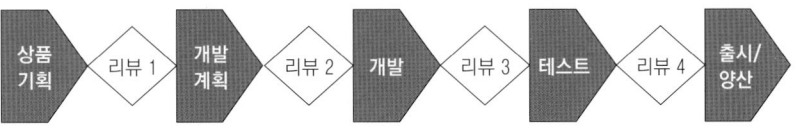

단계별 리뷰에서 점검하는 내용은 마케팅과 기술적 이슈, 조직 차원의 전략, 재무 등 다양하다. 예를 들어 마케팅 측면에서는 개발 제품을 시장에서 성공시키려는 차별화 전략이나 조직 전략과 일치성, 재무 평가 등을 집중적으로 점검한다. 기술 측면에서는 사업에 영향을 미치는 기술적인 이슈사항을 심도 있게 평가한다.

단계별 리뷰는 상품 기획 단계, 개발 계획 단계, 개발 단계, 테스트 단계 등 개발 생명주기에 따라 수행된다. 단계별 리뷰에서 점검하는 체크리스트의 예는 표 4-5와 같다. 이런 체크리스트는 프로젝트 성격이나 단계별로 내용이 다르다(성숙한 조직에는 체크리스트가 표준화된 문서로 마련되어 있다).

▼ 표 4-5 상품 기획 단계에서 점검하는 체크리스트 예

점검 요소	체크리스트
시장	목표 고객과 시장은 명확하게 설정했는가?
	고객 니즈를 정확하게 조사했는가?
	예상하는 시장 크기는 어떠한가?
경쟁사	경쟁 제품이나 경쟁사가 있는가?
	경쟁 상황은 어떠한가?
	잠재적 제품이나 경쟁자는 없는가?
전략	자사 중장기 전략과 연관성은 어떠한가?
	제품 차별화 요소는?
	자사에 개발 역량이 있는가?
재무	투자수익률(ROI)
	내부수익률(IRR)
	순현재가치(NPV)
기술	핵심 기술 구현은 가능한가?
	필요한 관련 규격과 법규는?
리스크	선행 특허가 있는가?
	리스크는 분석했는가?

애자일 프로젝트에서는 이런 단계별 리뷰 외에도 스프린트 종료 시점에 제품 책임자, 이해관계자와 함께 해당 기간에 만든 성과물을 점검하는 스프린트 리뷰를 진행한다. 스프린트 리뷰의 목적은 개발팀이 스프린트 동안에 수행한 성과를 이해관계자에게 보여 주고 피드백을 받아 다음 제품 개발 방향을 점검하는 것이다. 스프린트 리뷰는 보통 다음 절차를 따른다.

▼ 그림 4-8 스프린트 리뷰 절차

리뷰 준비	· 프로젝트 리더는 제품 책임자와 이해관계자에게 데모 내용과 장소, 기간을 미리 공지한다. · 개발팀은 사용자와 고객 관점에서 쉽게 이해할 수 있도록 데모 시나리오와 테스트를 준비한다.
리뷰 수행	· 개발팀은 제품 책임자와 이해관계자에게 전체 진행 현황과 이번 스프린트의 목표를 설명한다. · 개발팀은 구현된 기능을 보여 주면서 개발 과정에서 발생되었던 고충이나 이슈를 함께 이야기한다. · 제품 책임자와 이해관계자는 개발팀의 결과물을 보면서 의문사항이나 보완 방향을 제시한다.
리뷰 정리	· 개발팀은 이해관계자들이 지적한 사항을 열린 마음으로 듣고 개선해야 할 사항을 기록한다. · 제품 책임자는 리뷰에서 나온 개선사항을 종합하여 정리하고 우선순위화하여 제품 백로그에 반영한다.

▼ 그림 4-9 스프린트 리뷰 수행

스프린트 리뷰가 잘 진행되면 팀원은 성취감과 만족감을 느끼고 팀 사기도 오른다. 하지만 잘 진행되지 않으면 반대 결과가 나타나므로 프로젝트 리더는 세심하게 준비해야 한다. 스프린트 리뷰를 진행할 때 고객과 제품 책임자, 프로젝트 리더는 다음 세 가지 사항을 고려해야 한다.

첫째, 개발팀이 스프린트 리뷰용 문서를 별도로 만들거나 불필요한 활동을 하지 않는다. 많은 프로젝트에서 리뷰를 진행하려고 파워포인트 자료를 만들거나 데모 코드를 많이 심는데 그것은 불필요한 활동이 될 수 있으므로 있는 그대로의 산출물을 보여 주는 것이 좋다.

둘째, 제품 책임자 및 이해관계자는 개발팀에서 수행한 결과를 비판만 하지 말고 칭찬도 같이 한다. 개발팀은 지난 스프린트 기간 동안 최선을 다해서 일했기 때문에 어느 정도 긍정적인 피드백을 기대한다. 그런데 이해관계자가 지적만 한다면 팀의 사기는 떨어질 수밖에 없다. 경영진이나 제품 책임자의 한마디는 팀에 커다란 힘이 될 수 있다는 것을 잊지 말자.

셋째, 이해관계자는 비판할 때 최대한 팀원을 존중하면서 자신의 생각을 이야기한다. 스프린트 리뷰에서 적절하게 칭찬과 비판을 하면 개발팀은 다음 스프린트를 수행할 수 있는 자신감도 얻고 사기도 오른다.

대규모 프로젝트에서는 스프린트 리뷰 일자를 동기화해서 다른 팀원도 리뷰에 참여하게 하면 좋다. 이러면 팀 간에 자연스럽게 기술적 교류가 생겨 업무를 공유할 수 있다. 한 달에 반나절 정도를 아예 스프린트 리뷰일로 정하고 그날은 새로운 업무를 하는 대신 각 팀의 진행 결과를 공유하고 공통된 기술적·관리적 이슈를 토론하는 것도 좋은 방법이다.

단계별 리뷰나 스프린트 리뷰 모두 진행 상황을 점검한다는 차원에서는 유사하다. 하지만 **단계별 리뷰는 주요 이해관계자가 모여서 다음 단계로 가는 조건을 점검하는 데 초점을 맞추고, 스프린트 리뷰는 전체 팀원이 참여하**

여 고객의 피드백을 받아 제품 개발 방향을 조정하는 데 초점을 맞춘다. 실제 현실에서는 단계별 리뷰와 스프린트 리뷰를 제품 개발 특성에 따라 적절하게 활용할 수 있다. 보통 스테이지 게이트를 따르는 시스템 개발 프로젝트에서는 단계적 리뷰를 요구한다. 개발 계획을 수립하거나 본격적으로 만들기 전에 비즈니스 차원에서 정밀한 판단이 필요하기 때문이다. 하지만 분석·설계·구현 단계 리뷰와 같이 폭포수 개발에서 수행하는 리뷰는 별도로 진행할 필요가 없다. 스프린트 기간 안에서 분석과 설계, 개발과 테스트를 동시에 수행하기 때문이다. 그림 4-10은 이를 도식화한 것이다.

▼ 그림 4-10 단계별·스프린트 리뷰의 통합 적용

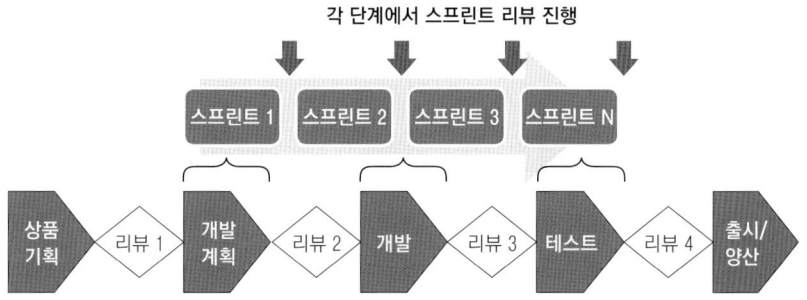

참고

우리나라 사람은 대부분 비판은 잘 하지만 칭찬에는 인색하다. 나는 이것이 우리나라 사회·교육 환경과 관련 있다고 생각한다. 칭찬도 받아 본 사람이 한다고 우리는 어릴 때부터 칭찬을 별로 받지 못하고 자랐다. 특히 40대 이후 세대는 가부장적인 아버지와 선생님 밑에서 자랐기 때문에 칭찬보다는 비판에 더 익숙하다. 그런데 이런 사람들이 지금의 경영진인 것이다. 사소한 것이라도 칭찬하는 연습을 해야 한다. 물론 건성으로 해서는 안 되고 진정성이 있어야 한다. 다음과 같은 문구들이 도움이 될 것이다.

- 개발하느라 정말 고생했네.
- 좀 전에 보여 준 기능은 아주 훌륭했어. 그런데 이런 부분이 있으면 더 좋을 것 같은데……
- 현업 차원에서 많은 도움이 될 것 같군.
- 기존에 하던 방식과 달라서 고객에게 어필이 될 것 같군.

4.6 효율적 이슈 및 리스크 관리

IT 프로젝트에는 태생적인 리스크 요소가 있다. 고객이나 비즈니스, 기술적 측면 등 잠재된 다양한 문제가 있으므로 프로젝트 타당성 검토 단계부터 리스크를 예측하여 적절한 대응 계획을 수립해야 한다. 또 프로젝트를 수행하다 보면 장애 요인이나 기술적인 쟁점, 구성원 간의 갈등으로 이슈가 발생한다. 이슈가 현재 발생한 문제라면 리스크는 향후 발생할 문제라는 점에서 시점의 차이가 있다. 또 이슈는 이미 발생했지만 리스크는 향후 발생할 수도 있고 발생하지 않을 수도 있다.

대부분의 프로젝트 리더는 이런 이슈 및 리스크들을 머리로는 알고 있지만 기록으로는 관리하지 않는 경향이 있다. 규모가 작은 프로젝트에서는 큰 문제가 없지만 프로젝트 규모가 커지면 발생하는 이슈와 리스크가 기하급수적으로 늘어나므로 반드시 기록하고 관리할 필요가 있다.

전통적 프로젝트에서도 이슈 및 리스크 관리는 중요했지만 애자일이라고 해서 예외는 아니다. 다만 전통적 프로젝트에서는 다소 복잡하고 엄격히 관리했다면 애자일 프로젝트에서는 그렇게 복잡하게 관리하지는 않는다. 중요한 것은 관리 절차가 아니라 이슈와 리스크를 식별하고 해결하는 것이기 때문이다. 일부 애자일 실천가들은 이슈 및 리스크 관리에 대하여 간과하는 경향이 있는데 **애자일 관련 서적에서 이슈와 리스크 관리를 언급하지 않는 것은 기존 방법론에서 이미 많이 다루고 있기 때문이지 하지 말라는 의미는 아니다.** 책에서는 이슈와 리스크를 복잡하지 않으면서 실질적으로 관리할 수 있는 방법을 설명한다.

▼ 그림 4-11 이슈와 리스크 관리 프로세스

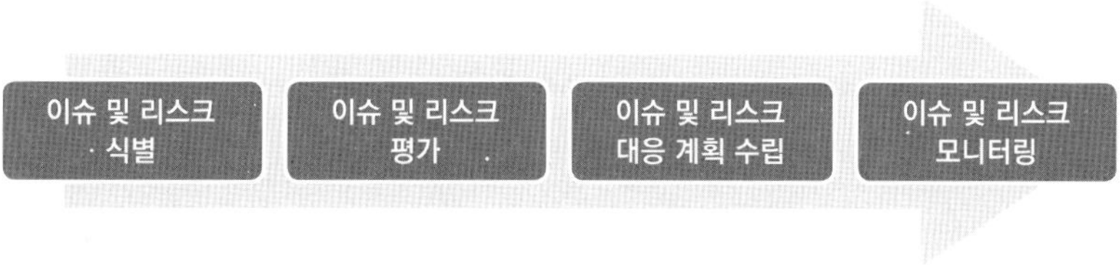

이슈 및 리스크 식별 → 이슈 및 리스크 평가 → 이슈 및 리스크 대응 계획 수립 → 이슈 및 리스크 모니터링

이슈 및 리스크 식별

프로젝트 리스크는 과거에 있었던 유사한 프로젝트의 경험이나 브레인스토밍, 리스크 식별 체크리스트, 전문가 인터뷰 등 다양한 방법을 활용하여 식별할 수 있다. 많은 리더가 리스크는 혼자 고민하고 해결해야 하는 일인 양 혼자서 끙끙 앓는데 이것은 팀의 공동 책임감을 떨어뜨릴 뿐이다. 리스크는 프로젝트 구성원이 함께 모여 논의하는 것이 효과적이다. 프로젝트 초기에 모든 팀원이 자신의 경험을 바탕으로 프로젝트에서 예상되는 문제점을 생각해 보고 어떻게 대응할지 함께 토론하면서 공감대를 형성하면 좋다. 특히 고객 측면에서 발생하는 리스크도 많으므로 고객과 함께 리스크를 식별하는 것이 좋다. 이런 활동을 같이 하면 고객은 자연스럽게 자신이 해야 할 일과 책임감을 인지한다.

릴리스 계획과 스프린트 계획을 수립할 때에도 이슈 및 리스크 식별 과정을 거치는 것이 좋다. 프로젝트의 리스크를 식별하는 체크리스트의 예는 표 4-6과 같다. 프로젝트 팀은 점검 항목을 자문해 보면서 프로젝트에서 예상할 수 있는 문제점을 도출한다.

▼ 표 4-6 프로젝트 리스크의 체크리스트 예

위험 분류	체크리스트
비즈니스	고객에게 전달하는 인도 일정은 적절한가?
	프로젝트 전체 일정에 여유가 있는가?
	제품을 사용할 고객층이 명확한가?
	제품과 함께 상호 운용할 제품이나 시스템의 수는?
고객	과거에 함께 프로젝트를 추진한 적이 있는가?
	고객은 자신이 원하는 것에 확고한 아이디어가 있는가?
	고객은 개발자와 신속하게 의사소통하는 채널이 있는가?
	고객은 개발 프로세스를 이해하는가?
개발	프로젝트에서 사용할 개발 프로세스를 수립했는가?
	소프트웨어는 새롭거나 증명되지 않은 하드웨어와 접속하는가?
	프로젝트는 타 회사가 제공하는 증명되지 않은 소프트웨어 제품과 접속하는가?
요구사항	고객의 요구사항은 새로운 알고리즘이나 입출력 기술을 만들어야 하는가?
	제품 요구사항이 특정한 사용자 인터페이스를 요구하는가?
	프로젝트를 수행할 때 요구사항이 과도한 제약을 두는가?
	특정 업무 범위가 변경될 가능성이 있는가?
	일정과 비용에 영향을 주는 요구 변경이 예상되는가?
개발 환경	팀원끼리 사용할 커뮤니케이션 도구가 적절하게 준비되어 있는가?
	개발에 필요한 도구가 적절하게 준비되어 있는가?
	모든 소프트웨어 도구가 서로 통합되어 있는가?
	팀원은 사용할 도구와 관련된 교육을 받는가?
개발 경험	기술자는 적절한 기술을 보유하고 있는가?
	프로젝트 리더에게 해당 프로젝트를 수행할 적절한 경험과 실적이 있는가?
	팀이 서로 알고 항상 의사를 교환할 수 있는 장치가 준비되었는가?
외주업체	외주업체와 계약한 내용에 애매한 부분이 있는가?
	외주업체는 해당 작업에 경험이나 실적이 있는가?
	작업을 쉽고 객관적으로 검수하는 계획이 수립되어 있는가?
	외주업체의 실적 또는 신뢰성에 문제는 없는가?

다음은 리스크 회의를 하는 전형적인 사례다.

프로젝트 리더 : 자, 이제 관련된 분들이 모두 모였으니 리스크 회의를 시작하도록 하겠습니다. 우선 요구사항을 분석한 결과로 볼 때, 구현해야 할 업무 영역 중에서 몇 가지 리스크가 있는 것 같습니다. 특히 통계 관리 부분에서 구체적으로 어떤 내용의 데이터를 추출하여 보여 주어야 할지 아직 내부적으로 결정되지 않은 것 같습니다.

고객 : 예, 그 부분은 프로젝트 범위에는 들어 있지만 아직 내부 담당자가 없어서 그렇습니다. 가능하면 빨리 담당자를 결정하여 구체적인 요구사항을 말씀 드리도록 하겠습니다.

프로젝트 리더 : 예, 빨리 결정해 주시면 고맙겠습니다. 그런데 다음 주 중으로 담당자를 결정하지 않으면 전체 프로젝트를 지연시키는 요소로 작용할 수 있을 것 같은데 어떻게 하면 좋을까요?

고객 : 예, 사실 다음 주 중으로는 어려울 것으로 판단됩니다. 통계 관리 부분은 조금 늦게 일을 시작하실 수는 없는지요?

프로젝트 리더 : 프로젝트의 일정이 4개월 정도이므로 요구사항이 너무 늦게 나오면 프로젝트 기간 안에 반영하기가 어렵습니다. 하지만 모든 상세 요구사항이 프로젝트 초반에 나오기 어렵다는 것을 저희도 잘 알고 있기 때문에 이미 도출된 상세 요구사항을 기반으로 점진적으로 구현해 나가도록 하겠습니다. 다만 일정과 비용에 제약이 있으므로 프로젝트 기간 동안에 나오는 요구사항을 모두 구현하기는 어렵습니다. 따라서 고객께서 도출되는 상세 요구사항에서 우선순위를 선정해 주시면 일정이 허락하는 한도 안에서 구현하도록 하겠습니다.

고객 : 예, 저희도 프로젝트 기간 안에 나오는 모든 요구사항을 구현하기 어렵다는 것을 잘 알고 있습니다. 주기적으로 저희에게 구현된 것을 보여 주시면 피드백을 하고 업무의 우선순위를 선정해 드리도록 하겠습니다.

프로젝트 리더 : 예, 그렇게 하도록 하겠습니다.

대화를 보면 통계 관리 요구사항의 불명확성에 대한 리스크를 고객과 어떻게 풀어 갈 것인지 자연스럽게 도출하고 있는데 이런 대화를 나눠 프로젝트 리스크를 공동으로 인지하고 대응하는 노력이 필요하다.

이슈 및 리스크 평가

이슈 및 리스크 평가의 목적은 해당 리스크가 프로젝트 성공에 어느 정도 영향을 미치는지 판단하여 관리의 우선순위를 설정하는 것이다. 영향을 미치는 정도가 낮다면 무시할 수도 있지만 높다면 좀 더 세심하게 관리해야 한다. 평가 방법은 다음 세 가지 측면에서 분석한다.

첫째, 발생가능성을 판단한다. 발생가능성은 0~100%까지 확률로 표시한다. 해당 사항이 이미 발생했다면 100%, 발생가능성이 반반이라면 50%다. 이미 발생하여 발생가능성이 100%로 표시된 사항은 모두 이슈, 그렇지 않은 사항은 잠재적인 이슈이므로 모두 리스크로 분류한다.

둘째, 프로젝트에 미치는 영향을 조사한다. 프로젝트 목표, 즉 비즈니스 가치나 일정, 비용, 품질 등에 어느 정도 영향을 미치는지 파악한다. 그 정도는 여러 가지 척도를 사용하여 표현할 수 있다. 예를 들어 상중하로 표현하거나 표 4-7처럼 수치로 표현할 수 있다.

▼ 표 4-7 리스크 영향도 기준

영향도	프로젝트에 미치는 영향
0.9(상)	• 고객에게 전혀 가치를 제공하지 못함 • 또는 일정과 비용 초과가 프로젝트 전체에서 10% 이상 발생 • 또는 품질 수준이 고객이 인수하지 않을 정도로 열악할 수 있음
0.5(중)	• 고객에게 부분적으로만 가치 제공 • 또는 일정과 비용 초과가 프로젝트 전체에서 5~10% 발생 • 또는 품질 수준이 고객의 상당한 불만족을 야기할 수 있음
0.2(하)	• 납기 지연, 비용 초과가 프로젝트 전체에서 5% 이내로 미미 • 또는 품질 수준이 고객의 일부 불만족을 야기

셋째, 발생가능성과 영향도를 기반으로 해당 사항의 우선순위를 선정한다. 우선순위는 표 4-8처럼 매트릭스로 설정할 수 있다. 규모가 큰 프로젝트에는 이슈와 리스크가 대량으로 발생한다. 따라서 이런 분석 활동을 하지 않으면 어떤 것이 프로젝트에 더 많은 영향을 미치는지 알 수 없어 정작 중요한 리스크를 제때 관리하지 못하는 상황이 발생할 수 있다. 이슈와 리스크 발생이 적은 프로젝트라면 분석 활동을 더욱 간소하게 해도 큰 문제는 없다.

▼ 표 4-8 리스크 우선순위 매트릭스

영향도	발생가능성			
	0.2	0.5	0.9	1
0.9	중	상	상	상
0.5	하	중	상	상
0.2	하	하	중	하

이슈 및 리스크 대응 계획 수립

이슈 및 리스크 대응 계획은 세심하게 신경을 써야 하는 부분으로, 프로젝트 구성원의 창의적인 아이디어가 필요하다. 그래서 팀원 모두가 참여하여 브레인스토밍 같은 형태로 진행하면 좋다. 많은 프로젝트 리더가 팀원과 토론해봤자 뾰족한 대책이 없으리라 짐작하고 이런 활동 자체를 시간 낭비로 생각한다. 하지만 리더가 회의 진행을 어떻게 이끄냐에 따라 생각지도 못한 해결책이 얼마든지 나올 수 있다. 물론 별다른 책임감을 느끼지 못하는 팀원을 데려다가 어느 날 갑자기 이슈와 리스크 회의를 하자고 하면 좋은 의견이 나오지 않을지도 모른다. 하지만 자기 조직화된 애자일 팀이라면 좋은 아이디어가 나온다. 첫 회의에서 좋은 대응 방안이 나오지 않아도 서두르지 말고 주기적으로 리스크 회의를 하라. 리스크 대응 계획은 크게 다음 네 가지 전략으로 접근할 수 있다.

1. 완화(mitigation)

해당 리스크로 영향을 완화하거나 감소하는 전략이다. 예를 들어 웹 접근성 표준을 준수하는 데 어려움이 있다면 팀원에게 웹 접근성을 교육하거나 경험 있는 컨설턴트를 활용하는 대책을 세워 리스크를 완화할 수 있다. 상호 운용하는 제품이 많아 연계 테스트에서 문제가 발생할 것 같다면 테스트 기간을 충분히 주어 문제 해결 시간을 확보할 수 있다.

2. 회피(avoidance)

해당 리스크를 회피하거나 제거하는 전략이다. 예를 들어 외주 인력의 책임감이나 역량이 부족하다면 외주 인력을 쓰지 않고 내부 인력을 쓰는 것이 바람직한 해결책이 될 것이다. 새로운 도구를 사용하여 개발 속도가 떨어질 것으로 예상된다면 익숙한 도구를 그대로 사용하는 방안이 대응책이 될 수 있다.

3. 전가(transference)

해당 리스크의 발생 결과와 대응 주체를 제삼자에게 이동시키는 전략이다. 예를 들어 특정 요구사항으로 리스크가 예상된다면 다른 회사로 관리 책임을 넘기거나 보험을 들어서 해결할 수 있다. 이 전략은 엄격히 말하면 관리 책임만 넘기는 것이지 리스크 자체를 감소시키는 것은 아니다. 그래서 리스크 책임을 협력업체로 넘길 수는 있지만 근본적으로 벗어날 수는 없다.

4. 수용(acceptance)

리스크 평가 결과, 프로젝트에 미치는 영향이 비교적 적다면 그냥 두는 것도 대응책이 될 수 있다. 굳이 대응책을 세울 필요가 없다.

프로젝트에 크게 영향력을 미치는 리스크는 실제 그 위험이 발생했을 때를 대비한 비상 대책(contingency plan)을 수립하는 것도 필요하다. 예를 들어 새로운 도구를 사용하느라 생산성 저하가 예상된다면 비상 대책으로 역량 있는 외주 개발자를 투입할 수 있다. 비상 대책은 완화 전략을 사용해도 해당 리스크의 출현을 막을 수 없을 때 실행하는 방법이다. 예를 들어 지하철 역사에 불이 날 수 있다는 리스크를 생각해 보자. 이 리스크에 대응하는 기본 계획은 불이 나지 않도록 하는 완화 계획(의자에 방화 소재를 사용하거나 방화 소지자를 탑승하지 못하도록 하는 행위 등)이 될 것이다. 하지만 불이 났을 때를 대비하는 비상 대책도 필요하다. 평소 시민들에게 비상문 사용 방법을 알려 준다거나 전원 없이도 가동하는 야광 표시등을 설치하는 것 등이다.

이슈에 대한 대응 계획은 실제 발생한 사항이기 때문에 이를 회피하거나 다른 조직에 전가하기는 불가능하다. 따라서 조치를 취해 발생한 이슈에 대응해야 한다. 시급히 결정해야 할 설계 방법이나 의사 결정 같은 이슈는 회의를 하여 빠른 시간 안에 결정해야 한다. 이렇게 수립한 이슈 대응 계획과 리스크 대응 계획은 실행 담당자를 결정하고 구체적인 완료 기한도 설정한다.

이슈 및 리스크 모니터링

프로젝트 리더는 주기적으로 이슈와 리스크 진행 상황을 모니터링해야 한다. 모니터링은 다음 사항을 중점적으로 살펴보고, 이 과정에서 새로운 리스크를 식별하거나 기존에 수립한 대응 계획을 재평가하는 활동을 포함한다.

- 리스크 대응 방안을 계획대로 실천하고 있는가?
- 리스크 대응 계획이 효과적이었나?
- 프로젝트 가정이 아직 타당한가?
- 리스크 이후 상황이 이전과 달라졌는가?(중요도, 우선순위 등)
- 새로운 이슈나 리스크가 출현하지는 않았는가?

▶ 표 4-9 이슈 및 리스크 관리 예

ID	발생 일자	내용	예상 발생 결과	제기자	발생 가능성	영향도	우선 순위	조치 계획	조치 담당자	조치 예정일	조치 현황	상태	완료 일자
PM-001	2009. 4. 1	개발자들이 IMS 국제 이러닝 표준에 이해가 부족함	개발자들이 IMS 분석·설계하기 어려울 것으로 예상됨	OOO	1	0.5	상	• 회사 내·외부 IMS 관련 지식이 있는 분들과 개발자 간 교류로 최대한 빠른 시간에 업무 지식 파악 • IMS 표준을 준수한 ilias 무들 솔루션의 소스 분석	OOO	2009. 5. 20	전문가가 IMS 표준 설명 및 자료 분석 수행	완료	2009. 5. 20
PM-002	2009. 4. 1	웹 접근성 웹 표준을 준수하면 개발 속도 저하와 기능 상 제약이 따름	테스트 시간 마다 로 납기 준수에 어려움 발생	OOO	0.9	0.5	상	• 웹 표준 경험이 있는 기획자를 채용하여 기획 단계부터 표준화를 고려 • 개발자를 대상으로 웹 표준화, 웹 접근성 교육 실시 • 웹 퍼블리셔 채용	OOO	2009. 10. 30	• 웹 표준화 프로젝트 PM 경험이 있는 OO 과장을 기획자로 채용 (2009. 9. 3) • 웹 퍼블리셔인 OO 를 채용(2009. 9. 5)	완료	2009. 9. 30

4.7 산출물 검토 방법

산출물 검토의 목적은 프로젝트에서 나오는 주요 산출물을 대상으로 결함을 조기에 식별하고 제거하여 테스트 과정에서 발생하는 결함을 줄이는 것이다. 애자일 개발에서는 검토 방법으로 인스펙션 기법, 워크스루 기법 등을 활용한다. 스프린트 리뷰나 스프린트 중간에 별도로 시간을 내어 검토하면 좋다.

인스펙션 기법

인스펙션(inspection)은 상대적으로 복잡도가 높은 산출물의 결함을 식별하는 기법이다. 주로 분석·설계 관련 문서, 복잡한 소스 코드에 사용한다.

1. 검토 준비

검토 진행자는 산출물이 작성되면 작성자와 협의하여 검토 참가자를 식별하고 검토 회의 일자와 검토에 필요한 자료(작성 산출물, 산출물을 이해하는 데 필요한 자료, 검토 체크리스트 등)를 검토 참가자에게 공지한다.

▼ 표 4-10 소스 코드 점검 체크리스트

No.	체크리스트
1	각 프로그램 크기는 적당한 크기로 분리되어 있는가?
2	모듈(기능)별 작성자의 이름과 개요, 일자 등을 명시하고 있는가?
3	변수가 미리 선언되어 있고 중복 선언되지 않았으며 적절한 type이 사용되었는가?
4	비슷한 유형의 프로그램을 개발하기 위한 표준 프로그램이 작성되어 있는가?
5	입력 데이터 또는 전역 변수 등이 제대로 초기화되고 있는가?
6	적절한 주석 및 들여쓰기로 소스 코드의 가독성을 향상시켰는가?
7	조건문은 단순화되어 있는가?
8	주석의 서술은 상세히 기록되어 있는가?
9	코딩 시 소스 코드의 백업 관리를 수행하고 있는가?

○ 계속

No.	체크리스트
10	코딩 표준 및 명명 규칙을 준수했는가?
11	프로그램과 모듈 간의 주고받는 파라미터(parameter)가 서로 일치하는가?
12	프로그램의 백업 처리는 하고 있는가(주기별)?
13	프로그램의 버전 번호를 확실히 명시하여 관리하고 있는가?
14	count 제어 loop에서 count 값을 강제로 변경하고 있지 않는가?
15	loop 시작 값, 종료 값, 증감자가 적절히 정의되었고 무한 반복이 되지 않도록 했는가?

2. 개별 검토

검토 참가자는 합동 검토를 하기 전에 개인의 경험과 검토 체크리스트를 활용하여 사전 검토를 해서 발견된 결함이나 질문을 기록한다.

3. 합동 검토

검토 진행자는 검토 참가자들과 함께 예정된 장소에서 합동 검토를 수행한다. 합동 검토는 다음 절차에 따라 수행한다.

① 검토 진행자나 작성자는 검토할 산출물의 주요 점검 포인트를 설명하고 검토 회의를 시작한다.
② 작성자는 점진적으로 산출물 내용을 요약·설명한다. 검토 참가자는 해당 내용을 설명할 때 사전에 발견된 결함이나 즉석에서 알아낸 결함 등 산출물 보완사항을 지적한다.
③ 산출물 작성자는 검토 참가자의 질문에 작성 배경과 근거 등을 성실히 답변하고 서기는 회의 내용을 기록한다.
④ 검토 진행자는 검토 참가자와 작성자 간에 필요 이상의 논쟁을 하지 않도록 유도하고 회의가 2시간이 넘지 않도록 관리한다.
⑤ 산출물 검토가 끝나면 확정된 결함을 정리하고 검토 결과서를 작성하여 회의 참석자에게 공지한다.
⑥ 보완사항이 너무 많을 때는 참석자들과 재검토 여부를 확정하고 회의를 종료한다.
⑦ 작성자는 산출물 검토 결과에 따라 보완 작업을 수행한다.

4. 결과 분석

검토 진행자는 결함들이 발생한 원인, 투입노력과 시간 등을 측정하여 검토 효율성을 분석하고 지속적으로 개선해 나간다.

워크스루 기법

워크스루는 인스펙션과는 다르게 산출물을 빠르게 검토하는 비정형화된 기법 중 하나다. 인스펙션에서 수행하는 개별 검토와 결과 분석이 빠지고 검토 준비와 합동 검토만 진행한다. 물론 다른 활동도 추가할 수 있으며 자유롭게 변형이 가능하다.

4.8 지속적인 프로세스 개선 : 프로젝트 교훈 미팅과 스프린트 회고

프로젝트 교훈 미팅

처음부터 프로젝트를 잘하는 조직은 없다. 대부분 시행착오를 거쳐 더 나은 방향으로 발전할 뿐이다. 그래서 프로젝트 수행 경험을 문서로 잘 정리해 놓으면 이후 유사한 프로젝트를 수행할 때 시행착오를 줄일 수 있다. 프로젝트 수행 경험은 보통 해당 프로젝트 팀원에게 체화되어 전수되는데 각자가 알고 있는 지식은 편파적이거나 부분적일 수 있다. 그러므로 프로젝트 기간 중에 함께 토론하여 전체적인 관점에서 교훈을 정리하는 활동이 필요하다. 전통적 프로젝트에서도 이런 목적으로 팀원이 모두 참여하여 해당 프로젝트의 시행착오나 경험을 공유하고 다음 프로젝트에서 활용할 수 있게 교훈을 정리한다. 이를 '프로젝트 교훈(post mortem) 미팅'이라고 한다. 프로젝트 중간에도 주기적으로 수행하는 것이 바람직하지만 국내에서는 프로젝트를 종료하는 시점에 많이 하며 하지 않는 경우도 많다.

프로젝트 교훈 미팅에서는 다음 사항을 주로 토론한다.

- 프로젝트 계획과 비교하여 실적 차이가 발생한 원인은?
- 고객과 팀 간에 효과적으로 의사소통을 했는가?
- 이슈와 리스크를 적절하게 관리했는가?
- 요구사항을 적절하게 관리했는가?
- 사용한 개발 방법론이 효율적이었는가?
- 개발 도구는 적절했고, 효과적으로 활용했는가?
- 조직 표준 프로세스에서 개선사항은?
- 외주업체는 적절하게 관리했는가?

프로젝트 교훈을 얻고 활용하는 것은 조직 차원에서 매우 중요함에도 의외로 많은 조직에서 잘 수행되지 못한다. 이것에는 몇 가지 이유가 있다. 첫째, 프로젝트 교훈 미팅을 잘못 진행하면 누군가를 비난하는 회의로 흐를 수 있다. 현실적으로 프로젝트에서는 대부분 실수를 하기 마련인데 실수를 놓고 누군가를 비난한다면 감정 싸움으로 번지기 쉽다. 따라서 프로젝트 교훈 미팅은 해당 프로젝트의 리더보다는 품질 조직이나 외부 전문가가 이끄는 것이 바람직하다. 둘째, 프로젝트를 종료한 이후에 하다 보니 해당 팀원이 이미 다른 프로젝트 업무를 맡아 함께 모일 시간이 없다. 이때는 공식 모임이 아니라 문서로 각자 생각을 기록하여 공유하기도 하는데 토론을 할 수 없어 객관적으로 정리하기가 어렵다. 셋째, 조직의 프로젝트 관리 역량이 부족하여 이런 활동이 필요하다는 것조차 모른다. 많은 중소기업에서 프로젝트를 관리하는 역량이 부족하다 보니 프로젝트 경험 지식을 입으로만 전달하고 문서로는 정리하지 않는다.

스프린트 회고

프로젝트 초기에 프로세스를 수립하면 그것이 효율적이든 비효율적이든 끝까지 지속할 때가 많다. 비효율적인 회의나 절차, 산출물 등을 그대로 방치하여 좀처럼 개선되지 못한다. 이런 상황은 고스란히 개발팀의 업무로드로 작용하여 프로젝트를 더욱 어렵게 한다. 애자일 개발에서는 스프린트 회고(retrospective) 활동을 이용하여 프로젝트의 비효율적인 프로세스나 커뮤니케이션을 주기적으로 개선한다. 프로젝트 교훈 미팅은 프로젝트를 종료한 후 한 번만 하지만 회고는 개발 진행 중에 규칙적으로 한다(보통 스프린트 종료 시점이나 월 1~2회 수행한다). 이때는 다음 내용을 다룬다.

- 업무 수행 과정에서 효율적이고 좋았던 활동은?
- 업무 수행 과정에서 비효율적이고 좋지 않았던 활동은?
- 업무를 진행할 때 어려움이 있었다면 그 원인은?
- 업무를 좀 더 효과적으로 수행하려면 무엇을 개선해야 하는가?
- 좀 더 즐겁게 일할 수 있는 방법은?

▼ 그림 4-12 프로젝트를 회고하는 모습

스프린트 회고의 기본 철학에는 개발팀이 회사에서 정해 놓은 프로세스와 절차대로만 일하는 것이 아니라 변화하는 비즈니스 환경에 적절하게 대응한다는 복잡적응계 개념이 들어 있다. 전통적 개발에서는 프로젝트 초기에 표준 프로세스 테일러링 활동을 하도록 권장한다. 하지만 애자일에서는 단순한 테일러링 개념이 아니라 프로젝트 상황에 맞게 지속적으로 표준 프로세스를 개선한다는 의미도 들어 있다. 이런 개념에는 프로세스뿐만 아니라 사람들의 마인드나 커뮤니케이션 방식도 포함되므로 전통적인 테일러링 개념을 넘어선다. 표준 프로세스를 전통적 프로젝트에서는 구성원이 준수해야 하는 프로세스로 인식하고 있지만 애자일에서는 지속적으로 개선해야 할 프로세스인 것이다.

그림 4-13은 전형적인 스프린트 회고 절차다.

▼ 그림 4-13 회고 절차

| 1. 회고 준비 | 2. 데이터 모으기 | 3. 통찰 이끌어 내기 | 4. 개선 계획 수립 | 5. 회고 마무리 |

1. 회고 준비

회고 진행자는 프로젝트 팀원이 편안하게 이야기할 수 있는 공간을 확보하고 사전에 회고 일정과 진행 방법을 전달한다(때로는 야외나 커피숍도 괜찮다). 회고 진행자*는 프로젝트 리더나 다른 회고 전문가가 맡는다. 회고 참석자는 개발팀 구성원으로 제품 책임자나 상위 관리자는 참석하지 않는 것이 좋다(개발팀이 솔직하게 이야기하지 못할 수 있기 때문이다).

---

* 회고 진행자는 성과 평가와 연관된 상위 관리자가 맡는 것은 좋지 않다. 상위 관리자가 맡게 되면 팀원들이 솔직한 의견을 내지 못한다.

회고를 처음 도입할 때는 우선 서로가 친밀함을 느낄 수 있도록 친밀도를 높이는 활동이 필요하다. 한 팀으로 일하지만 업무를 함께할 뿐 대부분 개인적인 친밀도는 높지 않기 때문이다. 이런 상황에서 회고 미팅을 바로 진행하면 사람들이 솔직하게 자신의 생각과 감정을 드러내지 않는다.

2. 데이터 모으기

팀원이 이번 스프린트에서 진행한 사건이나 상황 등을 되돌아보면서 문제를 객관적으로 인식하는 과정이다. 진행자는 사람들에게 각자 인상 깊었던 일이나 개인적으로 새롭게 알게 된 지식, 힘들었던 일들을 자유롭게 이야기하게 한다. 사람들이 지난 스프린트를 돌아보게 하는 데 다음과 같은 질문이 도움이 된다.

- 이번 스프린트 동안 효율적이거나 좋게 느꼈던 활동은?
- 이번 스프린트 동안 비효율적이거나 좋지 않게 느꼈던 활동은?
- 제품 개발 과정에서 우리가 놓치고 있는 것은?
- 이번 스프린트 동안 내가 새롭게 알게 된 사실은?

팀원은 이런 과정을 거쳐 스프린트 동안에 있었던 일을 이야기하고 공감하고 서로를 이해한다.

3. 통찰 이끌어 내기

현재 방식에서 개선할 점과 새로운 방법을 찾아내는 과정이다. 먼저 스프린트 기간 동안에 발생한 문제의 원인을 분석하여 개선점을 찾아낸다. 진행자는 다음과 같은 내용을 질문한다.

- 이번 스프린트 목표를 달성하지 못한 원인은?
- 업무 수행 중에 발생한 이슈나 문제점의 원인은?

- 업무를 좀 더 효과적으로 수행하려면 개선할 점은?
- 좀 더 즐겁게 일할 수 있는 방법은?

문제점을 찾을 때는 5Why 기법이나 원인 결과 도표(cause and effect diagram) 등을 사용할 수 있다. 이런 활동 외에도 기존에 일하는 방식과는 다른 새로운 방법을 찾아보는 활동도 필요하다. 업무를 더욱 즐겁고 효율적으로 하려면 무엇이 필요한지 브레인스토밍을 이용하여 새로운 아이디어를 도출하는 것도 좋다.

4. 개선 계획 수립

개선해야 할 대상을 선정하고 상세한 실행 계획(action plan)을 수립한다. 진행자는 이제까지 나온 개선점을 정리하고 투표를 하여 팀원과 우선순위를 선정한다. 우선순위가 높은 개선점을 대상으로 팀원과 상세한 실행 계획을 수립한다. 회고 시간에는 한계가 있기 때문에 도출된 개선사항 모두에서 실행 계획을 세우기가 어려울 수 있다. 이때는 우선순위가 높은 1~2개 정도만 수행하고 회고를 마무리한다.

5. 회고 마무리

진행자는 회고 활동을 한 소감이나 개선점을 물어보고 회고를 마무리한다. 회고가 똑같은 방법으로만 진행되면 식상하므로 다음 회고에서는 어떤 방식으로 했으면 좋겠는지 팀원의 의견을 들어 보는 것도 좋은 방법이다. 회고 미팅은 2시간 이내로 끝내는 것이 좋다. 끝난 후에 바로 업무를 하기보다는 회식이나 담소를 나누면서 다음 스프린트를 준비하는 휴식 시간을 갖는다.

기타 주의사항

회고는 팀원 자신이 느낀 점 위주로 이야기하도록 진행한다. 특정인을 비난하거나 상대방 의견에 발끈하여 논쟁을 하면 분위기가 매우 험악해지고 회고를 하지 않는 것만 못하다. 자신의 의견과 상대방 의견이 다를 수 있다는 상호 존중을 바탕으로 회의가 진행될 수 있도록 진행자는 세심히 신경을 써야 한다.* 또 회고는 프로젝트 진척 상황을 비난하는 장이 되어서는 안 된다. 프로젝트 성과가 저조하면 관리자는 프로젝트 팀원에게 책임을 묻는 경우가 많은데 이 경우 팀원은 오히려 의욕이 떨어진다. 성과가 저조한 이유는 대체로 목표가 너무 높거나 문제가 있는 경우가 대부분이다. 성과가 저조할 때는 팀원을 비난하기보다 시스템이나 프로세스 측면에서 개선점을 찾아야 한다.

> **참고**
>
> 팀워크를 높이는 아이스 브레이킹 기법은 많이 있지만 내가 자주 사용하는 방법은 인터뷰 기법이다. 미리 준비한 질문지를 사람들에게 나눠 주고 팀원끼리 짝을 지워 인터뷰하게 한다. 서로에 대한 인터뷰가 끝나면 각자 인터뷰한 상대방을 사람들에게 소개한다. 이 방법은 스스로 자기소개를 하는 것보다 훨씬 재미있고 서로를 더 잘 알 수 있다. 질문 리스트는 다음 내용을 참고하라.
>
> - 태어난 곳은 어디고, 어릴 때 좋았던 기억을 하나만 꼽는다면?
> - 최근에 즐거웠던 사건은?
> - 관심 있는 분야나 취미는?
> - 다시 태어난다면 어떤 일을 하고 싶은가?
> - 능력을 가장 잘 발휘했던 적은? 그 이유는?
> - 당신이 가진 기술이나 능력 중 가장 괜찮은 세 가지를 꼽는다면?
> - 당신이 가진 지식 중 다른 사람에게 알려 줄 만한 것이 있다면?
> - 당신의 인생에서 성장하고 싶은 목표는?

---

* 다양한 회고 기법은 다음 자료를 참고한다.
  - 『애자일 회고(Agile Retrospectives)』, 에스더 더비 · 다이애나 라센 지음, 김경수 옮김, 인사이트, 2008.
  - Getting Value out of Agile Retrospectives: A Toolbox of Retrospective Exercises, InfoQ

☆ Q&A

우리 팀은 회고하라고 하면 사람들이 이야기도 안 하고 지루해하는데?

처음 조직에 회고를 도입하면 이런 상황이 많이 발생한다. 똑같은 회고 절차와 질문을 반복하다 보면 팀원은 지루해한다. 그래서 경험 있는 진행자는 아이스 브레이킹이나 스팟(SPOT)을 사용하여 참석자들에게 재미를 주려고 노력한다. 또 회고할 때마다 매번 다른 기법을 사용하여 팀원의 잠재력을 일깨우기도 한다. 회고를 효과적으로 진행하려면 진행자가 회고 과정을 준비해야 한다. 예를 들어 이번 회고에서는 어떤 질문을 던지고 어떤 재미를 줄지 고민해야 한다. 또 회고를 짧게 자주 하는 것도 하나의 방법이다. 어떤 팀은 일주일에 1시간만 수행할 수도 있다. 회고는 자주 할수록 개선의 여지가 많지만 개발팀마다 적정한 회수와 시간을 실험적으로 결정하는 것이 바람직하다.

4.9 요구사항 조정과 협의

많은 사람들이 애자일 개발에서는 언제라도 요구사항 변경을 받아들이기 때문에 요구사항 관리 역량을 중요하게 생각하지 않는다. 하지만 애자일 프로젝트에서도 요구사항 관리는 결코 쉽지 않다. 스프린트 리뷰에서 발생한 변경사항이 늘어나면 단위 스프린트에서 더 많은 성과를 원하는 제품 책임자와 개발팀의 역량 사이에 쉽게 갈등이 발생하기 때문이다. 즉, 팀의 역량을 과도하게 넘어서는 스토리는 들어오지 못하게 통제해야 한다. 단순히 개발 프로세스를 이해하는 것만으로는 프로젝트 리더가 이런 역할을 수행하기 어렵다. 제품 책임자, 고객, 경영자 등 이해관계자를 설득하고 때로는 개발팀과 중간에서 업무를 조율하는 협상 스킬이 필요하다.

외주 프로젝트에서는 이런 요구 관리 역량이 더욱 중요하다. 요구사항은 개발회사와 고객의 이해관계가 민감하게 얽히기 때문에 고객은 어떻게든 자신에게 유리한 방향으로 이끌려는 경향이 강하다. 프로젝트 리더는 고객에게 요구사항 관리의 당위성을 논리적으로 설명하고 서로 공정하게 업무를 수행할 수 있도록 관리해야 한다. 하지만 현실에서는 이게 잘 안 된다. 대다수 프로젝트 리더가 이런 내용을 이해관계자에게 설득력 있게 설명하고 조정하는 데 능숙하지 못하기 때문이다. 소프트웨어 개발 전문가 스티브 맥코넬은 대부분의 엔지니어가 기술적인 판단은 잘하지만 자신의 정당성을 이해관계자에게 제대로 설명하지는 못한다고 지적한다. 그 이유로 내성적인 성격이 많은 개발자의 특성과 대인 관계 스킬의 부족을 들고 있다.[26]

프로젝트 리더가 요구사항을 조정하고 협의해야 하는 상대방은 발주자이거나 경영진, 마케팅, 영업 분야에서 일하는 사람이다. 대부분 경영학이나 인문학을 전공하여 개발자보다 사람을 다루는 데 훨씬 능숙하다. 특히 발주사의 외주 관리자는 외주업체만 전문으로 관리해 온 사람이기 때문에 자신이 유리한 방향으로 외주업체를 이끌어 가는 스킬이 뛰어나다. 이런 사람들을 상대로 대인 관계 스킬이 부족한 개발자 겸 프로젝트 리더가 요구사항 관리의 정당성을 설득력 있게 피력하기란 쉽지 않다. 같은 개발자를 설득하는 것조차 서툰 사람들이 많은 상황에서 어느 날 갑자기 프로젝트 리더가 되어 요구사항 관리를 고객에게 논리적으로 설명하고 잘 진행하기를 바라는 것은 우물가에서 숭늉을 찾는 것과 같다.

요구사항 관리 역량은 프로세스 지식 외에 고객과 이해관계자를 설득하고 조정하는 협상 능력을 요구한다. 나 역시도 과거에는 이런 개념이 필요하다는 것조차 몰랐으나 많은 경험과 시행착오를 거쳐 중요한 역량임을 깨닫게 되었다. 다음은 애자일 프로젝트에서 이런 역량이 필요한 상황이다.

- 프로젝트 계획 단계에서 요구사항 관리의 당위성을 고객이나 경영진에게 효과적으로 설명할 때
- 스프린트를 계획할 때 고객이나 경영진이 개발팀의 수행 역량을 넘어서는 과도한 업무량을 요구할 때

- 고객이 프로젝트 범위에서 발생하는 모든 요구사항을 구현해 달라고 요구할 때
- 경영진이 일정 대비 과도한 업무량을 요구할 때

요구사항 협의 시 효과적인 원칙

그동안 직간접적으로 참여했던 프로젝트 경험과 협상 이론을 바탕으로 다음과 같은 원칙들이 고객과 요구사항을 조정하고 협의하는 데 효과적이라고 생각한다.

요구사항을 협의하기 전에 상호 신뢰적 관계를 구축한다

모르는 사람에게는 악의를 품기 쉽다는 옛말이 있다. 요구사항을 협의할 때도 사전에 개인적인 유대 관계를 갖는 것이 반드시 필요하다. 평상시에 상대방의 관심사와 가치관, 기대 수준 등을 폭넓게 이해하고 공감대를 가지고 있으면 좋다.

사람과 업무상 문제를 분리하고 쌍방의 이해관계에 초점을 맞춘다

사람은 각자 자신의 이익을 보호하려고 서로 양보하지 않는다. 예를 들어 특정 기능을 추가로 넣어야 한다는 고객과 과도한 업무에 시달리는 개발팀 사이에 의견이 충돌할 때 서로 감정적으로 쉽게 기분이 상한다. 이때 자신의 입장과 감정을 배제하고 문제를 공략하는 것이 필요하다. 그래서 상대방이 왜 그 기능을 넣고자 하는지, 우리의 해결책을 왜 선택하지 않는지 그 이유를 토론해 보고, 쌍방의 이해관계를 충족할 수 있는 해법에 초점을 맞춰야 한다.

상호 이익(win-win)이 되는 옵션을 개발한다

서로 양보하면 쌍방이 손해 보는 기분이 들 수 있으므로 서로가 인정할 수 있는 객관적인 기준에 근거하여 해결책을 찾는 것이 좋다. 솔직하게 대화하여 서로에게 이익이 될 수 있는 방안을 찾아본다. 객관적인 기준에는 다음 내용이 포함될 수 있다.

- 사업 대가 기준 또는 시장 가격 기준
- 요구 관리 프로세스와 같은 공학적 표준
- 외부 전문가의 판단
- 상호 호혜주의와 같은 도덕적 기준

옵션을 찾을 때는 한두 가지로 해답이 정해져 있다고 생각하지 말고 다양한 대안을 개발하려고 노력하라. 실제 프로젝트에서 많은 리더가 개발팀이 야근을 더 하거나 아니면 고객과 싸우는 방법 외에는 해결책이 없다고 생각한다. 이때 브레인스토밍 같은 기법을 활용하여 팀원과 해결책을 찾는 것은 매우 좋은 방법이다. 자기 조직화된 개발팀의 집단지성은 생각보다 창의적인 아이디어를 많이 도출하게 한다. 대안에는 다음과 같은 유형이 있다.

- 교환 : 상대방이 원하는 것을 제공하는 대신 그에 상응하는 가치를 제공받는다.
- 강화 : 상대방이 요구하는 것을 거절하는 대신 다른 방법으로 가치를 부여한다.
- 절충 : 중간 타협점을 찾는 제한적인 방법이다.
- 양보 : 아무런 대가 없이 고객이 원하는 것을 제공한다.

요구사항 조정은 인내심을 갖고 접근한다

많은 프로젝트 리더에게 요구사항을 협의하라고 하면 상대방을 설득하기가 어려워 그냥 우리가 다 하기로 했다고 결론을 내린다. 이것은 설득의 본질을 잘 이해하지 못해 나타난 현상이다. 인간 세상에서 이해관계가 있는 상대방을 한 번에 설득하기란 결코 쉽지 않다. 특히 상대방이 받아들이기 어려운 사항은 단기간에 설득이 불가능하다. 상대방을 단기간에 설득할 수 없다면 관심을 갖고 끈기 있게 당위성을 증명하면 된다. 대부분의 프로젝트 리더가 고객과 밀고 당기는 심리 게임에 익숙하지 않아서 불리한 조건에도 합의를 한다. 하지만 그 결과는 두고두고 숙제로 따라다닌다. IT 프로젝트에서 개발자가 싫어하는 리더 유형 중 하나가 '예스맨'이다. 예스맨이라는 의미는 고객이 요구한 것에 별다른 이의를 제기하지 않고 예스만 한다고 하여 붙인 별명이다. 고객의 무리한 요구를 합리적으로 조정하지 않고 무조건 숙제로 가져오니 개발팀 입장에서는 죽을 맛인 것이다.

이런 현상은 초보 프로젝트 리더에게서 많이 나타나는데 크게 두 가지 이유에서 이렇게 행동한다. 첫째, 고객이 이것저것 요구하고 변경하는 것에 반박하는 논리와 설득력이 부족하기 때문이다. 둘째, 고객과 논쟁을 하면 혹시 기분이 상할까 봐 두렵기 때문이다. 요구사항 관리에 확고한 당위성을 갖고 자신의 정당성을 논리적으로 설명하는 설득력을 키워야 예스맨에서 벗어날 수 있다. 또 고객과 요구사항을 조정하고 협의하는 것은 고객의 기분을 상하게 하는 것이 아니라 프로젝트를 성공시키는 데 반드시 필요한 과정이라는 것을 인식해야 한다. 내가 경험한 바로는 고객의 기분을 상하게 하는 것은 요구사항을 조정하자는 말 자체가 아니라 당사자의 논리 부족과 말투, 태도였다. 오히려 무리하게 요구사항을 수용했다가 납기도 늦고 품질도 엉망인 제품을 만들어 내면 더 고객의 신뢰를 잃게 된다.

커뮤니케이션 태도와 진정성이 성과를 좌우한다

아무리 좋은 전략과 논리가 있어도 당사자의 커뮤니케이션 방식과 태도에 진정성이 없으면 요구사항을 성공적으로 조정하기는 어렵다. 요구사항과 관련된 회의를 할 때 다음과 같은 태도에 주의해야 한다.

- 회의 테이블에서는 상대방을 존중하는 의미로 경어를 사용한다.
- 부정적인 언어를 피하고 긍정적인 단어를 사용한다. 예를 들어 '무조건 안 됩니다'보다는 '한번 검토해 보겠습니다'는 말을 사용한다.
- 상대방의 주장을 가능한 한 수용하려는 적극적인 태도를 보인다.
- 상대방이 발언할 때는 적극적으로 경청한다.

- 상대방과는 가급적 논쟁을 자제한다.
- 직위와 계급 의식을 버리고 열린 마음으로 겸손함을 보여야 한다.
- 상대방이 이해할 수 있도록 쉽게 설명하거나 익숙한 단어를 사용한다.
- 지엽적이거나 세부사항에 집착하지 않는다.
- 상대방을 적이 아닌 공동 목표를 위한 파트너로 인식한다.

요구사항 협의 시 활용할 수 있는 전략

요구사항을 협의할 때도 전략이 필요하다. 프로젝트 상황이나 이해관계자의 성향이 다를 수 있으므로 적절한 전략을 구사한다면 서로 원활한 협의를 이룰 수 있다. 다음은 실제 프로젝트에 활용할 수 있는 전략이다.

상대방에게 일체감을 느끼게 하여 공감대를 형성한다

상대방과 공통적으로 이해할 수 있는 업무 경험이나 서로 간의 관심사, 공동의 목표 등을 공유하여 서로 한 배를 탔다는 공감대를 형성해야 한다.

상대방이 이해하기 쉽도록 적절한 비유를 들어 설득력을 높인다

공학 프로세스를 설명하는 것이 논리적일 수 있지만 해당 분야의 지식이 없는 사람은 이해하기 어렵다. 이런 사람에게는 생활에서 쉽게 접할 수 있는 사례를 들어 설명하면 좋다. 예를 들어 소프트웨어 개발을 건축에 비유하면 일반인도 쉽게 이해할 수 있다.

협의 중 상대방의 저항이 크다면 상대방의 허용 한계를 파악하고 가능한 부분부터 수용하게 한다

의사 결정 권한이 없는 상대방에게 무리한 요구를 하면 십중팔구 받아들이지 않는다. 상대방의 권한이나 저항의 정도를 보면서 합의하기 쉬운 부분부터 이야기하는 것이 좋다.

서로가 인정할 만한 중재자를 찾아 원만한 협의를 한다

첨예하게 이해관계가 얽혀 있는 당사자끼리는 조정하기가 어렵다. 이때 당사자끼리 시간을 끌기보다는 제삼자를 찾아서 중재를 요구하는 것이 더 현명하다. 객관적인 위치에 있는 외부 전문가에게 도움을 구하라.

조그마한 양보나 친절을 베풀어 상대방이 은혜를 입었다고 생각하게 한다

사람은 보통 누군가에게 빚을 지면 갚으려고 한다. 그래서 상대방에게 양보하거나 작은 친절을 베풀면서 지속적으로 신뢰를 쌓으면 큰 양보를 얻어 낼 수 있다. '하기 어렵지만 당신이므로 특별히 해 준다'는 인식을 상대방이 갖도록 한다(물론 이런 행동도 잘못하면 진실성이 떨어지거나 상대방이 얕볼 수 있으니 조심한다).

상대방이 계속해서 무리한 요구를 주장한다면 악역을 등장시켜 상대방의 기대 수준을 낮춘다

너무 무리한 요구를 하면서 이야기가 통하지 않는 사람을 만날 수 있다. 이때는 상대방과 논쟁할 악역을 등장시키는 것도 좋은 방법이다. 악역의 등장으로 상대방이 우리의 수용 한계를 인식하면 기대 수준이 낮아진다. 이런 갈등 후에는 반드시 화해 분위기를 조성한다.

쌍방이 대안을 찾지 못해 난항을 거듭할 때는 회의를 잠시 중단하거나 연기한다

모든 문제가 즉석에서 해답이 나오는 것은 아니다. 서로 자기주장만 하여 공동의 해법을 찾기 어렵다면 회의를 중단하고 다음으로 미루는 것이 좋다.

개인적으로 만나서 자신의 입장을 호소하거나 지지층을 확보한다

어떤 이슈를 회의에서 이야기할 때와 개인적으로 만나 이야기할 때 서로 다른 결과가 나타날 수 있다. 공개 회의에 들어가기 전에 개별적으로 만나 자신의 입장을 충분히 이해시킨다면 공개 회의에서 유리한 결과를 쉽게 얻을 수 있다.

4.10 요구사항 추적 관리

요구사항 추적 관리는 전통적 프로젝트에서도 많이 강조하는 것으로 애자일 프로젝트라고 예외는 아니다. 목적은 요구사항을 프로젝트 결과물에 실제로 구현했는지 논리적으로 증명하고, 기존 요구사항을 변경할 때 관련된 산출물을 쉽게 파악할 수 있도록 도와주는 것이다. 표 4-11처럼 요구사항 추적 매트릭스를 작성하는 경우가 많지만 애자일에서는 백로그 관리 도구를 사용하여 각 스토리를 관련 산출물과 연계하여 관리할 수 있다.

▼ 표 4-11 요구사항 추적 매트릭스 예

요구사항 ID	프로세스 ID	프로그램 ID	테스트 ID	비고
SRF-S3-101-01	MCLF1000	MCAF1001	IT-S3-10101	
SRF-S3-102-01	MCLF1000	MCAF1001	IT-S3-10102	
SRF-S3-103-01	MCLF1000	MCAF1002	IT-S3-10103	

제품 및 스프린트 백로그 관리를 할 수 있는 도구는 표 4-12를 참조하라.

▼ 표 4-12 제품 및 스프린트 백로그 관리 도구

상용 도구	무료 도구(오픈 소스)
• Atlassian의 Jira Agile • RALLY의 Rally Platform • Version One의 Version One Platform • Microsoft의 TFS(Team Foundation Server) • IBM의 Rational Team Concert	• Trello • Redmine

4.11 이해관계자 관리

프로젝트 이해관계자(stakeholder)란 프로젝트에 직간접적으로 영향력을 행사하거나 관심이 있는 개인이나 조직으로 정의할 수 있다. 즉, 시스템을 사용하는 사용자, 고객, 경영층, 팀원, 벤더, 협력사 등이다. 프로젝트는 이해관계자가 많고 적음에 따라 수행의 어려움이 달라진다. 같은 개발 규모라도 이해관계자가 많은 프로젝트는 커뮤니케이션 채널이 증가하여 훨씬 더 복잡하고 어렵다. 그동안 직간접적으로 참여했던 많은 프로젝트에서 이해관계자 관리를 소홀히 했다가 어려워진 사례를 여러 번 목격했다. 프로젝트 특성에 따라 다를 수 있지만 고객을 포함한 이해관계자가 얼마큼 적극적으로 참여하느냐에 따라 프로젝트 성패가 달라진다.

▼ 그림 4-14 IT 프로젝트 이해관계자

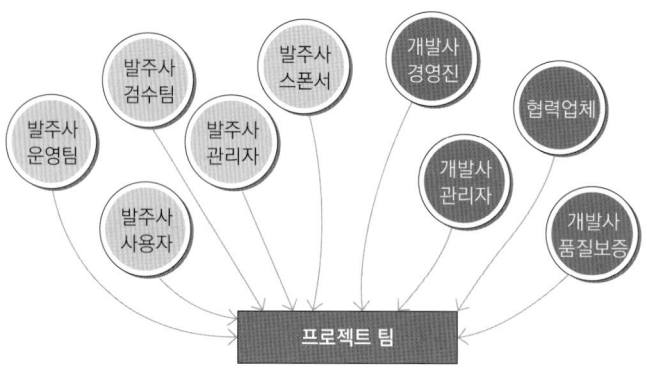

대규모 프로젝트를 경험해 본 사람은 자연스럽게 이해관계자 관리의 중요성을 깨닫지만 유지보수 환경이나 소규모 프로젝트를 주로 개발해 온 사람은 그 중요성을 쉽게 인식하지 못한다. 대규모 프로젝트에서는 이해관계자 간의 갈등으로 업무가 진행되지 않거나 정신적 스트레스 때문에 힘들 수 있다는 것을 잘 모르기 때문이다. 사실 프로젝트에서는 업무도 업무지만 구성원 간의 갈등으로 받는 정신적인 스트레스가 더욱 힘든 법이다. 이런 관점에서 이해관계자 관리는 애자일 개발을 떠나서 모든 프로젝트에 공통으로 필요한 관리 요소라고 할 수 있다.

몇 년 전 나는 어떤 공공 프로젝트의 PMO(Project Management Officer)로 참여한 적이 있다. 이 프로젝트는 여러 공공 기관에 흩어져 있는 해외투자 관련 정보를 한군데로 모아 중소기업 관련자에게 제공하려고 정부가 주도한 야심 찬 프로젝트였다. 프로젝트에는 핵심 이해관계자가 두 곳 있었다. 하나는 프로젝트의 자금을 지원하는 부서였고, 다른 하나는 프로젝트를 실질적으로 관리하고 향후 유지보수를 담당하는 부서였다. 처음에는 문제없이 진행되는 듯이 보였으나, 디자인 시안이 나오면서부터 두 부서의 의견이 서로 갈리기 시작했다. 두 부서는 완전히 다른 조직이었고 서로 간에 보이지 않는 알력도 있는 듯했다. 개발팀에 서로의 영향력을 미치려고 했는데 개발팀 입장에서는 어느 한쪽을 편들기가 어려웠다. 시간이 지날수록 두 부서의 의견은 평행선을 달렸고, 프로젝트는 극도로 혼란스러워졌다. 제각각 개발팀을 불러다가 항의하기 일쑤였고, 개발팀은 누구의 의견을 따라야 할지 몰라 극심한 정신적 스트레스를 겪었다.

프로젝트는 고생 끝에 마무리되었지만 나에게는 이해관계자 간 갈등이 팀원을 얼마나 고통스럽게 할 수 있는지 보여 준 전형적인 사례가 되었다. 사실 국내 공공 프로젝트에는 이런 환경이 많다. 프로젝트 관리 원칙에서 본다면 이런 갈등은 프로젝트를 발주한 발주사에서 책임지고 풀어야 하지만 많은 공공 기관에서 프로젝트를 주도적으로 이끌거나 책임지지 않는 경향이 있다(업체에 맡기면 알아서 할 것이라는 안이한 생각이 있다). 개발업체 입장에서는 이런 이해관계자 간에 갈등이 생기지 않도록 처음부터 고민하고 세심하게 관리할 수밖에 없다.

이해관계자 중에서 특히 고객과 관련된 이해관계자가 중요하다. 고객은 크게 프로젝트를 발주하고 계약을 관리하는 부서, 실제 제품을 사용할 사용자 그룹, 제품을 검수할 검수 그룹 등 이렇게 세 부분으로 나눌 수 있다. 물론 한 부서가 세 부분을 모두 수행할 수도 있으나, 대규모 프로젝트에서는 세 부분으로 모두 나뉘어 있는 경우도 많다. 그래서 어느 한쪽 그룹의 의견만 듣고 업무를 진행하다가는 낭패를 볼 수 있다. 다양한 이해관계자를 식별하고 요구사항을 정확히 파악하는 것이 필요하다. 예를 들어 프로젝트를 관리하는 관리자의 이야기만 듣고 열심히 개발했는데 정작 제품을 사용하는 사용자 의견을 제대로 반영하지 않았다면 어떻게 되겠는가? 프로젝트는 혼란에 빠지고 책임 문제로 시끄러울 것이다.

이해관계자를 효과적으로 관리하려면 다음 활동이 필요하다.

프로젝트를 둘러싼 이해관계자를 식별하라

이해관계자는 외부 고객, 내부 경영진, 기타 조직 등 다양하다. 공공 프로젝트일수록 이해관계자가 다양하므로 이들의 책임과 역할을 이해하고 확인해야 한다.

이해관계자를 분석하라

이해관계자의 책임, 역할뿐만 아니라 프로젝트 관점에서 얻을 수 있는 지식과 참여 정도, 프로젝트에 미치는 영향 등을 정의해야 한다.

어떻게 하면 이해관계자를 프로젝트에 참여시켜 긍정적인 효과를 볼 수 있을지 방안을 강구하라

프로젝트 상황에 따라 다양한 전략이 나올 수 있다. 이해관계자에 따라 정기적인 정보 전달만으로도 참여를 유도할 수 있으나, 프로젝트를 부정적으로 보는 사람의 관점을 바꾸기는 쉽지 않다. 예를 들어 해당 프로젝트 때문에 기존 업무가 없어지거나 권한이 축소되는 사람들은 불안하기 때문에 저항할 수 있다. 따라서 이해관계자 특성에 따라 별도의 커뮤니케이션 전략을 취하는 것이 바람직하다. 프로젝트를 직접적으로 책임지는 이해관계자는 정기적으로 만나서 프로젝트의 진행 상황과 이슈, 협조사항 등을 논의하거나 스프린트 리뷰를 통하여 사용자 관점에서 피드백을 받아야 한다. 또 어떤 이해관계자들은 프로젝트 주요 의사 결정과 이슈 회의에 참석시켜 그들의 생각을 프로젝트에 반영할 수 있도록 하는 배려도 필요하다. 애자일 개발에서는 정기적으로 스프린트 계획과 리뷰를 진행함으로써 관련 이해관계자의 참여를 촉진시킨다.

지속적으로 이해관계자의 헬스를 체크하고 갈등을 해결하라

헬스 체크는 주요 이해관계자가 프로젝트에 불만은 없는지 또는 서로 간에 갈등은 없는지 주기적으로 점검하고 관리하는 노력을 의미한다. 이해관계자 관리 대장의 예는 표 4-13과 같다. 먼저 이해관계자를 식별하고 이해관계자의 역할과 직책, 프로젝트에 미치는 영향력과 요구사항을 기술한다. 그리고 앞으로 어떻게 의사소통할 것인지 계획한다.

▼ 표 4-13 이해관계자 관리 전략 예

이해관계자	직책	역할	프로젝트에 미치는 영향력	의사소통 요구사항	관리 전략	성향
김도원	부장	PM	주요 의사 결정 권한	주간 단위 진척 사항	주 1회 미팅 및 식사, 불만사항 경청	우호적
이기정	책임	제품 책임자	OO 업무 요구사항 결정 권한	OO 업무 진척사항	격주 1회 미팅 및 불만사항 경청	비우호적

CHAPTER

5

효과적인 애자일 팀 구성

5.1 애자일 팀에 동기를 부여하는 방법

구성원이 잠재력을 최대한 발휘할 수 있고 자연스럽게 협력할 수 있는 환경을 조성하는 것은 애자일 개발팀의 성과를 높이는 데 매우 중요하다. 여기에는 물리적 환경뿐만 아니라 심리적 환경도 포함된다. 아무리 근무 환경이 쾌적해도 팀원이 열정적으로 재미있게 일하는 것과 단순히 돈을 버는 수단으로 억지로 일하는 것은 업무의 질적인 면에서 큰 차이가 있다. 한마디로 동기부여가 되지 않은 팀에서는 열정이나 창의성을 기대할 수 없다.

팀원의 욕구를 이해하라

프로젝트 리더는 우선 사람의 심리적인 욕구를 이해해야 팀원에게 올바른 동기부여를 할 수 있다. 보편적으로 받아들이는 이론 중 하나가 바로 매슬로의 욕구 이론이다. 사람의 욕구는 어느 정도 계층을 이루고, 하위 욕구를 채우면 자연스럽게 상위 욕구가 발생한다는 이론이다.

그림 5-1처럼 매슬로의 욕구 이론*을 이용하면 팀원의 기본적인 욕구를 이해하는 데 도움이 된다. 기업에 속한 대부분의 사람은 기본적으로 1단계 욕구는 충족했다고 볼 수 있으며 소속에 따라 2~3단계에 머무르기도 할 것이다. 안정된 직장에 근무하는 사람이라면 3단계 이하의 욕구는 충족했다고 볼 수 있는데 이들에게 동기부여를 할 때는 동료 간의 인정, 자아실현과 관련된 상위 욕구를 충족해 주어야 한다. 매슬로는 사람에게 자아실현 욕구 외에도 예술이나 자연을 찾는 심미적 욕구나 지식이나 문화를 갈구하는 인지적 욕구도 있다고 말한다. 결국 사람들은 이런 요소를 충족해야 만족스럽고 행복한 삶을 영위할 수 있다.

▼ 그림 5-1 매슬로의 욕구 단계

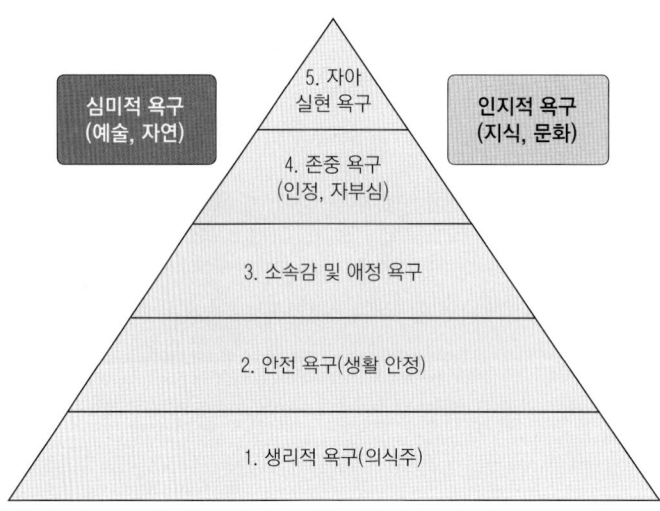

사람들은 관리자나 동료에게 조금만 인정받아도 매우 적극적으로 행동한다. 그리고 자신의 일을 자아실현의 일부로 인식하면 더욱 열정적으로 일한다. 가끔씩 사람들에게 "일을 할 때 언제가 가장 행복했었나요?"라고 물어보곤

---

* 물론 그림 5-1처럼 사람의 욕구는 순차적으로 발생하지는 않는다. 사람에 따라서는 안전 욕구와 함께 자아실현의 욕구가 함께 발생할 수도 있기 때문이다.

하는데 많은 사람이 누군가 자신을 인정하고 칭찬해 주었을 때라고 대답한다. 물론 금전적인 보상도 동기를 부여할 수 있지만 그보다는 자부심을 느낄 수 있는 친절한 말 한마디가 더 효과적이다.

내재적 동기를 활용하라

최근 대두되는 동기부여 이론 중 하나인 에드워드 데시(Edward L. Deci)의 자기 결정성 이론에 따르면 사람에게는 크게 내재적 동기와 외재적 동기가 있다. 내재적 동기란 하는 행위 자체가 즐거워서 그 일을 하는 것을 의미한다. 예를 들어 아이들이 컴퓨터 게임에 빠진다거나 개발자가 프로그래밍 자체가 즐거워서 오픈 소스를 개발하는 것 등이다. 반면에 외재적 동기는 보상을 받거나 처벌을 피하려고 그 일을 하는 것을 의미한다. 예를 들어 아이들이 벌을 받지 않으려고 숙제를 한다거나 개발자가 인센티브를 받으려고 열심히 일하는 것 등이다. 이런 의미에서 '당근과 채찍'으로 대변되는 현대의 성과 관리 제도는 외재적 동기에 초점을 두고 관리한다고 할 수 있다. 최근에 밝혀진 이론에 따르면 현실적으로 두 가지 모두 사람들에게 동기를 부여할 수 있다고 한다. 하지만 내재적 동기가 좀 더 지속성이 강하고, 외재적 동기에는 한계가 있다고 말한다.[27]

물론 업무 성격에 따라 당근과 채찍이 필요한 분야도 있다. 미국의 미래학자 다니엘 핑크(Daniel H. Pink)는 정해 놓은 방법대로만 일해야 하는 기계적인 업무에는 관리 감독 같은 요소가 필요하지만 정해 놓은 방법이 없는 연구 개발이나 창의력을 요구하는 업무에는 자율성, 몰입 등 내재적 동기를 자극하는 활동이 더욱 효과적이라고 한다.[28] 이처럼 창의력이 필요한 업무에는 내재적 동기부여가 외재적 동기부여보다 훨씬 더 효과적이라고 많은 전문가가 이야기한다.

애자일 팀의 동기부여 활동

애자일 개발에서는 팀원이 내재적 동기를 갖도록 유도하고 안전과 존중, 자아실현 욕구 등을 충족할 수 있도록 다양한 동기부여 활동을 수행한다. 다음은 애자일 팀에서 활용하는 동기부여 활동이다.

- 릴리스와 스프린트 계획을 수립할 때는 지시보다 팀원 스스로 자신이 원하는 업무를 선택하고 책임질 수 있도록 지원한다.
- 팀원의 고용이 안정되고 공정한 보상을 받을 수 있도록 지원한다.
- 팀원 개인의 발전과 팀 역량을 향상할 수 있도록 다양한 학습 기회를 제공한다.
- 팀원이 높은 집중력과 건강을 유지할 수 있도록 근무 환경을 개선한다(과도한 야근 방지, 유연 출퇴근제 도입 등).
- 스프린트 회고를 통하여 팀이 좀 더 효율적이고 즐겁게 일할 수 있는 방법을 탐색한다.
- 스프린트 리뷰를 할 때 팀원 간에 서로의 노고를 인정하고 격려하는 시간을 갖는다.
- 리더는 사소한 것이라도 팀원을 자주 칭찬하고 즐거운 분위기로 유도한다.
- 리더는 팀원의 관심사와 대소사에 관심을 두고 배려한다.
- 정기적인 1:1 코칭을 통하여 팀원의 고충을 청취하고 개인의 발전을 도모한다.

5.2 팀원 존중

미국의 경영학자 더글러스 맥그리거(Douglas McGregor)는 사람을 관리하는 두 가지 관점을 제시한다. "대부분의 사람은 일하기를 싫어하고 야심도 별로 없으며 지시를 받아야 움직인다."라고 보는 X이론적 관점과 "사람은 동기부여가 되면 열심히 일하려 하고, 맡은 바 목표를 달성하려 스스로 계획하고 조정하는 능력이 있다."라고 보는 Y이론적 관점이다. X이론적 관점에서는 명령과 통제, 처벌이 관리에 필수적이라고 보는 반면에 Y이론적 관점에서는 상호 간의 존중과 신뢰, 코칭이 관리에 더 적합하다고 본다. 이 이론을 제시한 지 수십 년이 흘렀지만 아직까지 대부분의 전통적 기업에서는 X이론적 관점에서 사람을 관리한다. 창조론이냐, 진화론이냐와 같은 논쟁처럼 각자 자신의 관점에 따라 세상을 바라보는 것이다.

『언리더십(Die 12 neuen Gesetze der Führung)』의 저자 닐스 플레깅(Niels Pfläging)은 이렇게 이야기한다. "경영자는 애초에 직원이 스스로 동기부여를 하지 못한다고 믿는다. 그래서 보너스 규정을 포함한 당근 시스템을 도입하여 직원이 성과를 올리도록 독려한다. 처음에는 시스템이 잘 유지된다. 그러나 얼마 지나지 않아 원래 있던 의욕마저 사라져 버린다. 이때 경영자는 자신의 주장을 확인한다. 역시 인간은 게으른 존재라고 말이다."[29] 그동안 내가 경험한 바로도 국내의 많은 경영자는 직원들이 수동적이고 책임감이 부족하다고 생각하는 것 같다. 그러다 보니 일하는 과정에 더욱더 관여하고, 업무를 게을리할까 봐 염려하여 자신의 시야와 통제에서 벗어나지 않도록 관리한다. 몇 년 전 이명박 정부는 출퇴근할 때 발생하는 에너지 소비를 줄이고 업무 효율성을 높이겠다는 취지에서 야심 차게 스마트 워킹을 도입했다. 공공기관과 몇몇 기업 중심으로 사무실에 출근하지 않고 집과 가까운 곳에서 근무할 수 있는 스마트 워킹 센터를 설립했지만 실제 활용은 미미했다. 어느 정도 예견한 일이었는데 **스마트 워킹은 단순한 IT 기기의 활용이나 인프라 문제가 아니라 일하는 방식과 문화, 프로세스 등 근본적인 부분이 바뀌어야 하기 때문이다.** 즉, 관리자의 세부적인 명령과 통제 없이도 직원 스스로 일을 진행할 수 있는 자율적인 프로세스와 함께 직원을 감시하지 않아도 업무를 잘 해나갈 것이라는 믿음이 필요했던 것이다.

그렇다면 왜 경영자는 X이론적 관점에서 벗어나지 못하는 것일까? 여러 이유가 있겠지만 그중 하나는 경영자가 팀원일 때 자기 주도적으로 일을 수행한 경험이 거의 없다는 것이다. 상사의 지시에 따라 일한 경험이 많고, 성실하게 일하다가도 상황을 봐서 때때로 게으름도 피웠을 것이다. 이런 인지적 경험은 경영자가 되어서도 그대로 답습한다. 물론 모든 사람을 Y이론적 관점에서만 보기는 어렵다. 우리 사회에는 무임승차를 하려는 사람들이 반드시 존재하기 때문이다. 어떤 팀이든 분명 무임승차자가 있을 수 있다. 하지만 애자일 방식(업무의 투명성과 평가 체계 등)을 사용하면 무임승차자를 자연스럽게 걸러 낼 수 있다. 애자일 팀을 효과적으로 만들기 위해서 팀 리더는 X이론적 관점에서 벗어나 Y이론적 관점으로 변해야 한다. 그러면 일부 팀원이 업무에 집중하지 않는 모습을 보여도 게으르고 나태한 직원으로 인식하기보다는 목표가 명확하게 주어지지 않았거나 동기부여가 필요한 직원으로 인식한다. 이렇게 관점이 변하면 팀원이 잠재적 능력을 최대한 발휘할 수 있도록 이끌어 줄 수 있다.

5.3 기술 리더와 애자일 프로젝트 리더의 역할

전통적 개발 조직에서 일정한 경력을 쌓은 개발자는 보통 시니어 개발자를 거쳐 기술 리더(technical leader)로 성장한다. 기술 리더는 경영진과 고객의 요구사항을 분석하여 기술, 설계 전반의 중요한 의사 결정을 수행하고, 팀원에게 기술을 전수하거나 멘토링을 한다. 프로젝트 리더는 기술적인 업무보다는 프로젝트의 계획·통제 업무와 고객, 이해관계자, 팀 구성원이 서로 원활히 소통하고 협력할 수 있도록 이끄는 역할을 수행한다. 프로젝트는 여러 조직이 협업하여 일할 때가 많기 때문에 프로젝트 리더에게는 기술적인 업무 역량보다 프로세스 관리 역량과 대인 관계 스킬이 더 중요하다.

이렇게 기술 리더와 프로젝트 리더의 업무 성격이 다르지만 국내에서는 기술 리더가 별도의 훈련 없이 프로젝트 리더 역할까지 수행할 때가 많다. 자체적으로 소프트웨어와 하드웨어를 개발하는 팀에서는 기술 리더가 팀 리더의 역할까지 함께 수행하는 곳이 많다. 심지어 어떤 기술 리더는 2~3개 이상의 프로젝트 기술적인 업무와 프로젝트 관리를 동시에 수행하기도 한다.

미국의 프로젝트 관리 전문가인 제임스 루이스(James P. Lewis)는 프로젝트 관리자가 가져야 할 가장 큰 능력으로 사람을 다루는 기술을 꼽았다. 그리고 프로젝트 관리자가 개발 업무와 프로젝트 관리 업무를 병행하는 것은 가장 위험하다고 지적한다.[30] 어떤 팀 리더가 기술적인 업무와 프로젝트 관리 업무를 동시에 수행한다면 대부분 후자를 등한시한다. 그 이유는 두 가지다.

- 프로젝트 관리 업무는 당장 하지 않아도 바로 표시가 나지 않지만 개발 업무는 바로 문제가 생긴다.
- 프로젝트 관리 지식이 얕다.

많은 경영진이 프로젝트 관리 업무를 일정 관리나 업무 보고서 작성 정도로 알고 있어 기술 리더가 기술적인 업무도 하면서 프로젝트 리더 역할도 할 수 있다고 생각한다. 하지만 프로젝트 관리에서 요구하는 지식이나 경험은 보통의 개발자가 시간이 흐른다고 자연스럽게 습득할 수 있는 것이 아니다. 그것은 별도로 훈련과 경험을 쌓아야 습득할 수 있다. 따라서 개발자 중에서 두 가지 스킬을 모두 가지고 있는 사람은 매우 드물며, 많은 글로벌 기업은 프로젝트 리더와 기술 리더의 커리어 패스를 따로 관리한다. 즉, 기술 리더로 성장하는 커리어 패스와 프로젝트 리더로 성장하는 커리어 패스는 다르다. 반면에 국내에서는 일부 대기업을 제외하고는 커리어 패스를 따로 분리하지 않고 개발자가 성장하면 두 가지를 모두 병행해야 한다. 개발팀이 5~6명 이내의 소규모라면 기술 리더가 어느 정도 프로젝트 리더 역할을 함께 수행할 수밖에 없다. 하지만 팀원이 그 이상이거나 외부 고객을 대상으로 프로젝트를 수행한다면 기술 리더가 프로젝트 리더 역할을 함께 수행하는 방법은 결코 바람직하지 않다. 프로젝트를 수행하는 소규모 개발팀이 여러 개라면 한 명의 프로젝트 리더가 여러 팀을 관리하는 것이 더 좋은 방법이다.

전통적 조직에서 프로젝트 리더는 팀원의 상급자로 팀원을 강력하게 통제할 수 있는 권한과 함께 팀의 성과도 책임을 졌다. 하지만 애자일 개발 환경에서 리더는 기술적인 리더나 상급자 개념보다는 개발팀과 이해관계자 간의 원활한 커뮤니케이션과 협업을 이끄는 역할자에 가깝다. 프로젝트에는 사용자와 고객, 아키텍처, 디자이너, 프로그래머 등 여러 역할들이 존재한다. **애자일 프로젝트 리더는 이런 역할자 중 하나일 뿐이며 구성원이 역량을 최대한 발휘할 수 있도록 지원하는 코치 및 퍼실리테이터 역할을 수행한다.** 설사 프로젝트 리더의 직급이 높다고 하더라도 팀 안에서 관계는 수평적이고 성과 책임도 프로젝트 팀과 공동으로 진다. 기존의 리더는 상급자이면서 동시에 의사 결정권자지만 애자일 환경에서 리더는 수평적이고 권한을 위임한다(스크럼에서는 이런 애자일 리더를 스크럼 마스터라고 한다). 이런 역할 변화는 개발팀의 자율성과 창의성을 높이는 데 효과적으로 작용한다. 프로젝트마다 애자일 리더의 역할이 다를 수 있겠지만 공통 역할은 다음과 같다.

- 애자일 원리와 프랙티스를 기반으로 프로젝트 구성원이 가치 있는 제품을 만들 수 있도록 가이드하고 코칭한다.
- 고객 및 제품 책임자가 자신의 역할을 제대로 수행할 수 있도록 가이드한다.
- 프로세스를 지속적으로 개선하여 팀의 효율성을 높인다.
- 타 부서와 관계를 원활히 하고, 팀 업무 장애 요인을 제거한다.
- 팀원과 협의하여 의사 결정하고 팀원의 역량을 발전시킨다.
- 팀원의 잠재력을 높이고 업무에 몰입할 수 있도록 제반 환경을 지원한다.

애자일을 도입할 때는 기존 리더의 역할 변화가 필요하다. 어떤 조직의 팀 리더는 기술 리더에 가깝거나 혹은 관리 업무를 주로 수행하는 리더가 될 수 있다. 기존의 팀 리더가 기술 리더에 가깝다면 개발팀의 일부가 되어 개발 업무에만 전념하는 것이 바람직하다. 유능한 기술 인력을 관리 인력으로 바꾸는 것은 조직 차원에서 손해가 될 수 있기 때문이다. 이럴 경우 별도의 애자일 프로젝트 리더가 필요하다. 만약 기존의 리더가 관리 리더에 가깝다면 단순히 애자일 리더 역할로 전환하면 된다.

> **참고**
>
> 스크럼 마스터(scrum master)는 스크럼에서만 사용하는 용어로, 애자일 프로젝트의 리더 역할을 수행하는 사람을 의미한다.* 즉, 스크럼 마스터는 서번트 리더십이 있는 코치형 리더다. 스크럼에서 굳이 새 용어를 만든 이유는 기존에 사용하던 프로젝트 관리자라는 호칭을 그대로 쓰면 사람들이 변화된 새로운 역할을 인식하기 어렵기 때문이다. 그래서 애자일을 도입한 국내외 IT 기업에서는 프로젝트 리더 대신 스크럼 마스터라는 새로운 이름을 사용하는 곳이 많다. 해외에서는 이미 새로운 직업군으로 자리 잡은 지 오래다. 나는 조직 상황에 따라 '스크럼 마스터'든 '프로젝트 리더'든 어떤 이름을 사용해도 크게 상관없다고 생각한다. 프로젝트 리더라고 불러도 팀원의 의견을 존중하는 서번트 리더 역할을 수행하면 되기 때문이다.

> **참고**
>
> 애자일 리더 및 스크럼 마스터의 역할을 효과적으로 수행하기 위해서는 다음 세 가지 측면에서 역량을 향상시킬 필요가 있다.
>
> 첫째, 애자일 지식뿐만 아니라 전통적 개발 프로세스와 최신 개발 프로세스를 연구한다. 최신 개발 프로세스인 린 스타트업(Lean Startup), 디자인 씽킹(Design Thinking), 칸반(Kanban), 데브옵스(DevOps) 등 창의적이고 생산적인 프로세스를 기존 프로세스와 접목할 수 있도록 계속 연구해야 한다. 또 CMMI(Capability Maturity Model Integration), PMBOK(Project Management Body Of Knowledge), TOC(Theory Of Constraint) 등 전통적 개발 프로세스도 나름대로 장단점이 있으므로 현실에서 애자일과 적절하게 통합하여 활용할 수 있어야 한다.
>
> ○ 계속

---

* 스크럼 외에 다른 애자일 방식에서는 '스크럼 마스터' 용어를 사용하지 않는다. '프로젝트 리더'나 '관리자' 용어를 그대로 사용하고 역할만 다르다.

> 둘째, 사회학, 심리학에 기초한 코칭, 퍼실리테이션, 갈등 해결 등 대인 관계(interpersonal) 스킬을 향상시킨다. 대인 관계 스킬은 프로젝트 구성원의 동기부여와 잠재력, 팀워크를 향상시키는 데 필요하고 단기간에 획득할 수 없으므로 계속 관심을 갖고 노력해야 한다.
>
> 셋째, 변화하는 비즈니스 · 기술 트렌드를 지속적으로 연구한다. 제품 책임자와 개발팀을 이끌고 제품을 성공적으로 개발하려면 진화하는 비즈니스 및 기술 지식을 이해해야 한다.

5.4 애자일 리더십

애자일 프로젝트의 목표는 전통적 프로젝트가 추구했던 목표(업무 범위, 일정, 비용 준수 등)와는 다르기 때문에 기존의 리더십과 다른 새로운 리더십이 필요하다. 새로운 리더십의 목표는 비즈니스의 불확실성을 관리하면서 고객에게 가치 있는 제품을 계속해서 전달할 수 있도록 팀원을 이끄는 것이다. 따라서 범위와 일정 준수보다는 탐색(exploration)과 적응(adaptation)을 장려하고 팀원의 잠재력을 높일 수 있도록 코칭하는 것이 더 중요하다. 애자일 전문가 짐 하이스미스와 몇몇 리더들은 '상호 의존성 선언(declaration of interdependence)'을 만들어 애자일 프로젝트 리더가 가져야 할 마인드셋을 다음과 같이 제시한다.[31]

- 우리는 지속적인 가치 흐름을 창출하여 투자수익률을 증가시킨다.
  (We increase return on investment by making continuous flow of value our focus.)
- 우리는 공동의 오너십으로 고객과 빈번한 상호작용을 하여 신뢰할 만한 결과를 만든다.
  (We deliver reliable results by engaging customers in frequent interactions and shared ownership.)
- 우리는 반복과 예측, 적응을 통하여 프로젝트의 불확실성을 관리한다.
  (We expect uncertainty and manage for it through iterations, anticipation, and adaptation.)

- 우리는 개인이 가치 창조의 원천임을 인식하고 차별화된 결과를 만들 수 있는 환경을 조성하여 창조와 혁신을 이끌어 낸다.
(We unleash creativity and innovation by recognizing that individuals are the ultimate source of value, and creating an environment where they can make a difference.)
- 우리는 결과에 공동으로 책임을 지고 팀의 효율성에서 책임을 공유하여 성과를 높인다.
(We boost performance through group accountability for results and shared responsibility for team effectiveness.)
- 우리는 상황에 특화된 전략과 프로세스, 프랙티스를 이용하여 효과성과 신뢰감을 향상시킨다.
(We improve effectiveness and reliability through situationally specific strategies, processes and practices.)

많은 전문가들은 애자일 리더가 가져야 할 바람직한 리더십으로 서번트 리더십을 추천한다. 서번트 리더십은 타인에게 봉사하면서 다른 사람의 성장을 지원하는 리더십으로 요약할 수 있는데 사람들이 잠재력을 최대한 발휘할 수 있도록 촉매제 역할을 한다. 다음은 서번트 리더십 전문가인 이관웅 박사가 제시한 서번트 리더의 일곱 가지 특성이다.[32]

① 서번트 리더는 자신을 서번트(servant) 또는 지원자로 인식한다.
② 조직에서 가장 가치 있는 자원은 사람이라고 인식한다.
③ 늘 학습하는 태도를 보인다.
④ 먼저 경청한다.
⑤ 설득과 대화로 업무를 추진한다.
⑥ 조직이 커뮤니티를 형성하도록 한다.
⑦ 권한 위임으로 리더십을 공유한다.

서번트 리더는 자신을 상위 관리자가 아닌 지원자로 인식한다

전통적 리더는 자신이 상위 관리자이므로 팀원에게 명령하거나 팀원을 통제하는 권한이 있다고 생각한다. 반면에 서번트 리더는 자신이 상위 관리자가 아니며 팀원 스스로 문제를 해결하고 성장할 수 있도록 돕는 지원자 역할이라고 생각한다. 그래서 구성원의 업무 효율이 높아지도록 권한을 위임하고 구성원 스스로 의사 결정을 할 수 있도록 지원한다.

서번트 리더는 개인의 성장과 조직의 성장을 동시에 지원한다

전통적 리더는 팀원의 개인적 성장과 상관없이 팀원을 프로젝트 목표 달성을 위한 수단으로 인식하여 성과가 없으면 언제든지 교체할 수 있다고 생각한다. 반면에 서번트 리더는 팀원이 성장하고 발전하면 프로젝트의 목표를 달성할 수 있다고 생각하기 때문에 팀원이 능력을 최대한 발휘할 수 있도록 격려하고 지원한다. 또 구성원이 서로의 관심사항을 공유하고 학습하며 지나친 경쟁보다는 상호 배려와 협력을 하여 팀의 목표를 달성하도록 이끈다.

서번트 리더는 늘 학습하는 태도를 보이며 지속적인 개선을 추구한다

전통적 리더는 프로젝트에 문제점이 발생하면 자신의 경험과 지식의 틀 안에서 해결하려 한다. 반면에 서번트 리더는 늘 팀원의 의견을 경청하고 새로운 업무 방식에 도전하여 배움의 기회로 활용한다. 또 팀원의 실수를 질책하기보다는 시스템에서 문제의 원인을 찾는 데 초점을 맞춘다.

서번트 리더는 먼저 경청하고 설득과 대화로 업무를 추진한다

전통적 리더는 팀원의 의견을 잘 듣지 않고 자신의 관점에서만 상대방의 의견을 들으려고 한다. 반면에 서번트 리더는 적극적으로 경청하여 사람들이 무엇을 말하려고 하며 어떤 욕구가 있는지 이해하려 노력한다. 또 구성원이 모두 동참할 수 있도록 설득과 대화로 공감대를 확장시켜 나가며 구성원에게 무엇이 가치 있는지 깊이 성찰하도록 한다.

서번트 리더십은 그동안 내 경험에 비추어 보아도 애자일 개발 환경에 잘 들어맞는다. 이런 리더십과 거리가 먼 프로젝트 리더가 이끌었던 개발팀들은 대부분 애자일을 잘 적용하지 못했다.

전통적 리더와 애자일 리더를 비교 요약하면 표 5-1과 같다.

▼ 표 5-1 전통적 리더와 애자일 리더의 비교

구분	전통적 리더	애자일 리더
리더 인식	리더는 조직을 성공시키려고 팀원에게 지시하고 평가하는 사람으로, 팀원과 수직적 관계다.	리더는 조직을 성공시키고 팀원이 성장할 수 있도록 지원하고 헌신하는 사람으로, 팀원과 수평적 관계다.
팀원 인식	팀원은 조직이 성공하고 목표를 달성하는 데 활용할 수 있는 자원이자 수단이다.	팀원은 가치 창조의 원천이며 조직이 성공하는 데 최대의 역량을 발휘할 수 있도록 지원해야 한다.
팀원 관리 방식	• X이론적 관점에서 팀원을 인식하고 명령과 통제, 보상과 처벌이 필요하다. 특히 팀원이 리더의 기대를 충족하지 못할 때는 처벌의 대상이 된다. • 자신의 업무 방식을 팀원에게 강요하고 업무에 세부적으로 관여한다.	• Y이론적 관점에서 팀원을 인식하고 팀원이 업무에서 성장할 수 있도록 지원한다. 특히 팀원이 리더의 기대를 충족하지 못할 때는 피드백을 주어 스스로 고쳐 나갈 수 있도록 지원한다. • 팀의 목표와 비전 등을 제시하고 팀원에게 업무 수행의 자율성을 보장한다.
팀원 평가 방식	팀원 간의 내부 경쟁과 장시간 근무하는 것을 미덕으로 인식하고 개인의 성과를 주요 평가 요소로 간주한다.	팀원 간의 상호 협력과 학습을 권장하고 장시간 근무보다는 팀 성과와 기여도에 근거하여 팀원을 평가한다.

☆ 참고

애자일 프로젝트에서는 서번트 리더십을 권장하지만 그것이 모든 프로젝트나 팀원에게 적합한 리더십이라는 의미는 아니다. 프로젝트 상황이나 팀원의 성향에 따라 적절한 리더십을 적용할 필요가 있다. 예를 들어 초보 팀원이라면 업무를 할 때 자율성을 주기보다는 업무를 가르치고 명확하게 지시해야 한다. 또 급박하게 결정해야 할 사안이라면 어느 정도 통제 권한을 사용해야 할 것이다.

5.5 프로젝트 팀 코칭

팀 코칭의 필요성

1970년대까지만 해도 직장은 단순히 의식주를 해결하려고 다니는 곳이라는 인식이 강했으며 대부분의 경영자는 개인적인 욕구와 즐거움은 직장 밖에서 찾아야 한다고 생각했다. 그래서 직장에서는 업무 이야기 외에는 잡담은커녕 웃지도 말아야 한다는 엄격한 규율이 있었으며 오로지 자신이 맡은 일만 성실히 해야만 했다. 이런 환경에서 관리자에게 직원의 심리적 상태나 사기는 그다지 중요한 이슈가 아니었다. 직원의 사기와는 상관없이 생산성은 시간에 비례했기 때문이다. 그러나 오늘날 잘나가는 글로벌 기업들은 이렇게 생각하지 않는다. 업무와 관련이 없는 사람과 대화하면서 창의적인 아이디어가 나올 수도 있고, 회사 생활이 즐거워야 업무에 더욱 몰입할 수 있다는 것을 잘 알기 때문이다. **애자일 프로젝트에서는 사람들의 업무 만족도나 사기 같은 심리적 요소를 프로젝트 성과를 높이는 중요한 요소로 본다.** 애자일 개발을 처음 시도하는 프로젝트 리더가 많이 하는 실수 중 하나는 사람의 심리적 상태나 사기를 거의 고려하지 않는다는 것이다. 특히 관리 스타일에 거의 변화가 없는 상태에서 단순히 애자일 프랙티스를 적용하는 것은 앙금 없는 찐빵과 같아 성과가 좀처럼 나타나지 않는다.

예전에 한 대형 프로젝트에 참여하여 PMO 역할을 수행한 적이 있었다. 그때 두 팀이 서로 다른 양상을 보였는데 한 팀(A 팀으로 지칭)은 전형적인 X이론적 관점으로 관리하는 팀이었고, 다른 한 팀(B 팀으로 지칭)은 Y이론적 관점에 가깝게 관리하는 팀이었다. A 팀의 관리자는 팀원의 모든 개발을 세부적으로 통제했고, 팀원은 일거수일투족을 모두 보고하면서 리더와 장시간 회의를 해야 했다. 반면에 B 팀은 팀원에게 해야 할 업무 목표를 제시하고,

팀원 스스로 업무를 계획·통제하도록 했다. 관리자는 개발에 직접 관여하기보다는 개발에서 나타나는 장애 요인을 해결하거나 고객과 다른 팀과 업무를 조율하는 데 초점을 맞췄다. 팀원은 리더가 업무에 너무 관여하지 않는다고 투덜대곤 했지만 팀 성과는 B 팀이 A 팀보다 월등히 좋았다. A 팀은 리더와 팀원 간의 갈등이 극심했으며 사소한 문제를 놓고 2~3시간씩 회의하는 경우가 빈번했다. 비슷한 규모의 두 팀을 유심히 살펴본 이유는 관리 스타일에 따라 팀 분위기가 너무 달랐기 때문이다.

A 팀 관리자는 고객과 요구사항을 조정하는 데 신경쓰기보다는 개발 활동에 초점을 맞췄으며 팀원에게 감당하지 못할 요구사항을 계속 던졌다. 그리고 자신이 인정하는 방식으로 개발할 것을 요구했고 그렇지 않았을 때는 재작업을 명령했다. B 팀 관리자는 개발의 주도권을 팀에 넘기고, 자신은 팀원과 친근한 관계를 유지하면서 고객과 외부 팀의 업무 조율에 주로 힘썼다. A 팀 관리자는 항상 바쁘게 일하면서 팀 분위기를 안 좋게 이끈 반면에 B 팀 관리자는 여유 있게 일하면서 팀 분위기도 좋게 이끌었다. 지금 생각해 보면 B 팀 관리자는 '코칭'이라는 것을 하고 있었다. 팀원의 고충을 자주 들어 주면서 그들이 감당하기 어려운 문제를 해결해 주려고 노력했다. 이런 팀 분위기는 팀원의 결속력을 높이는 원동력으로 작용했다.

이처럼 팀 코칭이란 팀원의 고충을 주기적으로 청취하면서 팀원의 잠재력을 최대한 발휘할 수 있게 지원하는 활동이다. 그리고 프로젝트 팀원에게 내재적 동기부여를 할 수 있는 효과적인 수단이기도 하다. 팀원은 리더가 어떤 방식으로 관리하느냐에 따라 자신의 일에 최선을 다할 수도 있고, 마지못해 할 수도 있다. 앞 사례의 B 팀 관리자처럼 배우지 않아도 태생적으로 잘하는 관리자도 있지만 그런 사람은 소수이며 많은 관리자가 A 팀 관리자처럼 행동한다.

애자일 팀 코칭 방법

애자일 팀을 코칭하는 방법은 일반적인 코칭 방법과 크게 다르지는 않으나 추가적으로 애자일 원리와 프로세스를 깊이 있게 이해해야 한다. 책에서는 직접 경험해 보고 나름대로 성공적으로 적용했던 애자일 코칭 방법 위주로 소개한다.

프로젝트 리더는 팀원의 관심사나 심리적 상태, 고충에 관심을 보이고 팀원의 사기를 주기적으로 점검한다

업계에 있는 관리자와 이야기해 보면 팀원의 관심사는 고사하고 생일이나 가족 관계도 모를 때가 많았다. 프로젝트가 바빠 각 팀원의 개인사항을 살펴볼 여력이 없기 때문이기도 하지만 그런 관심을 왜 가져야 하는지 모를 때도 많다. 한마디로 팀원은 회사에서 월급을 받으니 그것으로 충분하지 않느냐는 것이다. 이렇게 하면 팀원은 관리자에게 마음을 열지도 않을 뿐더러 자신을 존중하지 않는다고 생각한다. "선비는 자기를 알아 주는 사람에게 목숨을 바치고, 여인은 자신을 사랑해 주는 사람을 위해 화장을 한다."라는 옛말이 있다. 『사기(史記)』의 「자객열전」에 나오는 말로, 사람은 자기를 알아 주는 사람에게 최선을 다한다는 의미다. 사람은 사회적 동물로 누군가 자신에게 관심을 갖고 고충이나 고민을 들어 주기를 원한다. 이때 리더가 관심을 갖고 인정해 준다면 최선을 다할 것이다. 리더는 팀원에게 업무보다 먼저 인간적인 관심을 가지고 이해하는 노력부터 해야 한다.

프로젝트 리더는 팀원과 주기적으로 1:1 미팅을 수행한다

1:1 미팅은 팀원의 애로사항을 청취하고 적절한 질문을 던져 팀원이 성장할 수 있게 지원하는 활동이다. 많은 리더가 팀원과 업무적으로는 많은 대화를 나누지만 개인적인 대화는 별로 하지 않는다. 너무 바빠서 또는 그런 대화가 어색해서 등 이유는 다양하다. 그래서 집단적으로 식사나 팀워크 활동을 많

이 수행한다. 하지만 팀원의 고충을 제대로 파악하려면 1:1 대화를 수행해야 한다. 실행 방법은 함께 식사를 하거나 쉬는 시간에 우연히 마주치는 형태를 취할 수 있다. 중요한 것은 리더가 형식적으로 대화를 한다고 팀원이 느끼지 않아야 한다는 점이다. 진정으로 팀원에게 관심이 있고, 팀원의 성장을 위해 노력한다는 태도가 느껴져야 한다(기계적으로 수행한다면 차라리 안 하느니만 못하다). 1:1 미팅은 보통 한 달에 한 번 이상 수행하기를 권장한다. 새로운 정책을 시행하거나 팀원의 심리적인 변화가 느껴질 때 미팅을 하면 좋다. 애자일 철학을 좀처럼 받아들이지 못하는 사람들에게는 자주 대화를 나누는 것이 좋다.

적극적으로 경청하고 적절한 질문을 던진다

1:1 미팅에서 리더가 중요하게 고려해 할 사항은 적극적인 경청과 적절한 질문으로 팀원이 스스로 문제를 해결할 수 있게 지원하는 것이다. 관리자는 대부분 일방적인 지시에 익숙하여 팀원의 이야기를 주의 깊게 듣지 않는다. 설사 듣는다 해도 공감하지 않고 자신의 가치관에 비추어서 상대방이 원하지 않는 조언을 할 때가 많다. 이런 조언은 팀원에게 잔소리로 들릴 수 있어 오히려 미팅 효과를 반감시킨다. 따라서 조언보다는 적절한 질문을 던져 팀원이 스스로 생각하고 판단하게 도와주는 것이 훨씬 효과적이다. 때로는 경청만으로 해결책이 나오기도 한다. 또 리더가 자신의 이야기를 들어 주었다는 사실만으로도 팀원의 사기는 올라간다. 다음은 적극적으로 경청을 할 수 있는 가이드라인이다.

- 눈을 맞추고 끄덕이면서 상대방의 이야기를 끝까지 진지하게 경청한다.
- 상대방이 한 말을 다르게 표현하거나 압축하여 말하면서 상대방의 감정에 공감한다.
- 상대방이 생각이나 감정을 자유롭게 표현하도록 이끈다.
- 상대방이 요청하지 않은 상태에서 자신의 가치관에 따른 충고와 조언을 하지 않는다.
- 상대방이 이야기하지 않는다고 해서 자신의 이야기를 주로 해서는 안 된다.

1:1 대화를 할 때 막상 팀원과 만나서 이야기를 하려고 하면 상대방이 입을 다물고 마음을 열지 않아 대화를 이어가기 어려울 때가 있다. 이때는 적절한 질문을 던져라. 사람들은 질문을 받으면 대답을 하려고 자연스럽게 생각을 하고, 자신이 처한 상황을 다시 한 번 성찰해 보게 된다. 여기서 질문이란 '예', '아니오'로 대답할 수 있는 단답식 질문이 아니라 생각을 여는 질문을 의미한다. 예들 들어 '왜 이런 문제가 생겼다고 생각하시나요?' 또는 '우리가 앞으로 어떻게 하는 것이 좋을까요?' 식으로 말이다. 코칭은 일반적인 대화와 다르게 이런 질문을 활용한다. 사람들은 누군가가 어려움을 이야기하면 자신의 경험에 기반하여 조언을 할 때가 많다. 하지만 그 조언이 그 사람에게 맞는 해법이라고 보기 어렵고 상대방이 원하지 않는 조언은 오히려 상대방의 기분을 상하게 하기 쉽다. 이때 그 사람이 스스로 해답을 찾을 수 있도록 도와주는 것이 질문이다. 팀원의 잘못된 행동을 고치고 싶을 때 잘못된 점을 지적하는 것도 필요하다. 하지만 스스로 무엇을 잘못했는지 생각하게 하는 것이 더 효과적이다. 다음과 같은 질문을 활용하면 도움이 될 것이다.

- 최근에 가장 즐거웠던 순간은?
- 현재 하는 일 중에서 가장 보람 있는 일은?
- 당신이 인생에서 성장하고 싶은 목표는?
- 가장 기억에 남는 영화나 책은?
- 어째서 그런 일이 발생했을까?
- 우리가 좀 더 재미있고 즐겁게 일할 수 있는 방법은 없을까?
- 우리가 이런 상황을 어떻게 개선하는 것이 좋을까?
- 그 부분을 좀 더 자세히 이야기해 달라.
- 내가 도와줄 수 있는 것은 없는가?

팀원이 수행한 업무 성과에 적절한 피드백을 한다

피드백은 팀원에게 현재 하는 일의 노고를 인정해 주면서 칭찬이나 잘못한 점을 알려 팀원의 사기를 북돋는 행위를 의미한다. 피드백이 중요한 이유는 앞서 몰입 이론에서도 언급했듯이, 주변 사람이 자신이 하는 일에 관심을 가지고 적절히 피드백을 할 때 더욱 몰입할 수 있기 때문이다. 국내 경영자와 관리자는 칭찬에 인색한 편이다. 실제 프로젝트에서도 팀원에게 칭찬이나 격려를 하기보다는 부족한 점만 지적한다. 하지만 애자일 리더는 칭찬과 격려를 생활화해야 한다. 칭찬에 정도(正道)가 있는 것은 아니지만 막연한 칭찬보다는 그 사람의 구체적인 행동을 이야기하면서 칭찬하는 것이 좋다. 예를 들어 팀원 중에 누군가가 자발적으로 팀의 어려운 업무를 떠맡겠다고 나섰을 때 그 사람의 구체적인 행동을 칭찬해 주는 것이다. "박진호 님이 어려운 일을 하겠다고 자원하셨는데 격려의 박수 한 번 칩시다."라고 말이다. 격려나 칭찬을 한 번도 하지 않다가 어느 날 제품 데모나 리뷰에서 잘못한 점만 지적한다면 그 사람은 사기가 떨어질 수밖에 없다. 친한 선배가 잘못한 점을 지적하면 그다지 반감이 들지 않지만 친하지 않은 사람이 지적하면 기분이 나쁜 법이다.

5.6 하이 퍼포먼스 팀의 조건

팀이라는 용어는 프로젝트뿐만 아니라 기업 내 다양한 조직에서도 공통으로 사용한다. 회계팀, 마케팅 팀, 개발팀 등 거의 모든 조직에 팀이라는 단어가 들어 있다. 1990년대 초반만 해도 대부분의 기업에서는 과 또는 부서라는 용어를 주로 사용했고, 팀이라는 용어는 매우 생소했다. 어느 순간부터 모든 조직에서 팀이라는 용어를 사용했는데 요즘에는 과·부서 단위를 운용하는 기업은 거의 없다. 이렇게 대부분의 조직이 팀제를 사용한다. 하지만 예전 과·부서 단위로 움직이던 시절에 사용하던 관리 방식을 그대로 계승한 채 호칭만 팀장으로 바뀌었을 뿐이다. 프로젝트도 예외가 아니어서 과·부서 단위의 명령 및 통제 방식을 그대로 전승했다. 즉, 말만 팀이지 예전의 과·부서제와 다를 바가 없다.

이런 현상은 국내에 팀제를 도입할 때 팀의 본래 목적과는 다르게 활용했기 때문이다. 조직에서 수직적 계층 구조를 단순화하고, 수평적 협업을 강화하여 시장 변화에 신속하고 유연하게 대응하려는 목적에서 팀제가 탄생했다. 그런데 국내에서는 계층 구조의 단순화 관점에서 주로 활용되었고, 수평적 협업 강화 같은 관리 방식은 도입되지 않았다. 미국에서는 기존의 개인적 성과주의를 보완하고 자율과 협력을 강조하는 수평 조직으로 이동하는 데 초점을 맞춰 발전했다. 하지만 국내에서는 계층에 따른 권한은 없어지고 개인적 성과주의는 그대로 남아 본래의 팀제와는 다른 형태로 바뀐 것이다.[33]

조직 관리 관점에서 팀은 구성원이 공통의 목표를 달성하려고 상호 협력하며 공동으로 책임지는 집단으로 정의한다. 과·부서 같은 작업 집단(work group)은 리더 한 사람이 관리·감독하는 상황에서 팀원 각자가 개별적으로 업무를 수행하는 것으로 정의한다. 작업 집단은 업무에서 팀원과 리더의 상호작용만 있을 뿐 팀원과 팀원 간의 상호작용은 거의 없다. 중요한 의사 결정은 리더가 도맡아 처리하고, 팀원은 맡은 업무만 수행한다. 반면에 팀은 팀에서 중요한 의사 결정을 내리고, 팀원과 팀원 간에 상호작용이 활발하게 일어나고, 리더는 명령과 통제보다는 지원과 코칭 역할을 수행한다. 두 관리 방식을 비교하면 표 5-2와 같다.[34]

▼ 표 5-2 작업 집단과 팀제 비교

분류	작업 집단	팀제
책임	리더의 책임	팀원 공동 책임
의사 결정	리더 주도형 의사 결정	참여적 의사 결정
생산성	개별 생산성의 합 이하	개별 생산성의 합 이상
리더십	지시, 감독, 권위적	코칭, 촉진, 수평적
평가 방법	개별 평가	팀 성과에 따른 평가

표 5-2를 보면 생산성은 작업 집단보다 팀제가 더 높게 나타나는데 작업 집단은 리더가 시킨 일만 수행하기 때문에 자기가 맡은 일이 아무리 빨리 끝나도 리더에게 일을 더 달라고 이야기하지 않는다. 반면에 팀제에서는 팀원 간의 자율적인 업무 협력을 강조하기 때문에 일이 빨리 끝난 사람은 다른 사람을 도와주거나 서로 협력해서 업무를 수행하여 전체 팀의 아웃풋을 높일 수 있다. 즉, 팀워크로 시너지가 발생한다. 이런 팀제에서 리더의 역할은 팀원에게 업무를 할당하고 통제하는 것이 아니다. 그보다는 팀원이 자신의 잠재력을 최대한 발휘하면서 스스로 업무를 주도적으로 수행할 수 있는 환경을 만들어 주는 것이다. 일일이 리더의 지시를 받아서 수행하는 것은 비효율적일 수밖에 없다.

카첸바흐와 스미스(Katzenbach & Smith)는 하이 퍼포먼스를 내는 이상적인 팀을 "여러 기능을 하는 소수의 구성원(기능 혼합 : cross-functional)이 공통의 목표를 달성하려고 공동 책임하에 문제를 해결하는 공통의 접근 방법을 사용하는 조직"이라고 정의했다. 팀이 높은 성과를 내려면 다음 여섯 가지 요소가 필요하다.[35]

- 기능 혼합팀
- 공통의 목표와 책임

- 공동의 운영 방식
- 소수의 구성원(10명 이내)
- 의사 결정에 모두가 참여
- 팀원과 리더가 신뢰

2.4절에서 설명했듯이 자기 조직화된 팀은 구성원이 자율성과 책임감을 가지고 집합적인 상호작용을 하여 비즈니스 변화에 적응해 나간다. 상기 요소들은 자기 조직화를 효과적으로 진행하는 데 도움이 된다. 예를 들어 공통 목표와 운영 방식, 의사 결정에 모두가 참여할 수 있는 여건을 만들면 팀 구성원의 책임감을 높일 수 있다. **전형적인 애자일 팀은 ±7명의 소수로 구성하며 팀원과 리더는 서로를 존중하는 수평적인 관계다. 이런 팀은 퍼포먼스가 가장 높은 팀이다.**

5.7 애자일 팀 형성을 방해하는 요인

국내 현실에서는 높은 성과를 내는 애자일 팀을 좀처럼 만들기가 어렵다. 그 이유는 세 가지다. 첫째, 리더가 모든 의사 결정을 내리려고 한다. 업무에 깊이 관여하는 것은 물론 의사 결정권도 놓지 않으려고 한다. 이때 팀원은 자신의 일에 주도권을 상실하고 성취감도 느끼지 못하며 책임감도 잃기 쉽다. 리더가 의사 결정을 독점해서는 공동 책임감을 형성하기 어렵다. 어느 기업에서는 최고 경영자가 모든 프로젝트에 참여하여 중요 의사 결정을 진행하기도 한다. 그렇게 되면 해당 업무 관리자 입장에서는 책임감을 덜 느낄 수밖에 없다.

둘째, 팀에 위계질서가 강하다. 국내에서는 외국과 달리 위계질서가 강하다 보니 각종 회의에서 상위 직급인 사람이 발언을 많이 하고, 하위 직급인 사람은 말할 기회가 적다.* 업무를 할당할 때도 직급이 낮은 사람은 어렵고 궂은 일을 도맡으며 직급이 높은 사람은 편하고 쉬운 일을 맡는다. 이런 상황이라면 팀에 공동 책임감을 형성하기 어렵다. 업무는 그 일을 하기에 적절한 사람이 맡아야지 위계질서에 따라서는 안 된다. 최근에는 국내에서도 수평적인 조직 구조를 만들기 위해 호칭도 없애고 'OO 님'으로 통일하거나 '별칭(nick name)'으로 부르는 조직이 많이 생겨나고 있다.

셋째, 팀원이 자신의 역할을 한정한다. 팀원이 자신의 스킬에 따라 역할을 한정하면 자기 업무 외에는 관심이 없게 된다. 따라서 다른 업무와 연관성을 무시하거나 자신의 관점에서만 업무를 바라본다. 이런 역할 한정은 팀의 성과가 좋지 않을 때는 쉽게 남의 탓을 하게 된다.

5.8 개발팀의 역할과 팀스피릿

애자일 개발에서는 리더 못지않게 개발팀의 역할 또한 중요하다. 전통적 개발에서는 리더가 중심이 되어 프로젝트를 계획하고 통제했다면 애자일에서는 개발팀이 중심이 되어 프로젝트를 진행한다. 프로젝트 리더가 아무리 이상적인 업무 환경을 만들어도 구성원이 잘 적응하지 못한다면 개발 성과는 반감될 수밖에 없다. 많은 개발자가 리더의 지시를 받고 일하는 전통적 방식에 익숙하기에 자기 주도적으로 일을 하는 애자일 방식에는 쉽게 적응하지 못한다. 또 개발자 특유의 혼자 일하는 습관도 자율과 협력을 강조하는 애자일 팀 업무 방식과 배치될 수 있다. 애자일 개발은 팀원이 기존에 갖고 있는 사고방식을 바꿔야 원활하게 진행할 수 있다. 예를 들어 각 팀원은 특정 기술

---

* 히포(HiPPO) 현상 : 위계질서가 있는 업무 환경에서는 집단의 상급자나 경험이 많은 사람이 답을 알고 있을 것이라는 잘못된 신념에 쉽게 사로잡힌다. 그래서 모든 의사 결정은 상급자가 내린다. 이를 실리콘 밸리에서는 '히포 현상'이라고 하는데 '최고 연봉자의 의견(Highest Paid Person's Opinion)'을 줄인 말이다.

이나 전문 분야가 있지만 필요에 따라서는 다른 업무도 배우고 익히는 자세가 필요하다. 이런 관점에서 애자일 팀원이 가져야 할 팀스프릿(spirit)으로 다음 여섯 가지를 제안한다.

1. 개인에게 주어진 업무를 팀 전체의 책임으로 받아들인다

전통적 개발에서는 계획 단계에서 개인에게 할당된 업무는 그 개인의 책임이지 팀 전체의 책임은 아니었다. 즉, 팀의 다른 사람 업무는 내 책임이 아니다. 그러다 보니 내 업무에만 관심을 갖고 다른 사람의 업무에는 관심을 갖지 않는다. 하지만 애자일 개발에서는 비록 처음에는 개인에게 할당했더라도 팀 전체의 책임이라고 생각하여 서로가 협력해서 팀의 성과를 높이는 데 초점을 맞추려는 자세가 필요하다.

2. 잘 모르는 부분이 있으면 언제든지 서로에게 도움을 요청하거나 돕는다

전통적 개발에서는 팀원 간에 무슨 일을 하고 있는지 자세히 알지 못해 리더가 개입하기 전까지는 자발적으로 도움을 주고받기가 어렵다. 잘 모르는 부분이 있어도 솔직하게 이야기하기를 꺼릴 때도 많다. 애자일 개발에서는 모르는 부분이나 고충이 있으면 언제든지 서로에게 도움을 주고받는 자세가 필요하다. 팀에서 그 일을 잘 아는 사람의 도움을 받는 것이 훨씬 일을 효율적으로 수행할 수 있기 때문이다.

3. 상대방을 항상 존중하고 배려해야 한다

전통적 개발에서는 위계질서에 따라 업무를 배분하거나 발언권이 많이 제한된다. 하지만 애자일 개발에서는 수평적 조직 구조를 지향하고 직급이 낮거나 나이가 어리다고 의견을 무시하지 않는다. 자신과 생각이 다르다고 해서 비난하거나 논쟁하지도 않는다. 팀은 다양성을 바탕으로 상호 협력하여 시너지를 내려고 하기 때문에 서로 다른 생각은 오히려 팀을 창의적이고 건강하게 한다.

4. 자신이 약속한 것은 최선을 다해 지키려고 노력한다

애자일 개발에서는 팀원 스스로 업무를 계획하고 통제하다 보니 자칫 잘못하면 도덕적 해이에 빠질 수 있다. 예들 들어 자신이 계획한 일이 늦어져도 책임감을 갖지 않는 태도를 들 수 있다. 리더는 팀원이 자신의 업무에 최선을 다할 것이라는 가정하에 팀원을 신뢰하는 것인데 팀원이 그 믿음을 깨뜨린다면 서로 간에 신뢰는 쉽게 무너진다.

5. 업무 상황을 솔직하게 이야기한다

전통적 개발에서는 리더에게 질책을 듣기 때문에 업무 진척 상황이 늦어져도 솔직하게 이야기하지 않는다. 프로젝트 진행상 이슈나 문제점을 솔직하게 이야기하지 않는 경향도 있는데 자신에게 그 일이 할당될 수 있기 때문이다. 이런 분위기에서 회의를 하면 팀원은 아무 말도 하지 않는다. 관리자 또한 자신을 성찰하기보다는 팀원을 탓하곤 한다. 하지만 애자일 개발에서는 그럴 필요가 없다. 계획한 작업이 늦어진 이유나 고충을 솔직하게 이야기하면 리더는 질책보다는 다른 팀원과 함께 그 팀원을 도와줄 것이기 때문이다.

6. 동료, 이해관계자와 적극 대화하고 협력한다

전통적 개발에서는 주어진 설계 명세대로 개발하는 것이 우선이었다면 애자일 개발에서는 이해관계자와 대화하면서 좋은 아이디어를 찾아 변화하는 비즈니스 상황에 대응하려는 노력이 필요하다. 또 주어진 문제를 해결하려고 혼자 고민하는 것보다는 동료와 함께 해결하는 것이 더 낫다. 픽사의 CEO 에드 캣멀(Edwin Catmull)은 "우리 조직에는 다른 직원이 최고의 성과를 낼 수 있도록 서로를 돕는 협력 문화가 있다."라고 말했다. 이렇게 협력은 경쟁보다 시너지를 높이는 효과가 있다.[36] 다른 사람을 돕는 것이 팀의 성과를 더욱 높일 수 있다면 기꺼이 자신의 일을 미룰 수 있는 협력의 마음을 가져야 한다.

Q&A

팀원 중 한 명이 일을 게을리하면서 팀 성과에 묻어가려는 모습을 보인다면 어떻게 해야 하나?

어느 조직이든 무임승차를 하려는 사람은 꼭 있다. 적당히 일하면서 현상만 유지하려고 한다. 하지만 애자일 개발에서는 이런 사람들이 적나라하게 드러난다. 데일리 스탠드업 미팅을 하면 자신이 하는 일이 매일 공개되기 때문에 게으름을 피우는지 바로 알 수 있다. 이런 사람들은 나중에 회고나 동료 평가를 하면 더 이상 팀에 남아 있기가 어렵다. 프로젝트 리더는 1:1 미팅으로 자신에게 맞는 일이 무엇인지 찾을 수 있도록 팀원을 가이드해야 한다.

CHAPTER

6

대규모 프로젝트에서 애자일 적용법

6.1 대규모 IT 프로젝트의 문제점

수십 명이 참여하는 IT 프로젝트는 참여자가 많아 커뮤니케이션이 어렵고 복잡성과 리스크도 기하급수적으로 커진다. 또 업계의 저가 경쟁과 프로젝트의 촉박한 일정 때문에 혁신은 고사하고 요구 기능과 품질 모두 고객의 기대에 훨씬 못 미치는 제품을 개발하기도 한다. 국내에서 자주 수행하는 금융권과 통신사의 대형 프로젝트도 이런 문제에서 자유롭지 않다. 2010년 수천억 원을 투입했던 KT의 BIT 프로젝트*는 무리한 일정과 구성원 간의 커뮤니케이션 부족으로 많은 문제가 발생하여 수차례 오픈을 연기했다. 그 외에 금융권에서 수행한 많은 대형 프로젝트도 비슷한 전철을 밟아 왔다.[37] 국내에서 수행하는 대규모 프로젝트는 개발자에게 동기부여는커녕 과도한 업무로드만 주어 프로젝트 진행 중에 50% 이상의 개발자가 이탈한다. IT 프로젝트는 중

---

* KT의 BIT(Business & Information system Transformation) 프로젝트는 KT와 KTF에서 운영하던 유·무선 인프라를 하나로 통합하는 대형 사업으로 수천억 원을 투입했다.

간에 핵심 개발자가 이탈하면 이를 대신하기가 사실상 불가능하기에 프로젝트 진행은 더욱 악순환에 빠진다.

다음은 대규모 IT 프로젝트에서 발생하는 주요 문제점이다.

- 업계에 만연된 저가 수주와 촉박한 일정
- 많은 참여자로 의사소통이 어려움
- 고객과 사용자의 참여 부족
- 통합 테스트 단계에서 집중적으로 발생하는 형상 변경과 결함
- 과도한 산출물과 업무로드로 상습적인 야근
- 협력업체 주요 인력의 빈번한 이탈과 낮은 사기

이런 문제점은 만성적인 일정 지연, 시스템 불안정, 사용자 기대에 미흡한 시스템 등 좋지 않은 결과를 낳았다. 이미 사람들은 대규모 프로젝트를 가슴 설레고 도전할 만한 목표가 아니라 고통스럽고 기피해야 할 업무로 인식하고 있다. 이런 상황에서 어떻게 창의적이고 혁신적인 제품이 나올 수 있겠는가? 이미 오래 전부터 발생한 문제이기에 단기간에 해결하기는 어렵다. 하지만 애자일을 이용하여 어느 정도 완화할 수는 있다. 예를 들어 이해관계자 간 의사소통이나 고객의 참여 부족, 과도한 산출물, 낮은 사기 등은 애자일로 상당수 해결이 가능하다. 이 장에서는 애자일이 이런 문제들을 어떻게 해결할 수 있는지 자세히 살펴본다.

6.2 애자일 적용 전략

애자일은 산출물을 최소화하고 대화와 협력을 중시하기 때문에 많은 사람이 대규모 프로젝트에는 적합하지 않다고 생각한다. 그러나 이런 생각은 애자일에 대한 지식이 부족하거나 잘못 적용하여 나타난 편견으로, 어떻게 활용하

느냐에 따라 프로젝트 성과는 달라진다. 애자일 방법론이 처음 태동한 곳은 자체적으로 소프트웨어를 개발하는 소규모 개발팀이었다. 하지만 세월이 흐르면서 점차 중대형 프로젝트에도 적용하게 되었고, 지금은 하드웨어를 포함한 프로젝트까지 폭넓게 활용한다.

애자일을 대규모 프로젝트에 적용할 때는 먼저 전통적 방법론과 애자일의 장단점을 잘 이해해야 한다. 원래 애자일은 전통적 방법론에서 발생한 여러 문제점을 개선하는 차원에서 출발했기 때문에 소프트웨어와 시스템 공학에서 다루는 모든 개발·관리 프로세스를 포함하지는 않는다. 예를 들어 프로젝트에서는 사업 특성에 따라 다양한 계획·설계 산출물을 만들어야 하지만 애자일에서는 구체적으로 어떻게 만들라고 제시하는 산출물이 없다. 반면에 전통적 방법론에서는 산출물을 작성하는 가이드가 풍부하다. 따라서 애자일과 전통적 방법론을 상호 보완적으로 활용하는 것이 실무에 도움이 된다.

그동안 국내에서도 몇몇 대규모 프로젝트에 스크럼 기반의 애자일 방식을 적용해 왔다. 하지만 대부분 제대로 적용하지 않았거나 시행착오가 많이 발생했다. 예를 들어 애자일 방식을 적용했더니 해야 할 일이 더 늘어났다거나 산출물을 너무 적게 만들어 오히려 더 큰 문제가 발생했다거나 하는 등이다. 하지만 이것은 적용하는 사람의 역량 문제이지 애자일 방식 자체의 문제는 아니다. 보통 대형 프로젝트일수록 복잡성과 리스크가 높아지는데 프로젝트 구성원의 창의적인 아이디어와 상호 협력으로 이것에 효과적으로 대응해야 한다. 하지만 실제로 이를 프로젝트에서 실행하기란 결코 쉽지 않다. 애자일 방식은 이런 문제를 해결하는 데 실질적인 도움이 될 수 있다. 이 절에서는 나의 경험과 지식, 업계의 시행착오를 바탕으로 대규모 프로젝트에 애자일을 적용할 때 어떤 점을 고려해야 하는지 알아본다.

프로젝트 초기에는 상위 수준의 요구 분석과 아키텍처 등 꼭 필요한 산출물을 작성하고 점진적 개발을 진행한다

애자일 개발 선언문에는 문서 산출물보다는 제품을 중시한다는 원칙이 있다. 이 원칙은 불필요한 문서화나 과도한 분석·설계를 하지 말라는 의미지 산출물을 만들 필요가 없다는 의미가 아니다. 소규모 개발과는 달리 대규모 프로젝트에서는 다양한 협력업체가 참여하기 때문에 개발 표준이나 템플릿이 모두 다르다. 초기에 각종 개발 표준, 관리 프로세스 같은 표준 프로세스를 만들지 않으면 나중에 많은 혼란과 비효율을 초래한다. 특히 나중에 프로젝트에 문제가 생겼을 때 서로 책임 공방을 벌이기가 쉽다. 따라서 계약상 문제를 야기할 수 있는 업무 범위의 변경이나 주요 의사 결정사항은 문서로 남겨 두는 것이 바람직하다.

신규 개발일 때는 초기에 상위 수준의 요구 분석을 먼저 선행하고 점진적으로 개발을 시작하면 된다. 요구 분석 문서들은 실제로 점진적 구현에 들어가기 전에 선행해야 나중에 재작업이나 혼란이 발생하는 것을 줄일 수 있다. 따라서 이런 요구 분석 단계를 별도의 프로젝트로 먼저 진행할 것을 권장한다. 대규모 프로젝트는 일정과 비용을 예측하기가 매우 어렵기 때문에 요구 분석 단계를 통하여 어느 정도 신뢰성 있게 예측할 필요가 있다. 애자일 전문가 딘 레핑웰(Dean Leffingwell)은 대규모 시스템에서는 초기 아키텍처 수립 후에 컴포넌트를 정의하고, 이 컴포넌트를 중심으로 개발팀을 구성하는 것이 바람직하다고 주장한다.[38] 요구 분석 단계에서는 다음 문서들을 작성할 수 있다.

- 상위 수준의 프로세스와 데이터 모델링
- 제품 백로그 또는 요구사항 정의서
- 아키텍처 정의서
- 개발 표준과 가이드
- 인터페이스 관련 문서

빅뱅식 통합보다는 점진적 통합으로 리스크와 결함을 감소시킨다

국내 많은 대규모 프로젝트의 문제점 중 하나는 전체 일정에 쫓겨서 단위 테스트를 충분히 수행하지 않은 상태에서 통합 테스트로 넘어간다는 것이다. 단위 테스트에서 발견하여 충분히 수정할 수 있었던 결함을 통합 테스트 단계에서 발견하면 수정하는 데 노력이 몇 배 이상 든다. 단위 테스트에서는 해당 기능만 고치면 된다. 하지만 통합 테스트에서는 어떤 기능에서 문제를 일으켰는지 원인을 찾아야 하고, 다시 해당 모듈의 코드 구조를 파악하는 데 많은 시간이 들기 때문이다. 모든 단위 테스트를 완벽하게 할 수는 없겠지만 쉽게 발견할 수 있는 결함조차 시간에 쫓겨 넘어간다면 기술적인 부채(debt)만 늘릴 뿐이다

일부 독자는 이렇게 말할 수도 있다. 경영자가 제시한 일정은 지켜야 하고 해야 할 업무는 많은데 어쩔 수 없지 않느냐고 말이다. 하지만 이는 눈 가리고 아웅하는 것과 마찬가지다. 통합 테스트를 일찍 시작할 수 있을지는 모르지만 오히려 통합 테스트 기간을 훨씬 지연시키는 셈이 되기 때문이다. 하지만 국내 대형 프로젝트에서는 이런 어이없는 상황에 비교적 관대하다. 통합 테스트 때 열심히 야근하면 따라잡을 수 있다고 낙관한다. 이렇게 시작된 통합 테스트 기간은 결국 그동안의 개발 기간을 모두 합친 것보다 훨씬 길어질 뿐이다(보통 통합 테스트 기간을 분석·설계·구현 단계보다 적게 잡지만 기술적인 부채가 늘어나 가장 긴 시간이 걸린다). 어떤 프로젝트에서는 전체 개발 기간을 2년으로 예측하고 그중 통합 테스트 기간을 6개월로 정했지만 실제로는 1.5년 이상 수행한 적도 있다. 항상 초기에는 낙관적인 추정치만 생각하기 때문에 대부분의 경영진은 이렇게까지 통합 테스트가 늘어날 것이라고는 예상하지 못한다.

결국 이런 문제를 해결하려면 기존의 빅뱅식 통합에서 벗어나 중간중간 통합 테스트를 수행하는 점진적 통합을 추구하는 것이 바람직하다. 시스템을 통합할 때는 예상치 못했던 복잡한 문제가 발생하므로 아무리 단위 테스트를 제대로 했어도 한두 번 만에 성공하기는 어렵다. 애자일에서는 그림 6-1처럼 스프린트 단위의 단위 테스트와 점진적으로 통합하여 결함을 빠르게 잡아 나간다(애자일 개발에서는 단위 테스트를 제대로 수행하지 않으면 스토리를 완료할 수 없다). 이렇게 수행하면 결과적으로 실제 통합 테스트 기간이 줄어든다.

▼ 그림 6-1 점진적 통합 예

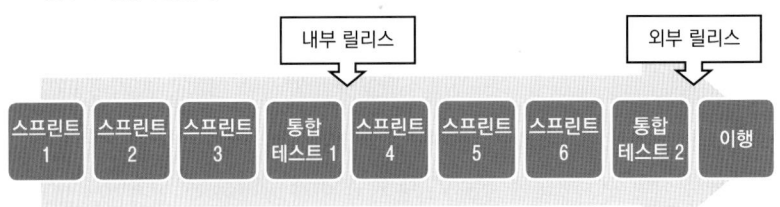

프로젝트 구성원 간에 커뮤니케이션과 상호작용이 활발하게 일어나도록 유도한다

지금까지 대규모 프로젝트는 소수의 경영진과 리더가 계획하고 통제했다. 팀원은 위에서 결정한 업무와 일정을 단순히 수행하는 것이 전부였다. 이런 방법은 의사 결정과 수행 면에서는 빠르다. 하지만 지금처럼 예측하기 어려운 비즈니스 환경에서는 소수 인력이 반드시 올바른 방향으로 이끈다고 보장하기가 어렵다. 애자일에서는 참여자 간의 의사소통과 협력이 활발하게 일어날 수 있도록 다양한 활동을 권장한다. 조인트 스프린트 리뷰나 회고, 팀 간 업무 미팅, 오픈 스페이스 미팅, 분야별 학습 조직 등이 대표적인 활동이다. 다음 절에서 이런 활동들을 상세히 다룬다.

팀원의 사기를 주기적으로 점검하고 동기부여 활동을 수행한다

동서양을 막론하고 훌륭한 제품과 서비스는 프로젝트 구성원의 열정과 상호 협력에서 나온다. 팀원이 아무리 오랫동안 일했어도 열정이 없다면 우수한 제품을 만들기는 어렵다. 이런 면에서 팀원의 사기를 높은 상태로 유지할 수 있도록 관리하는 것은 매우 중요하다. 팀원의 사기를 높이려면 즐겁게 일할 수 있는 분위기와 환경을 조성해야 한다. 아무리 계약 관계로 연결되었더라도 프로젝트를 수행하는 사람들이 열악한 근무 환경, 상습적인 야근, 일방적인 업무 지시, 상대방을 존중·배려하지 않는 환경에 놓여 있다면 그들에게서 열정을 기대하기는 어렵다. 애자일에서는 팀원이 가치 창조의 원천이기 때문에 그들이 창의성을 발휘할 수 있는 환경을 구축하려고 노력해야 한다. 프로젝트 리더는 팀원의 사기를 주기적으로 점검하고, 애로사항을 신속히 해결할 수 있도록 지원해야 한다.

사용자와 이해관계자를 주기적으로 프로젝트에 참여시킨다

폭포수로 진행하는 전통적 개발에서는 사용자가 주로 분석 단계와 통합 테스트 단계에 참여했다. 반면에 애자일 개발에서는 스프린트 계획과 리뷰에 사용자가 주기적으로 참여할 것을 권장한다. 특히 제품 책임자는 스프린트 진행 기간에도 계속해서 개발팀과 소통하고 협력하는 것이 필요하다. 영역별 제품 책임자가 사용자 그룹, 개발팀과 매일 의사소통하면서 개발 과정에 참여한다면 불필요한 개발을 상당수 방지할 수 있고 다양한 아이디어도 반영할 수 있다. 하지만 현실적으로 고객과 사용자는 프로젝트에 참여하려고 시간을 내기가 어렵다. 대부분 현업을 처리하느라 바빠서 일시적으로 발생하는 프로젝트에 많은 시간을 내지 못하는 것이 현실이다. 개발팀이 알아서 잘 하겠지 하는 생각에 참여의 필요성을 느끼지 못할 때도 많다. 하지만 자신이 살 집을 짓는데 초반에 요구사항만 내놓고는 준공되는 시기에 와서 검사만 한다면 집이 마음에 들 리가 없다. 아파트처럼 기성품이라면 모를까 새로운 제품이나 서비스 개발에서는 결코 그렇지 않다. 따라서 애자일 프로젝트 리더는 프로젝트 기획·계획 단계에서 고객과 사용자의 인식을 바꾸려고 노력해야 한다.

이해관계자에게 애자일 개발 교육과 멘토링을 제공한다

대규모 프로젝트에서는 고객, 협력업체 등 다양한 이해관계자가 참여한다. 그래서 애자일 개발 철학을 잘 이해하지 못하는 사람들이 많다. 단순히 절차와 도구 사용 방법만 알려 주어서는 절대 따라오지 못하므로 고객을 포함한 이해관계자에게는 적절한 교육과 멘토링이 필요하다. 대상에 따라 0.5~1일 워크숍 형태로 할 수도 있으며 별도로 시간을 마련하여 교육할 수도 있다. 교육을 받았다고 해서 모든 사람이 애자일 방식을 금방 잘 적용할 수는 없으므로, 초기에는 애자일 전문가를 참여시켜 멘토링과 코칭을 받는 것이 좋다.

'프로젝트 기간도 짧고 외주 인력이 많이 참여하는 대형 프로젝트에서 교육에 시간을 투자하는 것이 의미가 있을까?' 하는 의문이 든다면 이런 투자를 밑거름으로 사람들이 시너지를 낼 수 있다고 생각해 보라. 보통 애자일을 잘 적용하면 생산성도 1.5배 가까이 향상된다. 예를 들어 50명이 참여하는 프로젝트라면 인력 15명 이상을 추가로 획득하는 효과가 있다. 소프트웨어 개발은 단순히 많은 인력이 참여하는 것보다는 역량 있는 소수 개발자가 열정적으로 상호 협력할 때 좋은 결과를 가져온다. 물론 고정적으로 함께 일하는 협력업체라면 매 프로젝트마다 교육이나 코칭을 수행할 필요는 없을 것이다.

★ Q&A

애자일 멘토링이나 코칭은 어느 정도로 제공하는 것이 좋은가?

애자일 프랙티스가 자리 잡는 데는 초기 1~2개월이 매우 중요하다. 애자일을 적용한 경험이 없는 개발팀이라면 1~2개월까지는 주 2~3회 이상 애자일 코치가 방문하여 개발팀을 직접 이끌어 주어야 한다. 그 이후에는 주 1~2회로 낮추고, 애로사항을 해결할 수 있도록 지원하는 것이 좋다. 물론 개발팀마다 잘 따라오는 팀도 있고 못 따라오는 팀도 있기 때문에 적절하게 수위를 조절한다(한 달에 한두 번 방문해서는 애자일을 제대로 적용하기는 어렵다). 애자일이 개발팀에 자리 잡기까지는 최소 2~3개월의 기간이 필요하다.

6.3 애자일 적용 로드맵

6.2절에서 설명한 애자일 적용 전략을 토대로 대규모 프로젝트에서 애자일 적용 로드맵을 작성하면 그림 6-2처럼 표현될 수 있다.

▼ 그림 6-2 대규모 애자일 프로젝트 적용 로드맵

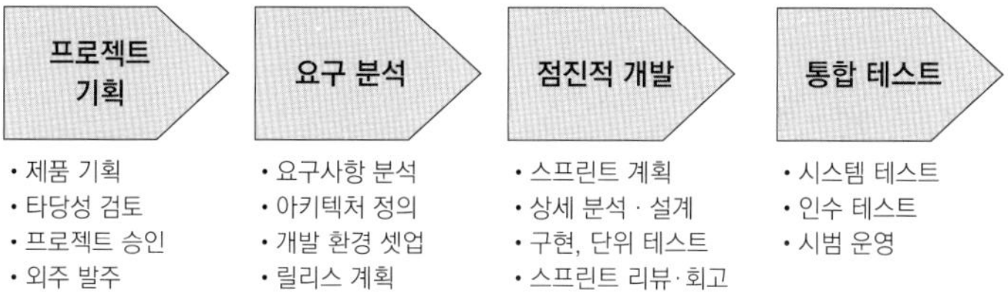

프로젝트 기획	요구 분석	점진적 개발	통합 테스트
• 제품 기획 • 타당성 검토 • 프로젝트 승인 • 외주 발주	• 요구사항 분석 • 아키텍처 정의 • 개발 환경 셋업 • 릴리스 계획	• 스프린트 계획 • 상세 분석·설계 • 구현, 단위 테스트 • 스프린트 리뷰·회고	• 시스템 테스트 • 인수 테스트 • 시범 운영

프로젝트 기획

비즈니스 부서의 요청에 따라 상품 기획, 사업 타당성 검토 등 프로젝트 기본 계획을 수립하는 과정으로 전통적인 기획 활동과 거의 비슷하다. 다만 초기에 도출한 요구사항은 향후 개발 과정에서 변경될 수 있다 가정하고, 제약 조건에 따라 업무 범위나 일정, 비용을 유연하게 조정하는 전략을 수립한다. 예를 들어 일정이나 비용을 설정할 때 목표 값에 범위(range)를 두는 방법을 사용할 수 있다. 협력업체에 주는 제안 요청서에는 애자일 개발을 해야 한다고 명확하게 명시하고, 애자일 개발을 경험한 사람들이 참여하도록 유도한다. 다음은 이 단계에서 수행해야 할 주요 활동이다.

- 제품 개발 기본 계획(제품 비전과 로드맵 등)
- 제품 리스크와 사업 타당성 검토
- 프로젝트 승인
- 제안 요청서 작성과 외주 계약

☆ Q&A

프로젝트 일정 버퍼란?

대규모 프로젝트에서는 전체 일정 지연을 예방하는 차원에서 지연된 계획을 보완할 수 있는 완충 기간을 넣는다. 이를 일정 버퍼(buffer)라고 한다. 애자일에서는 전체 기간 중 10~20% 범위에서 버퍼 스프린트를 삽입할 것을 권장한다. 개발 진행 중에 계획 일정이 조금씩 밀리면 버퍼 스프린트에서 남은 작업을 소화해야 하기 때문이다. 일정 버퍼는 점진적 개발 단계 끝부분이나 통합 테스트 끝부분에 삽입할 수 있다.

요구 분석

요구 분석은 주로 분석가, 아키텍처, 기술 리더가 참여하여 기획 단계에서 도출한 주요 요구사항을 좀 더 구체화하고 분석하여 신뢰성 있는 일정과 비용을 추정하는 단계다. 이 단계에서는 제품 백로그와 상위 수준의 비즈니스 모델링이나 아키텍처 분석 등 업무를 진행한다. 요구사항은 사용자 스토리나 기술 스토리, To-Be 프로세스 등 개발하는 시스템 특성에 따라 다양한 형태로 작성할 수 있다. 최종적으로 도출한 요구사항은 제품 백로그에 정리한다. 이때 사용자가 아직 구체적으로 요구사항을 확정하지 않았거나 나중에 변동할 여지가 있는 세부 항목은 구태여 도출하거나 확정하려고 노력할 필요가 없다.

개략적인 일정과 비용을 추정할 수준이면 된다. 그리고 설계·개발 표준, 개발 환경 등을 셋업하여 본격적인 개발을 준비한다. 이때 추정한 일정이나 비용이 기획 단계에서 추정한 것과 차이가 있을 때는 업무 범위와 일정, 비용을 경영진 및 고객과 조정한다. 이 단계에서 스프린트 관리를 반드시 수행할 필요는 없지만 진행 상황의 가시성과 협력을 높이는 차원에서 수행하면 좋다.

점진적 개발

릴리스 계획에 따라 점진적 개발과 통합을 하는 단계다. 이 단계부터는 주요 개발 인력(디자이너, 프로그래머, 테스터 등)이 모두 참여하면서 업무 영역별로 제품 책임자, 프로그래머, 테스터 등을 포함한 기능 혼합팀을 구성한다. 팀원은 기술 리더를 포함하여 10명 이내로 구성하는 것이 좋고 10명 이상일 때는 팀을 나눈다. 제품 책임자는 요구 기능의 우선순위나 주요 의사 결정을 할 수 있는 사람으로 선정한다. 개발팀은 제품 책임자 및 사용자들과 스프린트 계획·리뷰를 이용하여 빈번하게 피드백을 받으면서 개발 중간에도 수시로 소통한다. 그리고 반복되는 테스트 케이스는 테스트를 자동화하여 수작업 노력을 줄인다. 아직 애자일 개발에 서투른 개발팀에는 애자일 교육과 멘토링을 제공한다.

☆ Q&A

일정이 촉박하여 고객이나 경영진의 압박이 심해 애자일을 적용하기 어려운데?

프로젝트를 진행하다 보면 초기에 설정한 개발 일정이 밀리기 마련이다. 일정이 지연되면 관리자는 마음이 조급해져 스프린트에 업무를 과도하게 할당한다. 이번 스프린트에서 못한 일을 다음 스프린트에서 다 끝내라는 식으로 압박한다. 하지만 이것은 오히려 역효과다. 이런 상황에 대비하여 요구사항 우선순위와 일정 버퍼를 설정한 것이다. 무리한 압박은 개발팀의 기술적인 부채를 증가하거나 개발자의 이탈만 부추길 뿐이다. 팀을 압박하기보다는 생산성을 높이거나 낭비를 줄일 수 있는 창의적인 아이디어를 팀원과 토론하는 것이 훨씬 도움이 된다. 팀원이 공동의 목표와 책임감을 느끼면 집단지성이 나타나기 때문이다.

> ★ Q&A
>
> **기능 혼합팀으로 구성하기 어려울 때는 어떡해야 하나?**
>
> 모든 팀을 기능 혼합팀으로 구성하기는 어렵다. 예를 들어 디자이너나 아키텍처, 제품 책임자 등 희소한 자원은 한 팀에만 헌신할 수 없다. 공통 팀에 소속시키거나 별도로 팀을 구성하여 동시에 여러 팀을 지원하도록 한다. 자신이 관여하는 개발팀의 데일리 스탠드업 미팅이나 스프린트 계획 · 리뷰, 회고 등에 참석하여 개발팀을 지원한다.

통합 테스트

점진적 개발이 끝나고 최종 통합 · 시스템 테스트를 진행하면서 사실상 모든 개발 업무를 종료하는 단계다. 이 단계에서 개발팀의 주요 활동은 테스트 활동에서 발생하는 결함을 수정하고 안정화하는 것이다. 결함이 언제 어떻게 발생할지 모르기 때문에 스프린트 관리를 하기가 어렵다. 이때는 일주일 단위의 백로그 계획 미팅이나 데일리 스탠드업 미팅으로 진행 상황을 공유하고 상호 협력한다.

6.4 팀 간 업무 미팅

단위 개발팀이 데일리 스탠드업 미팅으로 업무를 조율하고 협력했다면 대규모 프로젝트나 조직에서는 팀 간 업무 미팅(스크럼에서는 scrum of scrum이라고 한다)을 한다. 전통적 프로젝트에서도 각 파트 리더가 모여 주간 단위로 팀 간 업무 미팅을 했다. 하지만 그것은 고객과 경영진에게 업무 진행 상황을 보고하는 성격이 강했다. 애자일에서 하는 미팅은 팀 간 업무 진행 상황을 공유하고 조율 · 협력하는 데 중점을 둔다. 따라서 미팅에는 파트 리더뿐만 아니라 실제로 다른 팀과 연관된 업무를 수행하는 팀원도 함께 참석한다. 미팅도 주 1회가 아니라 2~3회 이상, 팀 간 업무 연관성이 높다면 매일 열릴 수도 있다. 미팅을 할 때는 각 팀에 다음 내용들을 이야기한다.

- 지난 미팅 이후로 우리 팀은 OO 업무를 했다.
- 다음 미팅까지는 OO 업무를 하려고 한다.
- 다른 팀에 영향을 주는 사항으로 OO이 있다.
- 우리 팀의 장애 요인은 OO이다.
- OO사항은 다른 팀에서 도와주었으면 좋겠다.

▼ 그림 6-3 팀 간 업무 미팅

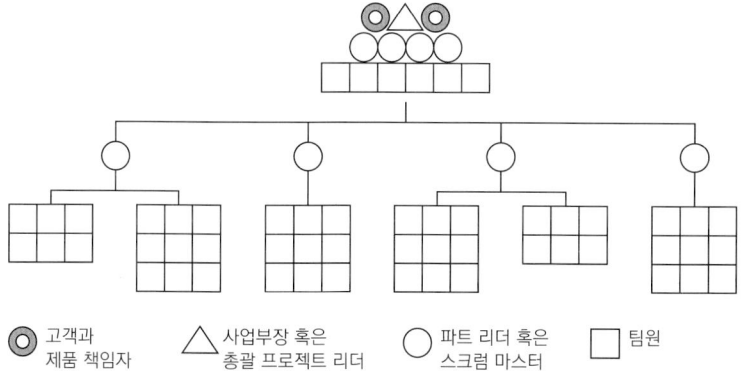

이때 사업부장이나 프로젝트 리더는 개발팀이 자신의 팀 일을 처리하기보다는 다른 팀을 어떻게 도울 것인지를 먼저 생각하도록 이끌어야 한다. 팀 간 업무 미팅은 데일리 스탠드업 미팅과는 달리 짧게 할 필요는 없고 팀 간에 얽혀 있는 이슈를 해결할 수 있도록 진행한다. 그렇다고 몇 시간씩 하는 것은 바람직하지 않으며 1시간 이내로 끝내는 것이 좋다. 논의해야 할 이슈가 더 남아 있다면 시간을 별도로 잡거나 미팅이 끝난 후 관련자끼리 모여서 추가로 회의한다. 고객과 제품 책임자는 각 팀의 진행 상황을 듣고 시기적절하게 의사 결정을 하며 이슈와 장애 요인을 해결하는 데 초점을 맞춘다.

6.5 제품 백로그 정제와 스프린트 계획 미팅

대규모 프로젝트에서는 팀 간에 상호 의존성이 높다. 따라서 주기적으로 고객과 제품 책임자, 개발팀이 모여서 제품 백로그를 정제해야 한다. 팀원이 많을 때는 모든 개발자가 참석할 필요는 없고 주요 개발자만 참석한다. 이 미팅에서는 새롭게 도출된 요구사항이나 변경사항, 완료하지 못한 기능을 종합하여 우선순위를 재정렬하고 스토리들 간의 상호 의존성을 검토하여 전체 릴리스 계획을 갱신한다. 프로젝트 주요 이해관계자가 참석하므로 경영진의 주요 관심사항이나 변화된 제품 비전 등을 함께 공유하면서 다음 활동을 수행한다.

- 새로운 스토리의 추가, 우선순위 조정
- 요구사항 및 스토리들 간의 상호 의존성 검토
- 비즈니스 가치가 떨어지는 스토리 제거
- 덩어리가 큰 스토리 분할, 작은 스토리들 병합
- 새로운 스토리 점수 추정
- 팀별로 다음 스프린트 목표와 범위 결정

대규모 프로젝트에서 스프린트 계획은 갱신된 제품 백로그를 기반으로 각 팀마다 스프린트 계획을 수립한다. 각 팀의 계획이 끝나면 다른 팀과 계획을 공유하고 필요하면 수정한다.

6.6 조인트 스프린트 리뷰 · 회고

스프린트 리뷰 · 회고는 개별 팀별로도 수행하지만 대규모 프로젝트나 조직에서는 관련된 팀이 모여서 함께 수행하는 것이 좋다. 스프린트 리뷰에 관련된 다른 팀원이 참석하면 자연스럽게 기술적으로 토론할 수 있고 우수한 사례도 공유할 수 있기 때문이다. 개별 팀별로 회고를 수행할 때도 팀에서 해결할 수 없는 사항이 있기 때문에 조인트 회고를 이용하여 관련된 팀 간의 문제점을 신속하게 해결할 수 있다. 그림 6-4처럼 각 팀은 스프린트 리뷰 시점을 동기화하여 해당하는 날에는 팀원이 자유롭게 다른 팀의 리뷰에 참석하도록 보장한다. 물론 다른 팀과 연관성이 전혀 없는 팀원이라면 굳이 참석하지 않아도 된다. 회고는 전체 구성원이 많다면 개별 팀의 주요 인력만 참석하여 수행한다. 이런 활동이 활성화되면 경영자가 미처 생각하지 못한 신선한 아이디어도 도출할 수 있고 팀 간에 얽힌 이슈도 빠르게 해결할 수 있다.

▼ 그림 6-4 스프린트 리뷰 · 회고의 동기화

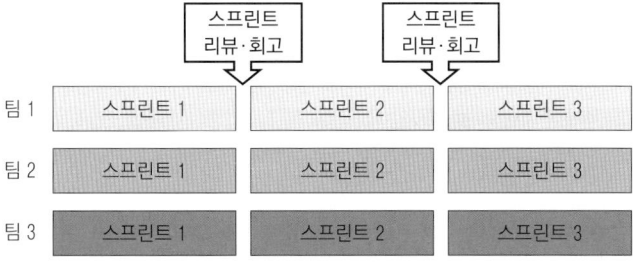

6.7 오픈 스페이스 미팅

회의를 하다 보면 자신의 업무와 상관없는 주제와 의미 없는 논쟁으로 무료하게 시간을 보낼 때가 있을 것이다. 자신이 왜 이 회의에 참석해야 하는지 의아해하면서 말이다. 오픈 스페이스 미팅(open space meeting)*은 기존 회의 방식의 문제점을 보완하려고 만든 회의 기법이다. 참석자 중심으로 자연스럽게 대화와 토론을 하여 지식을 공유하고 문제를 해결하는 자기 조직화된 회의 기법이라고 할 수 있다.

---

* 다른 말로 오픈 스페이스 기술(OST, Open Space Technology)이라고도 한다.

오픈 스페이스 미팅에서는 참석자가 자유롭게 이동하면서 관심 있는 주제를 찾아가 이야기할 수 있다. 전통적 회의에서는 토론 내용이 자신에게 도움이 되지 않아도 자리를 뜨기가 어렵다. 회의를 주최한 사람에게 실례가 되기 때문이다. 하지만 오픈 스페이스 미팅에서는 가능하다. 언뜻 보면 사람들이 여기저기로 이동하기에 다소 혼란스러워 보일 수도 있지만 자신에게 필요한 주제를 찾아가서 이야기하는 것이기 때문에 시간 낭비가 없고 회의 만족도도 매우 크다. 또 사전에 정해져 있는 안건뿐만 아니라 참석자가 즉석에서 관심을 보이는 이슈도 안건으로 올려서 토론할 수 있다. 토론 이슈는 누가 정하는 것이 아니라 참석자가 자연스럽게 대화하면서 지식을 공유하고 문제를 해결해 나가는 자기 조직화된 미팅으로 진행한다.

▼ 그림 6-5 오픈 스페이스 미팅[39]

특히 개발팀 간에 엮인 이슈가 많은 대형 프로젝트나 조직에서는 스프린트 리뷰를 하다가 종종 공통되는 기술적 이슈가 발생하기 때문에 토론이 필요하다. 이때 모든 팀원이 참석한 상태에서 오픈 스페이스 미팅을 활용하면 팀 간 공통 이슈를 빠르고 효율적으로 해결할 수 있다.

다음은 오픈 스페이스 미팅을 구체적으로 진행하는 방법이다.

① 진행자는 콘퍼런스룸과 같은 넓은 장소에 그룹별로 토론할 테이블을 준비하고 테이블별로 이젤과 화이트보드, 필기도구를 준비한다. 테이블 수는 동시에 진행할 안건 수에 따라 달라진다. 네 가지 안건을 동시에 진행한다면 테이블 역시 4개를 준비한다.
② 사람들이 모이면 진행자가 방법을 설명한다. 참석자들은 논의하고 싶은 이슈와 안건을 A4 용지에 적고, 적은 안건을 벽면 게시판에 붙인다.
③ 진행자는 각각의 안건을 참석자들과 공유하고 투표로 우선순위를 선정한다. 우선순위가 높은 안건별로 테이블에 배정한다.
④ 참석자들은 관심 있는 안건이 있는 테이블로 이동하여 자유롭게 토론을 시작한다. 이때 진행자는 테이블에 모인 참석자 중에서 자발적으로 서기를 정하도록 유도한다. 서기는 논의한 내용을 기술하고 마지막에 논의 결과를 발표한다.
⑤ 참석자들은 현재 테이블에서 배울 점이나 공헌할 점이 없다면 언제든 관심 있는 다른 안건으로 이동할 수 있고, 새로운 토론 이슈가 생기면 벽면 게시판에 붙이면 된다. 참석자들은 중간중간 벽면 게시판을 확인하고 관심 있는 토론 이슈로 이동한다. 진행자는 새로운 토론 이슈에 테이블을 배정한다.
⑥ 진행자는 워크숍을 마무리할 때 다 같이 모여서 안건별로 논의된 내용을 발표하게 한다. 전체 소요 시간은 2~3시간 내에서 진행한다.

오픈 스페이스 미팅 기법을 창시한 해리슨 오웬(Harrison Owen)은 다음 네 가지 기본 원칙을 제시한다.[40]

- **누가 오든 오는 사람이 맞는 사람이다**
  많은 사람이 오기보다는 주제에 관심이 있는 사람이 오는 것이 가장 좋다. 소수일지라도 이런 사람들이야말로 문제를 풀어 나가려는 열정이 있다.

- **어떤 결과가 나오든 있을 수 있는 유일한 결과다**
  어떤 결과가 나오든 여기 모인 사람들이 최선을 다한 결과다.

- **언제 시작하든 시작하는 시간이 맞는 시간이다**
  정해진 시간에 정해진 일을 시작하는 방식은 체계적으로 보이지만 그 안에서 창의성은 좀처럼 나타나지 않는다. 열정 있는 사람들이 모여서 대화하고 토론을 시작하는 시간이 가장 최적의 시작 시간이다.

- **끝나면 끝난 것이다**

  시작이 있으면 항상 끝이 있다. 끝은 새로운 시작을 의미하기도 한다. 대화와 토론에서 더 이상 배우거나 기여할 것이 없다면 자신의 열정이 이끄는 다른 곳으로 가라.

6.8 분야별 학습 조직 구성

전통적 프로젝트 조직은 분석가, 설계자, 디자이너, 개발자, 테스터 등 기능별로 팀을 구성하고 기능별 팀장의 지시를 받아 업무를 수행해 왔다. 이런 스킬 중심의 팀은 개별 역량은 높을 수 있다. 하지만 자신의 관점에서만 업무를 바라보고, 업무 간 장벽을 키우고, 다양한 생각을 융합·교류하는 것을 방해한다. 애자일에서는 이런 팀에서 탈피하여 업무 중심의 기능 혼합팀을 구성한다. 즉, 한 팀에 분석가, 설계자, 프로그래머, 디자이너, 테스터가 모두 같이 있는 것이다. 하지만 이 유형의 팀에서는 개별 스킬을 향상시키기 어렵다는 단점이 있다. 두 가지 팀 형태 모두 장단점이 있다. 그래서 애자일에서는 분야별 학습 조직(커뮤니티)을 구성하여 기능 혼합팀의 단점을 보완한다. 즉, 스킬이 같은 구성원끼리 커뮤니티를 형성하여 기술적인 정보를 교류하고 학습해 나갈 것을 권장한다. 예를 들어 서버 프로그래머끼리 학습 조직을 형성할 수 있다. 각자 팀에서 업무를 수행하고 있지만 같은 기술을 사용하므로, 상호 간에 교류하여 역량을 향상시킬 수 있다. 학습 조직은 공식적일 수도, 비공식적일 수도 있다.

대규모 프로젝트에서 개발팀은 한 회사일 때보다는 다른 회사일 때가 많아 교류가 부족하다. 학습 조직을 형성하여 서로 교류하고 학습하는 분위기를 만들어 가면 팀원의 업무 만족도와 사기는 매우 높아진다. 리더는 프로젝트 초기에 학습 조직이 잘 정착할 수 있도록 이끌어 줄 필요가 있다.

▼ 그림 6-6 분야별 학습 조직 예

6.9 애자일 PMO의 활용

대규모 프로젝트에 애자일을 처음 적용할 때는 여러 가지 어려움이 따른다. 애자일 개발 철학에 이해가 부족하거나 애자일 방법에 익숙하지 않은 리더와 고객은 많은 혼란을 느낀다. 대규모 프로젝트에서는 애자일 PMO(또는 애자일 코치) 조직을 활용하여 이런 문제를 해결하고 있다. 애자일 PMO는 전통적 PMO와 달리 애자일 개발 철학과 방법을 이용하여 프로젝트 구성원이 가치 있는 제품을 만들 수 있도록 지원하는 조직이다. 다음은 애자일 PMO 역할과 지원 형태를 정리한 것이다.

- 애자일에 익숙하지 않은 팀 리더와 제품 책임자를 대상으로 교육하고 주기적으로 코칭
- 애자일에 익숙하지 않은 팀 리더를 대상으로 애자일 프랙티스 가이드나 멘토링

- 애자일·전통적 프로세스의 장단점을 고려하여 프로젝트에 적합한 표준 프로세스 셋업
- 고객과 개발팀, 이해관계자 간의 이슈, 문제점 해결 지원
- 구성원이 활발히 소통하고 상호 협력할 수 있는 개발 환경 조성
- 구성원의 사기를 주기적으로 점검하고 다양한 동기부여 활동 제공
- 애자일 프로젝트 관리 도구 활용 가이드 제공

▼ 그림 6-7 애자일 PMO 조직과 지원 형태

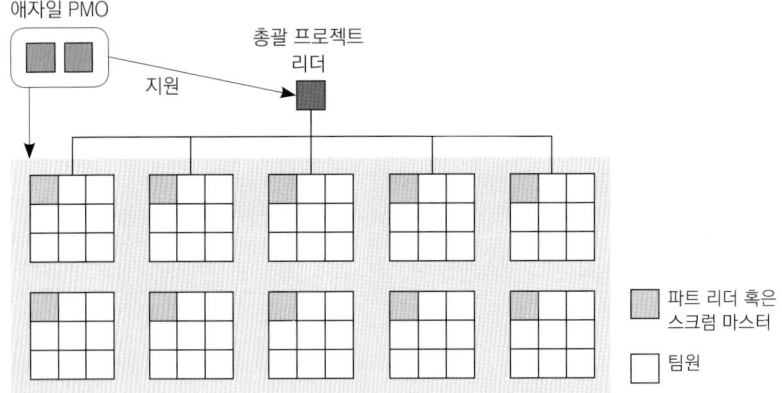

CHAPTER 7

애자일 프로젝트 관리 적용 사례

7.1 새로운 제품과 서비스 개발 사례

이 회사는 건축 설계 관련 솔루션을 전문적으로 개발하는 회사다. 기존 제품보다 한 단계 앞선 새로운 제품을 개발하기로 결정하고, 정부의 R&D 자금을 지원받아 2년 일정으로 프로젝트를 시작했다. 새로운 제품 콘셉트는 기존에 2차원 기반의 도면 정보 체계를 3차원 기반의 정보 체계로 전환하는 3D 모델링 솔루션이다. 이미 해외에 상용화된 전문 제품이 있지만 차별화된 기능을 장점으로 국내 시장은 물론 해외 시장까지 바라보는 사업이다. 하지만 규모가 큰 제품을 개발한 경험이 부족하여 기획과 진행에서 여러 가지 문제점이 나타났다. 다음은 애자일을 도입한 목적이다.

- 체계적인 프로젝트 계획과 진척 관리
- 수동적인 팀원 마인드 개선과 낮은 생산성 및 품질 제고
- 프로젝트 구성원 간의 의사소통과 상호 협력 향상

적용 전 상황

프로젝트 개발팀은 4개 팀, 약 25명 정도로 구성되어 있었고 기존 UP(Unified Process : 소프트웨어 개발 방법론 중 하나)를 기반으로 점진적으로 개발하고 있었다. 하지만 개발해야 할 기능과 중간 산출물이 너무 많아 주어진 기간 동안 어디서부터 어디까지 개발해야 할지 종잡을 수 없었다. 개략적인 사업 계획은 있었지만 구체적인 기능 로드맵이 표현된 상세 계획이 없는 상태에서 팀원은 시행착오를 반복하면서 탐색적으로 개발하는 상황이었다. 팀원 입장에서는 나름대로 열심히 프로젝트에 임했지만 상황이 이렇다 보니 경영진은 개발팀을 더욱 압박했고 팀원의 스트레스는 높았다. 다음은 애자일을 적용하기 전에 설문조사로 살펴본 프로젝트 팀의 상황이다.

- 회의는 많이 하지만 팀의 실질적인 문제는 해결되지 않는다.
- 프로젝트의 기획과 개발이 안정되지 않고 붕 떠 있다.
- 기획자와 개발팀 간에 소통이 미흡하여 재작업이 자주 발생한다.
- 당장 불필요하다고 생각되는 개발 산출물이 많다.
- 단기 목표가 불명확하고 일정 관리가 안 된다.

애자일 적용 결과

처음에 프로젝트 리더들과 개발팀은 애자일이 효과도 없으면서 추가적인 업무로드만 발생시킬까 봐 걱정했다. 팀원 중 일부는 과거에 스크럼을 적용했다가 실패한 경험이 있어서 거부감도 보였다.

나는 애자일이 기존 방법론과 달리 업무로드를 추가로 발생하지 않고 불필요한 산출물을 없애 오히려 업무로드가 줄어든다는 말로 설득했다. 그리고 애자일이 효과적이지 않다고 생각하면 언제든지 원래 상태로 복귀할 수 있다고도 알려 주었다. 모든 불신을 없애기는 어려웠지만 경영진의 지원하에 2~3

개월만 적용한 후 효과를 측정하기로 하고 진행했다. 다음은 당시 적용했던 주요 애자일 활동이다.

제품 백로그와 전체 릴리스 계획 수립

기존에는 몇몇 기술 리더가 모여 개략적인 일정만 수립했으나 신뢰성이 떨어져 제대로 지키기가 어려웠다. 하지만 이번에는 기획자와 개발자가 모두 참여하여 개발해야 할 구체적인 기능을 모두 도출하고 제품 백로그를 작성했다. 며칠 만에 개발해야 할 기능 수백 개를 도출한 후 중요도에 따라 우선순위를 설정했다. 이후에는 중요한 필수 기능 중심으로 플래닝 포커를 활용하여 개발 규모(스토리 점수)를 추정했다. 그리고 각 스프린트에서 수행해야 할 스토리들이 포함된 릴리스 계획을 완성했다. 정부의 R&D 자금을 지원받는 프로젝트라서 개발해야 할 상위 수준의 업무 범위가 정해져 있었기 때문에 초기 범위를 준수해야 했다. 따라서 세부 기능의 우선순위를 조정하면서 요구사항을 관리했다.

스프린트 계획

기존에는 상세 계획 없이 각 팀원이 나름대로 작업을 했기에 혼자 고민하는 시간이 길었고 시행착오도 많이 발생했다. 구성원 간에 작업 완료 기준도 제각각이어서 기능을 완료한 후 재작업이 자주 발생했다. 하지만 애자일을 적용하면서 팀원은 2주일 단위로 상세 계획을 함께 수립했고 스토리의 완료 조건을 명확히 설정함으로써 재작업이 상당히 줄어들었다.

시각적 관리와 데일리 스탠드업 미팅

팀원은 포스트잇을 활용한 시각적 관리와 데일리 스탠드업 미팅에 처음에는 강한 거부감을 보였다. 어차피 엑셀과 이슈 관리 도구에서 백로그를 관리하므로 포스트잇에 적어서 붙이는 것을 이중 작업으로 여겼다. 데일리 스탠드업 미팅도 기존에는 하지 않던 활동이라서 초기 스프린트 기간 내내 어색함이 감돌았다. 하지만 스프린트 진행 상황판을 이용하여 팀의 전체적인 진행 상황을 공유하고 업무를 조율하고 협력하면서 팀원은 더 적극적인 자세로 업무에 임하기 시작했다. 처음에는 애자일 코치인 내가 주로 이끌었으나 나중에는 팀원이 자발적으로 스탠드업 미팅을 수행하는 모습으로 발전했다.

▼ 그림 7-1 스프린트 진행 상황판과 스탠드업 미팅

스프린트 리뷰

팀원은 스프린트 리뷰 역시도 불필요하다고 생각했다. 개발하기도 바쁜 상황에서 주기적으로 데모에 시간을 쓰는 것은 낭비라고 생각했기 때문이다(데모를 하려면 단위 테스트와 관련된 통합 테스트를 해야 하기 때문에 많은 시간이 소요된다). 나는 먼저 팀원이 스프린트 리뷰의 의미를 제대로 이해할 수 있도록 노력했다. 리뷰는 경영자를 대상으로 한 리뷰와 실제 사용자를 대상으로 한 리뷰, 내부 검토용 리뷰 등 다양하게 진행했는데 시간이 지날수록 다른 사람에게 피드백을 받는 활동이 재작업을 줄이고 올바른 요구사항을 찾는 데 도움이 된다고 인식하기 시작했다. 리뷰를 준비하는 과정을 겪으면서 테스트에 좀 더 신경을 쓰게 된 것도 좋은 효과였다(그 전에는 개발에 급급하여 테스트에 거의 신경을 쓰지 못했다).

스프린트 회고

회고는 스프린트를 종료한 후 1~2시간 동안 진행했는데 이것으로 비효율적인 활동, 팀원의 불만사항을 많이 해소할 수 있었다. 회사 생활을 솔직하게 이야기할 수 있는 기회가 팀원에게는 거의 없었는데 회고를 하면서 서로 생각이 다를 수 있음을 이해하고 서로를 격려하는 공감대를 형성할 수 있었던 것이다. 적용 초기에는 2주일마다, 많이 개선된 후에는 월 1회 진행했다.

프로젝트 코칭

애자일 개발로 전환할 때 가장 어려운 점은 중간 관리자인 프로젝트 리더의 마인드 변화다. 팀원의 변화도 필요하지만 관리자의 역할은 더욱 중요하기 때문이다. 이 프로젝트를 진행하면서 기존 프로젝트 관리자에게 서번트 리더십을 가진 애자일 프로젝트 리더의 역할을 요구했다. 명령과 통제, 마이크로 매니징(micromanaging) 스타일을 구사하던 프로젝트 관리자가 어느 날 갑자기 팀에 업무의 자율성을 주고 대부분의 개발 활동을 위임하는 애자일 리더의 역할로 전환하는 것은 결코 쉽지 않다. 그래서 구성원의 애자일 마인드 전환을 목표로 프로젝트 리더뿐만 아니라 경영진과 개발팀원을 대상으로 1:1 미팅을 주기적으로 수행했다. 이런 1:1 미팅으로 구성원 간에 발생하는 갈등도 적절히 조절해 나갔다.

애자일 적용 설문조사 결과

다음은 애자일을 적용하고 3개월 후에 팀원을 대상으로 실시한 설문조사 내용이다. 애자일을 적용한 소감도 함께 담았다.

- 기존에는 전체 일정을 추정하고 개발하기 어려웠지만 애자일 방식을 적용한 후에는 장·단기적으로 명확한 목표를 세우고 진행할 수 있었다.
- 계획적으로 업무를 하게 된다. 스프린트 백로그 목표를 달성하려고 업무 외 쉬는 시간이 줄어들었다.
- 프로젝트 리더가 수직 관계에서 업무를 지시하고 전달하는 방식에서 벗어나 팀원의 역량을 발휘할 수 있도록 여건을 조성했다. 스스로 동기부여를 하여 업무를 진행하므로 업무 수행 능력도 높아졌다.
- 팀원 간의 활발한 소통이 개발에 도움이 되었다.
- 스프린트 계획을 상세하게 짜서 모두 어떤 일을 하는지 알게 되어 좋았다.
- 회고를 이용하여 문제를 해결할 수 있어서 좋았다.
- 저마다 자신의 업무에 집중하고 서로가 서로를 배려하게 되었다.

▼ 그림 7-2 애자일 적용 설문조사 결과*

1. 애자일 개발 방식이 개발 생산성 향상에 도움이 되었다고 생각하는가?

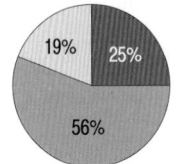

2. 애자일 개발 방식이 제품 구현의 창의성 향상에 도움이 되었다고 생각하는가?

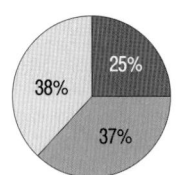

3. 팀 동기부여와 책임감 향상에 도움이 되었다고 생각하는가?

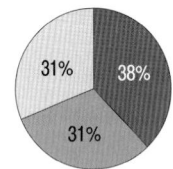

4. 팀의 협력과 시너지 향상에 도움이 되었다고 생각하는가?

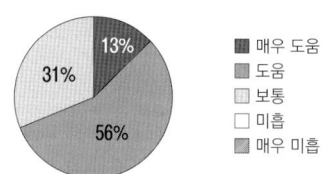

* 설문조사의 체크 항목은 '매우 도움', '도움', '보통', '미흡', '매우 미흡' 5개였지만 이 중에서 '미흡'과 '매우 미흡' 항목은 나오지 않았다.

교훈

애자일을 적용하면 처음 1~2개월 동안은 팀의 성과가 예상만큼 나오지 않는다. 원인은 여러 가지인데 프랙티스를 제대로 적용하지 않았거나 팀원이 애자일에 적응하지 못했을 수도 있다. 이 프로젝트에서도 처음에는 팀의 성과가 별로 나아지지 않아서 경영진이 애자일 효과에 의문을 제기하기도 했다. 이때는 조금 더 팀원을 믿고 지켜보는 인내심이 필요하다. 애자일을 제대로 적용했다면 보통 2개월 후에는 팀의 성과가 가시적으로 나타나기 시작한다. 이 프로젝트도 역시 개발팀뿐만 아니라 경영진이 과정과 결과에 매우 만족했다.

7.2 소프트웨어 유지보수 적용 사례

이 회사는 UI 솔루션을 개발하는 회사로 기존에 개발한 여러 가지 제품이 있었다. 대부분의 업무는 기존 제품을 추가로 개발하고 유지보수를 병행하는 일이었다. 전체 인원은 100여 명이 넘었지만 한 개의 유지보수팀만 시범적으로 선정하여 애자일을 적용했다. 팀원은 모두 7명이었다. 다음은 애자일을 도입한 목적이다.

- 소프트웨어 개발 진행 현황의 투명성
- 유지보수의 효율성과 생산성 향상
- 통합 테스트와 릴리스 단계에서 결함 감소

적용 전 상황

해당 팀은 여러 고객에게서 다양한 서비스 요청(service request)을 전달받고 있었다. 내부 시스템에서는 서비스 요청의 등록과 완료 여부만 관리했고 실제 진행 상황은 자세히 관리되지 않았다. 그러다 보니 작업 진행 중에는 팀원에게 어떤 문제나 고충이 있는지 알기 어려웠다. 팀원에게 진행 상황을 물어보면 간섭하는 것으로 오해를 받아 팀장 입장에서는 이러지도 저러지도 못하는 상황이었다. 또 팀에서는 서비스 요청을 완료하고 품질보증팀으로 전달하면 통합 테스트가 진행되었는데 여기서도 사이드 이펙트(side effect) 때문에 결함이 자주 발생했다. 서비스 요청은 대부분 일주일 이내에 해결할 수 있었지만 1~2개월 정도 개발해야 하는 요청도 있었다. 이때는 1~2명이 중심이 되어 개발을 진행했는데 적절한 방법론이 없어 개인의 역량에 많이 좌우되었다.

애자일 적용 결과

해당 팀은 파트 리더가 중심이 되어 업무를 할당하고, 팀원은 할당된 업무만 수행하는 전형적인 개발 조직이었다. 초기에 팀을 대상으로 애자일 방법론 워크숍을 하루 수행했고, 이후에도 1:1 미팅으로 리더와 팀원의 마인드를 바꿔 애자일에 적응하도록 노력했다. 유지보수 업무의 유형은 두 가지로, 단발성의 서비스 요청을 처리하는 기본 업무와 1~2개월이 소요되는 소규모 프로젝트성 업무가 그것이었다. 애자일 코치였던 나는 애자일 방법론에서 가장 많이 활용하는 스크럼과 칸반 기법을 모두 적용하는 것이 좋다고 생각했다. 워크숍이 끝나고 가장 먼저 한 일은 서비스 요청을 처리하는 업무 방식을 바꾸는 것이었다. 기존 방식은 파트 리더가 먼저 서비스 요청을 분석한 후 팀원에게 할당하면 팀원은 할당된 업무를 수행했다. 하지만 새로운 방식에서는

주 1회 팀원이 모두 모여 서비스 요청을 분석하고 적절한 예상 투입공수를 추정했다.

업무 할당 방식도 파트 리더가 하는 것이 아니라 팀원이 잘할 수 있는 업무를 스스로 선택해서 수행하는 자율적 방식으로 전환했다. 데일리 스탠드업 미팅과 주기적인 리뷰·회고 등을 이용하여 팀원의 자발성을 이끌어 냈고 서로 협력하는 문화를 촉진시켰다. 팀원들도 함께 코드 리뷰를 수행함으로써 사이드 이펙트 결함을 줄이려고 노력했다. 해당 기업은 명령과 통제 중심의 관리 방식으로 모두 각자의 역할에만 충실하고 상호 간 커뮤니케이션이 활발하지 않았지만 애자일을 적용하면서 서로가 협력하고 존중하는 문화로 점차 바뀌기 시작했다. 다음은 애자일을 3개월 정도 적용한 후에 달라진 모습이다.

업무 진행 상황을 가시적으로 볼 수 있다

애자일 적용 전에는 팀원에게 어떤 문제점과 고충이 있는지 알기 어려워 업무 진행 현황을 일일이 물어봐서 파악해야 했다. 하지만 지금은 포스트잇을 이용한 상황판과 데일리 스탠드업 미팅으로 일일이 물어보지 않아도 팀원에게 어떤 문제점과 고충이 있는지 쉽게 알 수 있다.

통합 테스트와 릴리스 단계에서 발생하는 결함이 많이 줄었다(75% 감소)

애자일 적용 전에는 서비스 요청을 완료하고 QA 팀에서 주관하는 통합 테스트 단계나 릴리스를 하면 사이드 이펙트 때문에 결함이 자주 발생했다. 하지만 지금은 팀원이 공동으로 협력하여 개발 단계에서 사이드 이펙트를 찾아내고 수정하여 결함을 줄일 수 있게 되었다. QA 팀에서 개발팀으로 매달 크고 작은 재작업 요청이 8~9건 있었지만 애자일을 적용하고 나서는 1~2건으로 줄었고 심각도도 낮아졌다.

개발 과정의 효율성과 생산성(50% 이상)이 향상되었다

애자일 적용 전에는 각자가 맡은 일을 혼자서 고민하고 해결했지만 지금은 매일 소통하고 협력하여 서비스 요청을 좀 더 빨리 해결할 수 있게 되었다. 생산성 향상은 상호 협력하면서 나타난 시너지 효과였다.

팀원의 사기와 업무 만족도가 매우 높아졌다

애자일 적용 전에는 팀원 간에 업무적 소통이 거의 없다 보니 서로 신뢰도 부족하고 업무 만족도도 높지 않았다. 애자일을 적용한 후에는 서로 신뢰하게 되면서 업무 만족도 또한 향상되었다.

다음은 애자일을 적용한 후 팀원을 대상으로 실시한 설문조사 결과다.

- 애자일로 서로 협력하려는 노력이 보이기 시작한 것 같다. 개인주의가 팽배한 우리 조직에 필요한 것은 팀 중심의 문화이기 때문에 애자일 사상이 잘 맞는 것 같다.
- 애자일을 방법론으로 접근하기보다 어떻게 하면 우리가 일을 즐겁고 보람 있게 할 수 있을까 하는 생각으로 접근했더니 결과가 훨씬 좋은 것 같다.
- 요즘에는 야근을 별로 하지 않는데도 품질과 생산성이 점점 높아지는 것 같다.
- 애자일 방법론은 개발자들이 어려워하는 의사소통의 장을 마련했다는 점에서 좋았다.

교훈

처음 이 조직에서 애자일 방법론을 이야기할 때만 해도 별로 애자일에 대한 인식이 좋지 않았다. 예전에 나름대로 스크럼을 했었는데 결과가 좋지 않았던 것이다. 다행히 개발팀장의 확고한 지원으로 팀원이 따라올 수 있었고, 2개월 정도 애자일을 적용하면서 효과를 느끼자 팀원도 적극적으로 참여했다.

7.3 외주 프로젝트 적용 사례

적용 전 상황

국내 대기업에서 발주한 이 프로젝트는 이미 개발한 SNS(Social Network Service) 서비스를 업그레이드하는 사업으로, 전체 개발 기간 6개월에 평균 인력 12명이 투입되었다. 일정과 비용이 고정되어 있었고, 애자일 경험이 전혀 없는 해당 프로젝트 관리자는 애자일 적용을 선뜻 받아들이지 못했다. 하지만 해당 프로젝트의 초기 요구사항이 매우 개략적이어서 폭포수 개발 방식을 적용하기가 어려웠기 때문에 애자일 코치가 지원한다는 조건으로 애자일 적용을 결정했다.

애자일 적용 결과

우선 애자일 프로젝트 관리 방식을 올바르게 이해하도록 프로젝트 관리자와 팀원을 대상으로 워크숍을 2일간 진행했다. 워크숍은 단순한 강의가 아니라 해당 프로젝트를 대상으로 릴리스와 스프린트 계획을 수립하는 등 실질적인 업무를 수행하는 활동이었다. 애자일 경험이 없는 고객에게도 별도로 시간을 할애하여 애자일 개발을 상세히 설명했다. 다행히 해당 프로젝트는 초기 요구사항이 개략적인 수준에서 기술되어 있었기 때문에 고객 입장에서는 폭포수보다 애자일을 좀 더 쉽게 받아들였다. 초기에 설정한 프로젝트 기간도 정확한 업무량을 근거로 추정한 것이 아닌 일정과 비용 목표치에 가까웠다. 외주 프로젝트에 애자일을 적용할 때 고객과 중요하게 합의해야 할 사항은 요구사항 관리 전략이다. 이 프로젝트 역시 범위와 일정이 고정되어 있어 이를 준수하면서 개발해야 했다. 고객과 합의한 사항은 개발 범위는 준수하되 세부 요구 기능은 우선순위화하여 주어진 일정 안에서 개발한다는 것이었다. 지극히 합리적인 내용이었으므로 고객은 거부할 명분이 없었다. 또 고객 입장에서 처음에 여러 가지 중간 산출물을 요구했다. 하지만 개발팀은 애자일 철학에 근거하여 꼭 필요한 산출물만 작성할 것을 제안하여 실질적인 산출물은 5개 이하로 줄어들었다. 대신에 일정 수준의 단위 테스트 자동화와 커버리지 충족*을 요청했다. 다음은 이 프로젝트에 적용한 애자일 프랙티스다.

- 릴리스와 스프린트 계획
- 스프린트 리뷰 · 회고
- 데일리 스탠드업 미팅
- 포스트잇을 이용한 프로젝트 진행 상황판

명령과 통제에 익숙하던 팀에 애자일 방식을 적용하면서 서로 업무를 공유하고 협력하는 문화가 자연스럽게 생겨났고, 좀 더 적극적으로 업무에 임하게 되었다. 팀원 중에는 프리랜서도 일부 있었는데 이들 역시도 적극적인 자세를 보였다. 나는 애자일 활동을 이끌면서 주기적으로 팀원의 고충을 듣고 개인이 가진 잠재력이 최대한 발휘될 수 있도록 코칭했다. 다음은 애자일을 적용한 후 팀원의 소감을 기록한 내용이다.

- 프로젝트에 능동적인 자세로 임했다. 서로 의사소통을 하여 다른 팀원이 무엇을 하는지, 문제가 생기면 누가 도움을 줄 수 있는지 등을 알 수 있어 협업이 수월했다.
- 기존 프로젝트나 애자일 프로젝트 모두 어떤 사람이 모여 어떤 분위기로 개발을 하는지가 가장 중요하다고 본다. 그리고 애자일은 개개인의 역량이 부족할 때 좀 더 강점이 있는 방법론이라고 생각한다. 개개인이 조금 부족할지라도 각 단점을 상호 보완할 수 있다. 또 여러 사람의 생각을 모아 스프린트를 반복할수록 프로젝트가 좀 더 나은 방향으로 진행되는 좋은 방법론이다.
- 시각적으로 업무를 파악하고, 자연스럽게 서로의 업무를 공유할 수 있어서 좋았다.
- 더욱 책임감을 가지고 프로젝트에 임할 수 있어서 좋았다.

---

* test coverage는 테스트를 충분히 수행했는지 나타내는 지표 중 하나로, 개발자가 작성한 코드가 충분히 테스트 되었는지 확인하는 용도로 활용한다.

7.4 전사 애자일 적용 사례

적용 전 상황

이 기업은 웹과 모바일 기반의 플랫폼으로 전자상거래를 해 왔다. 2012년부터 애자일을 도입하여 지금은 200명 이상 되는 개발자가 전사적으로 적용하고 있다. 애자일을 도입한 계기는 이렇다. 요구사항을 제때 처리하지 못해 각 부서의 불만이 높았고, 개발팀은 무리한 일정과 과도한 업무로 팀원의 사기가 떨어질 대로 떨어져 있었다. 이런 상황에서 해외 사정에 밝았던 경영진은 애자일을 이용하여 이를 극복하고자 했다. 다음은 애자일을 도입한 목적이다.

- 변화하는 비즈니스 환경에 빠르게 대응할 수 있는 IT 개발 프로세스
- 개발자의 사기 증진

애자일 적용 결과

도입 초기에는 부서장, 팀장, 팀원을 포함한 전사가 외부 애자일 전문가에게 약 1개월 간 교육과 멘토링을 받았다. 처음에는 교육받은 대로만 수행하다 보니 여러 가지 어려움이 발생했다. 예를 들어 기존 팀장이라는 직무를 없애고 새로운 직무인 스크럼 마스터를 도입하거나 기능 중심의 조직을 기능 혼합팀으로 전환하는 등 애자일로 전환할 때 발생하는 혼돈의 시기를 1년 넘게 거쳤다. 새롭게 구성한 조직은 기능 혼합팀을 기본으로 총 9명으로 구성했는데 제품 책임자, 스크럼 마스터, 개발자 7명(디자이너 포함)이었다. 이들은 마케팅과 구매 등 업무 영역을 전담하면서 서로 간 업무를 공유하고 협력하는 팀으로 발전했다.

▼ 그림 7-3 애자일 개발 조직도

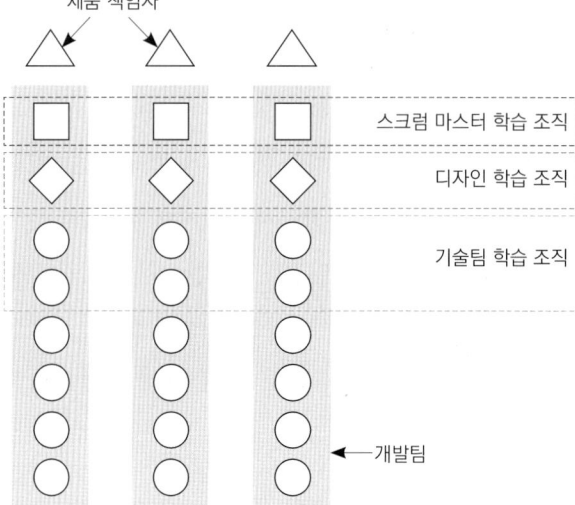

이 팀들은 스프린트를 2주일 단위로 진행하면서 워킹데이 10일 중에 2일 정도를 스프린트 리뷰·회고, 스프린트 계획에 할당했다. 그리고 두 달에 한 번씩은 서로 관련된 팀원이 모두 모여서 릴리스 계획을 수립했다. 다음은 이 조직에서 수행하는 애자일 프랙티스다.

- 릴리스와 스프린트 계획
- 스프린트 리뷰·회고
- 데일리 스탠드업 미팅
- 포스트잇을 이용한 개발 진행 상황판
- 팀 간 업무 미팅, 릴리스 계획 수립 미팅
- 분야별 학습 조직

어느 정도 시행착오가 있었지만 2년이 지난 지금은 현업과 경영진도 만족하고 팀원의 사기도 많이 높아졌다. 다음은 적용 후 2년이 지난 시점에서 나타난 주요 효과다.

- 빠른 사용자 피드백과 배포로 비즈니스 변화에 민첩하게 대응
- 비즈니스 부서와 경영진의 만족도 높음
- 팀원의 오너십과 책임감이 향상되고 업무 만족도가 크게 향상
- 프로젝트 개발 리스크 감소

교훈

국내에서 애자일을 도입할 때 많은 조직이 기존에 있는 기술 리더를 단순히 스크럼 마스터로 전환한다. 이런 경우 스크럼 마스터가 제 역할을 하기가 어렵다. 개발과 관리 두 가지를 모두 신경 써야 하기 때문이다. 하지만 이 조직은 스크럼 마스터를 별개 스킬로 구분하여 조직에서 별도로 선발했고 역량이 적절한 사람을 스크럼 마스터로 정했다(팀에 한 명씩). 이런 활동은 스크럼 마스터가 본연의 역할에 전념할 수 있게 하여 팀의 잠재력을 높이고 이해관계자들의 만족도를 향상시키는 데 많은 공헌을 했다. 또한, 보통 국내 대다수 기업에서는 개발자들을 아웃소싱해서 활용하는 곳이 많다. 하지만 이 기업은 개발자들의 오너십을 저하시킬 수 있다는 이유로 협력업체 인력을 거의 쓰지 않는다. 사실 아웃소싱을 활용하면 비용은 줄일 수 있을지 몰라도 정보 공유와 오너십이 부족하여 창의적인 제품을 개발하는 환경에는 좋은 방법이 아니다.

CHAPTER

8

전사 애자일 적용 방안

8.1 어떻게 도입하는 것이 좋은가?

전 세계 많은 기업이 애자일 방법론을 도입하고 있지만 성공하기는 쉽지 않다. 단순히 도구나 프로세스를 도입하는 차원이 아니라 사람들의 사고방식을 바꾸는 패러다임의 전환에 가깝기 때문이다. 전통적 개발 방식에 익숙한 일부 경영자와 중간 관리자는 애자일 철학을 쉽게 받아들이지 못한다. 또 설사 받아들였다 하더라도 실제 적용은 또 다른 문제다. 보통 조직에서 애자일을 도입하는 패턴은 크게 세 가지다. 각 방식에 장단점이 있으므로 조직 특성에 따라 적절한 방법을 선택하는 지혜가 필요하다.

첫째, 애자일에 관심 있는 개발자들이 먼저 적용하고 점진적으로 조직에 퍼져 나가는 보텀업(bottom up) 방식이다. 이 방식은 일단 관심 있는 사람들만 참여하므로 자발적으로 적용하려는 의지가 강하다. 그러나 애자일을 이해하지 못하는 사람들의 반발이 거세고 경영진의 관심이 적다면 적용에 한계가 있다. 적용할 때도 주변의 도움 없이 자체적으로 연구하여 실행하다 보니 시행착오가 많다.

둘째, 애자일에 관심 있는 경영진이 중심이 되어 조직에 빠르게 확산하는 톱다운 방식이다. 이 방식은 경영진의 지원을 받으므로 교육이나 코칭을 제공하여 빠르게 애자일을 확산할 수 있다. 그러나 변화를 거부하는 사람들의 반발도 만만치 않고, 무엇보다 이렇게 강요된 프로세스는 꾸준히 지속하기가 어렵다. 경영진의 관심이 멀어지거나 다른 곳으로 이동하면 쉽게 중단된다.

셋째, 보텀업 방식과 톱다운 방식 두 가지를 적절히 조합한 방식이다. 이 방식은 경영진의 지원하에 애자일 방식을 도입하되 조직에서 애자일에 관심 있는 팀부터 시작하여 점차 전사로 확대한다. 즉, 조직 전체를 대상으로 애자일 철학과 방법론을 교육한 후 관심 있는 팀을 대상으로 적절한 멘토링과 코칭을 제공한다. 톱다운 방식보다는 조직에 느리게 확산되겠지만 구성원의 자발적인 의지가 있기 때문에 프로세스는 지속될 수 있다.

8.2 전사 애자일 적용 로드맵

그림 8-1은 많은 글로벌 기업에서 전사적으로 애자일을 도입할 때 일반적으로 사용하는 로드맵이다. 조직에 어느 정도 안착하기까지 걸리는 기간은 조직 규모에 따라 다르지만 최소 2~3년 이상은 소요된다. 개발 조직이 크지 않다면 확장 시범 적용은 생략할 수 있다. 조직의 규모가 크다면 좀 더 세심하고 체계적인 접근이 필요하다.

▼ 그림 8-1 전사 애자일 적용 로드맵

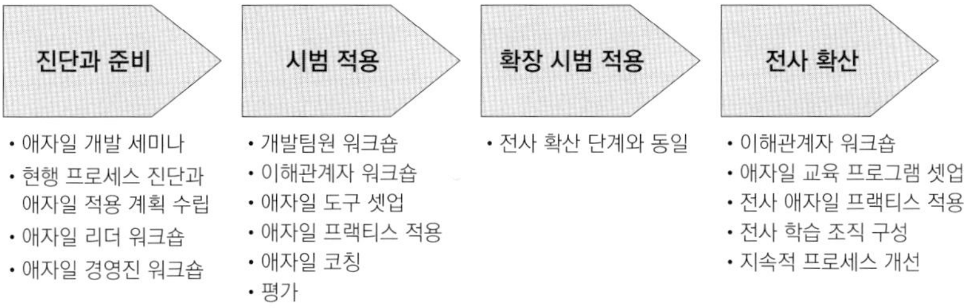

진단과 준비
- 애자일 개발 세미나
- 현행 프로세스 진단과 애자일 적용 계획 수립
- 애자일 리더 워크숍
- 애자일 경영진 워크숍

시범 적용
- 개발팀원 워크숍
- 이해관계자 워크숍
- 애자일 도구 셋업
- 애자일 프랙티스 적용
- 애자일 코칭
- 평가

확장 시범 적용
- 전사 확산 단계와 동일

전사 확산
- 이해관계자 워크숍
- 애자일 교육 프로그램 셋업
- 전사 애자일 프랙티스 적용
- 전사 학습 조직 구성
- 지속적 프로세스 개선

진단과 준비(initial setup) 단계 : 1~2개월

사람들이 애자일 프랙티스를 이해하고 조직 내부에 어떻게 적용해 나갈 것인지 계획을 수립하는 단계다. 대부분의 기업에는 나름대로 존재하는 프로세스와 조직 구조가 있기 마련이다. 먼저 애자일 관점에서 기존 프로세스와 조직 구조, 개발 환경을 검토하고 개선사항을 도출한다. 도출한 개선사항을 기반으로 조직에 맞는 애자일 적용 계획을 수립한다. 애자일 교육은 전체를 대상으로 하는 세미나와 특정 인원을 대상으로 하는 워크숍으로 나누어 실시한다. 세미나는 조직 구성원 전체를 대상으로 애자일 이해를 돕고자 하는 취지에서 진행한다. 세미나 시간은 2~3시간 정도가 적당하고, 목표는 사람들이 애자일 개발 철학과 주요 내용을 이해하는 것이다. 워크숍은 크게 중간 관리자를 대상으로 하는 프로젝트 리더(또는 스크럼 마스터) 워크숍과 경영진 워크숍으로 나눌 수 있다. 프로젝트 리더 워크숍은 실제 팀을 이끌 리더를 대상으로 애자일 리더의 역할과 실무 프랙티스를 중심으로 진행한다. 이론과 실습을 포함하여 3일 정도 진행한다. 경영진 워크숍은 CEO를 포함한 경영진을 대상으로 애자일 개발 철학과 경영자의 역할 변화에 초점을 맞춰 하루 정도 진행하면 좋다.

시범 적용(pilot) 단계 : 4~6개월

시범 적용은 애자일에 관심 있는 개발팀을 대상으로 2~3개 팀을 선정한다(팀 인원은 10명 이내로 가정한다). 2~3개 팀을 선정하는 이유는 해당 팀에서 애자일이 제대로 적용되지 않을 수도 있기 때문이다. 시범 적용팀은 팀 전체 인원을 대상으로 해야 하며 일부 팀원이나 특정 프로젝트만 선정하지 않도록 한다. 팀에서 어떤 사람은 애자일을 적용하고 어떤 사람은 애자일을 적용하지 않는다면 상호 협력으로 시너지가 발생하기 어렵기 때문이다. 시범 적용팀을 선정하면 실제 수행하는 업무를 기반으로 팀원에게 애자일 워크숍을 2~3일 진행한다. 애자일에서 주도적으로 업무를 수행하는 사람은 팀원이므로 애자일 철학과 프랙티스를 반드시 이해해야 한다.

애자일 초기에는 모든 활동이 낯설고 어색하므로 시행착오를 겪을 수밖에 없다. 시행착오를 줄이려면 애자일 전문가의 멘토링과 코칭이 필요하다(이런 전문가를 애자일 코치라고 한다). 해당 팀의 리더는 처음 2~3개월 동안은 애자일 코치와 함께 팀을 이끌면서 애자일 프랙티스 적용과 팀 코칭 방법을 배운다. 애자일 코치는 초기 2~3개월은 팀을 자주 방문하여 애자일 적용을 지원하고 이후에는 횟수를 점차 줄여 나간다. 시범 적용이 끝나면 그동안 진행했던 프로세스와 교훈을 문서로 정리한다. 성숙된 조직이라면 기존의 사내 표준 프로세스 자산(organizational process asset)에 애자일 프로세스를 추가하여 다른 팀이 활용할 수 있게 할 것이다.

> ☆ 참고
>
> 시범 적용이 중요한 이유는 조직에 맞는 해답을 찾는 과정이 필요하기 때문이다. 각 조직마다 개발하는 제품이나 상황이 다르기 때문에 애자일 방법론을 교과서처럼 적용할 수는 없다. 기존에 잘 사용하던 베스트 프랙티스가 있다면 애자일 프랙티스와 적절하게 혼합하여 우리 팀, 우리 조직에 효과적인 방법을 찾아야 한다. 시범 적용은 그 방법을 찾는 탐색 과정인 셈이다.

확대 시범 적용(expanded pilot) 단계

이 단계에서는 시범 적용 결과를 바탕으로 좀 더 규모가 큰 프로젝트나 사업부서 전체에 적용한다. 진행 방식은 전사 확산 단계와 같다.

전사 확산(enterprise transformation) 단계

조직에서 애자일을 효과적으로 확산하려면 별도의 애자일 코칭 조직이 필요한데 이런 조직을 애자일 오피스라고 한다. 애자일 오피스는 개발팀이 애자일을 원활히 적용할 수 있도록 도와주는 조직이다. 전통적 조직의 PMO 또는 혁신 그룹과 유사한 역할을 수행한다. 애자일 오피스는 경험 있는 애자일 코치로 구성되고 초기에 내부 전문가가 부족하다면 외부 전문가를 활용하여 기술과 경험을 전수받는다. 애자일 오피스는 조직 구성원에게 애자일 교육과 코칭을 수행하고, 조직에서 발생하는 다양한 프로세스 이슈나 이해관계자 간의 갈등을 해결하도록 지원한다.

▼ 그림 8-2 애자일 오피스가 개발팀을 지원하는 조직 형태

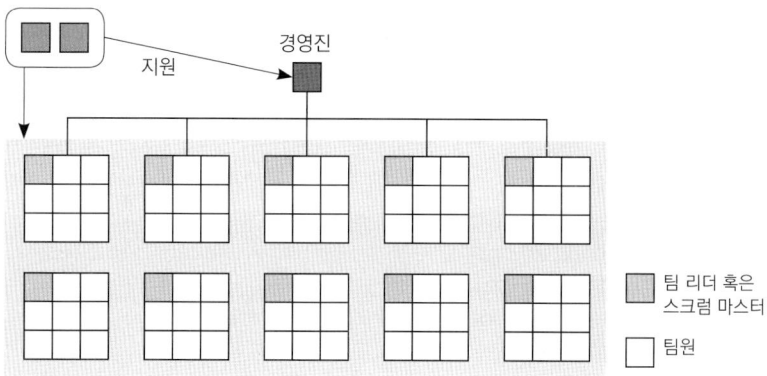

8.3 애자일 도입 효과

애자일을 도입한 조직에 무엇이 좋아졌는지 물어보면 많은 사람이 현업의 요구사항 변화에 좀 더 빠르게 대응할 수 있었고 팀원의 만족도가 높아졌다고 이야기한다. 하지만 애자일을 적용하고 있지만 성과는 잘 모르겠다고 이야기하는 조직도 많이 있다. 애자일이 생산성이나 품질을 올리는 데 효과적인 것은 분명하지만 경영진에게 이를 정량적으로 설명하기는 쉽지 않다. 따라서 경영진이 어느 정도 가시적으로 느낄 수 있는 적절한 성과지표(4장 참조)를 설정할 필요가 있다. 적절한 성과지표가 없다면 애자일을 확산하기 어려울 수도 있다. 애자일을 도입하는 목적은 조직마다 다르겠지만 보통은 다음 효과를 얻을 수 있다.

▼ 그림 8-3 애자일 도입 효과

비즈니스 민첩성	요구사항의 변화를 수용하면서 우선순위 개발
생산성 및 품질 향상	• 팀 공동 책임의 업무 수행과 상호 협력 • 주기적으로 회고하여 프로세스 개선
창의성 향상	• 프로젝트 구성원의 활발한 소통과 협력 • 관리자의 권한 위임, 수평적 조직
고객 및 현업 만족도 향상	주기적인 사용자 리뷰와 업무 투명성 향상
개발팀 만족도 향상	개발팀의 자기 주도적인 업무 수행과 몰입

8.4 애자일 오피스와 코치의 역할

애자일 개발 방식은 기술적으로 복잡해 보이지는 않는다. 하지만 애자일 프랙티스 이면에는 팀의 자기 조직화, 서번트 리더십, 코칭과 퍼실리테이션, 테스트 주도 개발 등 기존과는 다른 개발·관리 방식의 패러다임 전환을 요구한다. 단순해 보이는 활동도 현실에서는 경우의 수가 많아 자칫 비효율적으로 작용되기도 한다. 다음은 애자일을 잘못 적용할 때 팀에서 나타나는 공통 현상이다.

- 팀원이 애자일 방식의 가치를 느끼지 못하고 업무로드로 생각한다.
- 애자일 활동을 자발적으로 수행하지 않고, 리더가 주도하여 형식적으로 수행한다.
- 팀원, 관리자, 경영자의 불만이 계속된다.

팀에서 이런 상황이 지속되면 애자일 활동을 유지하기가 어렵고 효과도 나타나지 않는다. 이런 상황을 이제 막 애자일 교육을 받은 리더들이 슬기롭게 해결해 나가기는 쉽지 않다. 그래서 애자일 적용 초기에는 애자일 전문가의 멘토링과 코칭이 어느 정도 필요하다. 애자일을 충분히 이해하고 경험이 있어야 이런 상황에 대응할 수 있고, 시행착오도 줄일 수 있기 때문이다. 애자일 코치는 내부인이나 외부인을 활용할 수 있다. 하지만 조직에서는 위계질서나 조직역학 등으로 내부인의 의견이 무시되곤 하기 때문에 오히려 외부인이 나을 수 있다. 국외 사례를 보면 애자일 컨설팅이 매우 활성화되어 있는데 이런 요인이 고려된 것이라고 생각한다. 애자일 코치는 기술적인 역량보다는 애자일·전통적 프로세스 지식과 경험, 코칭과 퍼실리테이션 같은 대인 관계 스킬이 있는 사람이 바람직하다. 여기에 새로운 것을 끊임없이 탐색하고 시도하는 진취적인 기질이 있는 사람이면 더욱 좋다.

규모가 있는 조직이라면 애자일 코치를 조직으로 묶어서 전사 애자일 적용을 지원하는 오피스(office)를 두는 것이 좋다.* 애자일 코치는 초기에 개발팀 리더(또는 스크럼 마스터)를 도와 애자일 활동이 정착하도록 이끌고 제반 이슈를 해결할 수 있도록 지원한다. 이때 팀 리더는 자연스럽게 애자일 기술을 습득하면서 역량 있는 리더로 성장한다. 다음은 애자일 코치가 주로 수행하는 역할이다.

- 애자일 관점에서 현행 프로세스 진단과 개선사항 도출
- 개발팀에 성과가 나타날 수 있도록 애자일 활동을 이끌고 멘토링 수행
- 조직과 팀에 적절한 표준 프로세스 수립 및 개선
- 애자일을 적용하면서 나타나는 개발팀과 이해관계자 간의 불만이나 이슈 해결
- 조직 구성원이 상호 협력하고 잠재력을 발휘할 수 있는 창의적 개발 환경 조성
- 애자일이 조직에 정착할 수 있도록 이해관계자의 변화 관리(교육과 코칭)
- 애자일 개발·관리 도구 활용 가이드

8.5 전사 품질 조직의 역할 변화

회사마다 전사 품질 조직은 혁신 그룹, 품질보증 그룹, PMO 그룹 등 형태가 다양하다. 보통 조직 안에서 제품 개발 활동의 품질을 점검하고 지원하는 역할을 한다. 애자일을 도입하면 품질 조직의 역할도 변해야 한다. 전사 프로젝트를 총괄하고 지원하는 PMO 그룹이나 프로세스 개선을 주도하는 혁신 그룹은 애자일 오피스로 전환하거나 역할을 통합해야 한다. 그룹에 있는 사람들은 애자일 지식과 경험을 습득하여 애자일 코치로 전환하고, 기존에 하던 일도 애자일 관점에서 수행하도록 변해야 한다. 품질보증 그룹 역시도 마

---

* 애자일 오피스에는 애자일 코치뿐만 아니라 테스트 자동화, 지속적인 통합, 테스트 주도 개발(test driven development) 등 특정한 기술적 업무를 지원하는 기술 전문가도 필요하다.

찬가지다. 전통적 품질보증 조직은 개발팀에서 구현한 제품을 최종적으로 테스트하여 결함을 찾아낸다. 그러나 애자일에서는 기능 혼합팀을 추구하기 때문에 일부 기능을 빼고는 테스트 인력을 개발팀으로 통합하여 개발자와 밀접하게 협력하면서 테스트하게 한다. 이 방식을 이용하면 테스트 인력의 개발 지식은 넓어지고 서로 신뢰를 쌓아 시너지 효과를 얻을 수 있다. 애자일 환경에서 테스터는 제품을 만들 때까지 기다려서는 안 된다. 더욱 적극적으로 개발 과정에 참여해야 한다. 다음은 애자일 테스터의 주요 역할과 태도(마인드셋)다.

- 개발자, 고객과 적극적으로 소통하고 협력하여 결함을 예방한다.
- 올바른 사용자 스토리를 만들 수 있도록 지원한다.
- 주기적으로 회고 활동을 하여 팀의 테스팅 프로세스를 개선한다.
- 업무를 기다리기보다는 적극적으로 할 일을 찾아서 수행한다.
- 개발팀이 코딩에 들어가기 전에 테스트 케이스를 작성하고 테스트 수행 결과를 분석한다.

8.6 애자일 조직에서 성과 평가

대부분의 국내외 기업에서는 성과를 평가할 때 성과주의 인사 철학에 근거하여 상대평가를 실시한다. 성과주의는 기존의 연공(年功) 서열형 성과에서 벗어나 개인의 성과를 중심으로 보상을 하는 제도로 나름대로 합리적이다. 애자일 조직에서도 성과주의 자체를 부정하지는 않는다. 잘하는 사람에게는 동기부여가 필요하고, 무임승차자는 거를 필요가 있기 때문이다. 다만 기존의 성과주의 인사 제도에서 나오는 문제점은 개선해야 한다. 상위 관리자 중심의 평가와 상대평가 방식을 대표적인 문제점으로 꼽을 수 있다. 상위 관리자 중심의 평가는 팀원을 평가할 때 상사가 평가한 것만 인사에 반영하는 방식이다. 이런 상황에서 팀원은 상사가 시킨 일에만 집중하고 동료 간의 협업에는 신경 쓰지 못한다. 하지만 애자일 개발에서는 상사의 지시가 아닌 자기 조직화된 팀으로 운영하기 때문에 동료 간의 협력이 더욱 많이 발생한다. 따라서 팀원 중에 누가 열심히 했는지는 상위 관리자보다 동료들이 훨씬 잘 안다.

상대평가 제도 역시 문제가 있다. 팀원 모두가 열심히 일했는데 누군가는 A를 받고 누군가는 D를 받아야 하는 것이 상대평가다. 현실에서는 각 팀원의 실력이 대부분 큰 차이가 없기 때문에 C나 D 등급을 받은 사람은 부당하다고 느낄 수밖에 없다. 이런 상황에서 각 팀원은 자신의 일을 뒤로 미룬 채 다른 팀원을 적극적으로 도와주기는 어렵다. 상대방을 도와주면 자신의 업무를 못하게 되고 평가에서 하위 등급을 받을 수 있기 때문이다. 그래서 상위 관리자 중심의 평가와 상대평가는 팀의 성과를 높이기보다는 오히려 협력을 저해하는 요소로 작용하기 쉽다.

애자일에서 사람들을 평가할 때는 다면 평가 제도와 절대평가를 권장한다. 일부 사람들은 애자일이 개인 평가보다는 팀 평가를 중시한다고 해서 사회주의 방식이라고 오해하는데 애자일이 추구하는 것은 공정하게 평가하여 팀워크를 높이려는 것이다. 모든 팀원이 열심히 잘했다면 모두 A나 B를 받아야지 인위적으로 일부만 C나 D를 받는 것은 불공평하다. 마찬가지로 일방적인 평가보다는 다면 평가가 공정성 면에서 바람직하다. 성과 평가는 애자일을 도입할 때 직원들에게 중요한 이슈이므로 초기에 인사팀과 협의하여 점진적으로 제도를 개선해야 한다.*

---

* 조직의 인사 제도를 바꾸기는 쉽지 않다. 따라서 팀 리더가 자체적으로 팀원들에게 동료 간 평가를 참조하여 팀원을 평가하겠다는 의지를 밝히는 것이 애자일 적용에 도움이 된다.

8.7 애자일로 전환할 때 장애 요인

많은 경영진이 애자일 개발을 개발자 레벨에서 수행하는 기술적 업무 수준으로 생각한다. 애자일 개발이 표면적으로는 각종 개발 도구를 사용하고 점진적·반복적 개발 형태를 띠고 있기 때문이다. 그래서 애자일 적용을 기술적으로만 접근하고 조직이나 관리 방식의 전환은 거의 고려하지 않는 경향이 있다. 국내에서 애자일 개발 방식을 도입한 지 어느덧 10년이 넘었지만 많은 조직이 아직도 이런 생각에서 크게 벗어나지 못하고 있다. 애자일을 프로세스나 도구로만 접근하다 보니 교육이나 코칭은 필요 없다고 생각한다. 하지만 애자일은 단순히 프로세스만 바꾼다고 해서 적용할 수 있는 방법이 아니다. 경영진을 포함한 중간 관리자와 개발자 등 조직 전체의 사고방식과 개발 문화를 바꾸지 않으면 성공적으로 적용하기가 어렵다. 글로벌 애자일 단체인 스크럼 얼라이언스(Scrum Alliance)는 이렇게 말한다. "스크럼은 단순한 프랙티스의 집합 이상이자 사고방식(way of thinking)의 변화다. 자기 조직화된 팀과 권한 위임(empowerment), 지속적인 변화와 개선이 필요하다."[41] 나 역시 이 말에 동의하며, 애자일 전환은 경영자와 리더, 팀원의 마인드가 변화해야만 실질적인 효과가 나타난다고 생각한다. 실제로 국내 기업에 애자일을 도입할 때도 애자일 프랙티스를 실행하는 것보다 리더와 팀원의 마인드를 변화시키는 것이 더욱 어렵고 힘들었다.

조직에서는 다음과 같은 근본적인 변화가 있어야 성공적인 애자일 조직으로 전환할 수 있다.

첫째, 위계질서에 따른 명령과 통제 방식에서 서번트 리더십과 수평적 조직으로 전환해야 한다. 20세기 기업의 조직 체계는 군대에서 많은 부분 유래했다고 생각된다. 일사불란하게 움직이는 군대식 조직은 지휘관의 명령에 따라 신속하게 움직이기에 효율적이다. 그리고 이런 점이 대량생산이 필요한 제조업에는 잘 맞았다. 현재 경영진은 대부분 이런 환경에서 성장해 왔기 때문에 애자일 철학에 담겨 있는 수평적 조직 문화를 좀처럼 받아들이기 어려워한다. 기존 관리자도 승진과 동시에 관리자가 되다 보니 개발자 위에 군림하는 것을 당연시해 왔다. 하지만 애자일에서 리더의 역할은 사람들이 잠재력을 발휘하고 서로 협력하여 창의적인 제품을 개발하도록 이끄는 역할이지 상위 관리자나 기술 리더가 아니다. 기존에는 경영자가 중심이 되어 모든 의사 결정을 수행하는 톱다운 방식이었다면 애자일에서는 가능하면 직원이 의사 결정에 참여하고, 그중 최선의 안이 결정되는 보텀업 문화로 바뀌어야 한다.

둘째, 근면성실함을 강조하는 근무 환경에서 창의적인 제품 개발 환경으로 전환해야 한다. 지금의 경영진은 근면성실함을 강조하는 기업 환경에서 성장했다. 주어진 업무를 성실히, 늦게까지 수행하는 것이 미덕이었고 여유는 허락되지 않았다. 하지만 최근의 비즈니스 환경에서 이런 근무 환경이 바람직한지 한 번 생각해 보자. 창의성이 중요하지 않은 업무에는 과거 방식이 효과가 있었을지 모르지만 창의성을 요구하는 현재 기업 환경에는 결코 적절한 방법이 아니다. 과거의 성공 방정식이 반드시 현재의 성공 방정식이 될 수 없는 것처럼 상황이 바뀌면 거기에 맞는 새로운 방식이 필요한 법이다. 창의성은 사무실에 오래 앉아 있다고 해서 결코 풍부해지지 않는다. 구글, 삼성전자, 고어(Gore), 3M 등 많은 글로벌 기업이 직원 간의 소통을 늘리고, 근무시간을 자유롭게 운영하고, 15~20% 여유 시간을 주는 등 즐겁게 일할 수 있는 근무 환경을 조성하려 노력하는 것은 다 이유가 있다. 이런 제도는 팀원의 잠재력을 높이고 자기 주도적으로 일할 수 있게 지원하기 때문이다. 많은 경영진은 이런 자율적 근무 환경 때문에 팀원의 근무 기강이 해이해지거나 업무 성과가 떨어질까 봐 걱정한다. 하지만 이는 직원들을 X이론적 관점으로 바라보는 데서 생긴 편견이다. 팀원에게 장·단기 목표가 명확히 주어져 있으면 자신의 일에 매진할 것이고, 무임승차자가 있다면 공정한 다면 평가로 자연스럽게 걸러질 것이다.

[1] 『소프트웨어 추정(Software Estimation: Demystifying the Black Art)』, 스티브 맥코넬 지음, 안재우 옮김, 정보문화사, 2007, p.61.

[2] 『소프트웨어 추정』, 스티브 맥코넬 지음, 안재우 옮김, 정보문화사, 2007, p60.

[3] 『소프트웨어 추정』, 스티브 맥코넬 지음, 안재우 옮김, 정보문화사, 2007, p.255.

[4] 『피플웨어(Peopleware)』, 톰 디마르코·티모시 리스터 지음, 박승범 옮김, 매일경제신문사, 2003, p35.

[5] 『죽음의 행진(DEATH MARCH)』, 에드워드 요든 지음, 김병호·백승엽 옮김, 소동, 2005, p.231.

[6] 『위클리비즈 인사이트 : 미래의 목격자들』, 조선일보 위클리비즈 팀 3기 지음, 어크로스, 2011, p.95.

[7] "UX 전략 분석 : 소니는 왜 몰락했는가?", 최준호·김병준, HCI 칼럼, 2013. http://hcitrends.kr/portfolio-item/hci-column-10

[8] Agile Project Management, Jim Highsmith, Addison-Wesley, 2010, p.86.

[9] 『복잡계 개론』, 윤영수·채승병 지음, 삼성경제연구소, 2005, p.165.

[10] 『스크럼(Scrum)』, 켄 슈와버·마이크 비들 지음, 박일·김기웅 옮김, 인사이트, 2008, pp.106-107.

[11] 『그룹 지니어스(Group Genius)』, 키스 소여 지음, 이호준 옮김, 북섬, 2007, pp.59-63.

[12] 『복잡계 개론』, 윤영수·채승병 지음, 삼성경제연구소, 2005, p.544.

[13] 충남도청 블로그 http://blog.daum.net/e-chungnam/261

[14] 『도요타 방식(The Toyota Way)』, 제프리 라이커 지음, 김기찬 옮김, 가산출판사, 2004.

[15] 『린 소프트웨어 개발(Lean Software Development)』, 메리 포펜딕 · 톰 포펜딕 지음, 김정민 외 3인 옮김, 인사이트, 2007.

[16] 『몰입의 경영(Good Business: Leadership, Flow, and the Making of Meaning)』, 미하이 칙센트미하이 지음, 심현식 옮김, 황금가지, 2006, p.133.

[17] 『린 소프트웨어 개발의 적용(Implementing Lean Software Development: From Concept to Cash)』, 메리 포펜딕 · 톰 포펜딕 지음, 엄위상 외 2인 옮김, 위키북스, 2007.

[18] 『몰입의 경영』, 미하이 칙센트미하이 지음, 심현식 옮김, 황금가지, 2006, pp.195-235.

[19] 『몰입의 경영』, 미하이 칙센트미하이 지음, 심현식 옮김, 황금가지, 2006, p.117.

[20] *Agile Project Management*, Jim Highsmith, Addison-Wesley, 2010, pp.10-12.

[21] "The Scrum Guide", Ken Schwaber · Jeff Sutherland, Scrum.org, 2014.

[22] http://ronjeffries.com/xprog/articles/expcardconversationconfirmation

[23] 『사용자 스토리(User Stories Applied: For Agile Software Development)』, 마이크 콘 지음, 심우곤 외 2인 옮김, 인사이트, 2006, pp.47-55.

[24] https://pmtribe.wordpress.com/2010/10/04/product-management-poker

[25] Jim Johnson, Chairman of the Standish Group, keynote 'ROI, H's your job', XP 2002 conference.

[26] 『소프트웨어 추정』, 스티브 맥코넬 지음, 안재우 옮김, 정보문화사, 2007, p.291.

[27] 『혼창통』, 이지훈 지음, 쌤앤파커스, 2010, p.90.

[28] 『드라이브(Drive: The Surprising Truth About What Motivates Us)』, 다니엘 핑크 지음, 김주환 옮김, 청림출판, 2009, p.47.

[29] 『언리더십(Die 12 neuen Gesetze der Führung)』, 닐스 플레깅 지음, 박규호 옮김, 흐름출판, 2011, p.41.

[30] 『프로젝트 관리(Fundamentals of Project Management)』, 제임스 P. 루이스 지음, 조진경 옮김, 크레듀하우, 2008, p.46.

[31] http://pmdoi.org

[32] 『서번트 리더십의 비밀』, 이관응 지음, 넥서스BIZ, 2010, pp.126-135.

[33] 『한국 팀제의 역사, 현황과 발전방향』, 박원우 지음, 서울대학교출판부, 2006, p.179.

[34] 『한국 팀제의 역사, 현황과 발전방향』, 박원우 지음, 서울대학교출판부, 2006, p.10.

[35] 『팀을 이끄는 원칙(The Discipline of Teams: A Mindbook-Workbook for Delivering Small Group Performance)』, 존 R. 카첸바흐 · 더글라스 K. 스미스 지음, 권성은 옮김, 태동출판사, 2002, p.24.

[36] "협력의 리더십, 픽사를 만들었다", 에드 캣멀, 『동아비즈니스리뷰』, 2008, 17호.

[37] "차세대 실패 사례에서 배운다", 전자신문, 2013. 9. 25. http://www.etnews.com/201309250397

[38] 『엔터프라이즈급 애자일 방법론(Scaling Software Agility: Best Practices for Large Enterprises)』, 딘 레핑웰 지음, 제갈호준 외 2인 옮김, 에이콘출판, 2008, pp.261-264.

[39] http://www.resilientcity.org/index.cfm?id=11276&modex=blogid&modexval=1a4eaa7f-eda9-eb7e-9a72494798264d59&blogid=1a4eaa7f-eda9-eb7e-9a72494798264d59

[40] 『셀프 오거나이징(Wave Rider)』, 해리슨 오웬 지음, 한국오픈스페이스연구소 옮김, 용오름, 2010, pp.192-199.

[41] *State of Scrum Report: Benchmarks & Guidelines*, Scrum Alliance, 2013, pp.40-41.

B

burn down 차트 136
burn up 차트 139

C ~ F

cross-functional 054
evolutionary 개발 071
flow efficiency 051

I

incremental 개발 070
inspection 159

L

Lean 049
lifecycle 069

M

Manifesto for Agile Software Development 032
MosCow 방법 102

P ~ R

planning board 114
planning poker 기법 097
product backlog 079
product owner 074
refinement 117

S

self-organizing team 039
stage gate 072

T

team morale 측정 140
technical debt 131

V ~ Z

value stream 050
waterfall 개발 069

ㄱ

가치 점수를 활용한 방법 103
가치 흐름 050
개발 생명주기 069
기능 혼합 054
기술 부채 131
기술 스토리 085

ㄴ

낭비 요소 055
내재적 동기를 활용하라 183

ㄷ

단계별 리뷰 145-146
데일리 스탠드업 미팅 142
디자인 씽킹의 활용 078

ㄹ

린 049
린 스타트업 방식 076
린 시스템 047
릴리스 계획 110

ㅁ

몰입 059

ㅂ

번다운 차트 136
번업 차트 139
복잡적응계 040, 042
분야별 학습 조직 구성 224

ㅅ

사용자 스토리 084
상호 의존성 선언 190
서번트 리더십 191
성과 평가 251
스테이지 게이트 072
스토리 점수 090
스프린트 072
스프린트 계획 110, 116
스프린트 리뷰의 목적 147
스프린트 백로그 117
스프린트 회고 163
시각적 관리 141
시각적인 상황판 114

ㅇ

애자일 PMO의 활용 225
애자일 도입 효과 248
애자일 리더십 190
애자일 소프트웨어 개발 선언문 032
애자일 오피스 247, 249
오픈 스페이스 미팅 221
완료 조건 084
요구사항 조정과 협의 168
요구사항 추적 관리 175
이슈 및 리스크 식별 151
이슈 및 리스크 평가 154
이해관계자 관리 176

이해관계자 관리 계획 123
인스펙션 159

ㅈ

자기 조직화된 팀 039, 043
작업 분류 체계 079
전사 애자일 적용 로드맵 244
전사 품질 조직의 역할 변화 250
전통적 리더와 애자일 리더의 비교 193
점진적 개발 070
제품 백로그 079
제품 백로그 정제 미팅 117
제품 책임자 074
조인트 스프린트 리뷰·회고 220
진화적 개발 071

ㅌ

팀 간 업무 미팅 218
팀 사기 측정 140
팀 코칭 194

ㅍ

평균 투입공수 추정 119
폭포수 개발 069
품질보증 123
프로젝트 교훈 미팅 161
프로젝트 일정 버퍼 216
플래닝 포커 기법 097

ㅎ

하이 퍼포먼스 팀 199
흐름 효율 051

기타

1:1 미팅 196-197